本书出版得到北京航空航天大学2023年校级教材（专著）项目资助（编号：42020714）

信托法学

原理与案例

TRUST LAW

PRINCIPLES AND CASES

任自力／主编

法律出版社 | LAW PRESS
北京

图书在版编目(CIP)数据

信托法学 : 原理与案例 / 任自力主编. -- 北京 : 法律出版社, 2024
ISBN 978 - 7 - 5197 - 8754 - 7

Ⅰ. ①信… Ⅱ. ①任… Ⅲ. ①信托法－中国 Ⅳ. ①D922.282.4

中国国家版本馆 CIP 数据核字(2024)第 009617 号

信托法学:原理与案例
XINTUO FAXUE: YUANLI YU ANLI

任自力 主编

策划编辑 沈小英
责任编辑 陈 妮
装帧设计 鲍龙卉

出版发行 法律出版社
编辑统筹 法治与经济出版分社
责任校对 裴 黎
责任印制 吕亚莉
经 销 新华书店

开本 710 毫米×1000 毫米 1/16
印张 16.25 字数 343 千
版本 2024 年 1 月第 1 版
印次 2024 年 1 月第 1 次印刷
印刷 固安华明印业有限公司

地址:北京市丰台区莲花池西里 7 号(100073)
网址:www.lawpress.com.cn
投稿邮箱:info@lawpress.com.cn
举报盗版邮箱:jbwq@lawpress.com.cn

销售电话:010 - 83938349
客服电话:010 - 83938350
咨询电话:010 - 63939796

书号:ISBN 978 - 7 - 5197 - 8754 - 7
定价:98.00 元
凡购买本社图书,如有印装错误,我社负责退换。电话:010 - 83938349

前　　言

信托被誉为“普通法皇冠上的宝石”。在英美法系国家,信托制度被广泛运用于从个人到国家、从大地到天空的各种场景,信托在人们的生活中几乎无处不在。信托是一种以信任为基础、以财产为前提、以受托人为核心、以委托人的意愿为目的的创新性财产制度。相对于其他具有财产转移和财产管理功能的制度,信托在实现财产独立、产权分割、有限责任及连续管理①方面具有其独特优势,这种优势使信托制度本身逐渐从英美法系扩展到大陆法系。

中国在2001年也通过了《信托法》。过去数十年间,中国的信托市场从无到有、从小到大,所涉资产规模实现了迅猛增长。但与信托市场蓬勃发展不相匹配的是,信托理念远未能走入普通民众的生活,信托制度的巨大作用也远未得到充分发挥。相对于银行、证券、保险等其他金融行业,中国信托业在过去40年余间遭遇了更多的波折和困境。1982~2023年间,监管部门针对信托业的全行业整顿已先后进行了七轮。同期,我国信托业与信托产品的发展定位也长期处于变动和摸索中。近年来,国际金融市场的大变动和国内信托产品爆雷事件的层出不穷,不断给信托业的发展提出新挑战。

传统的信托分类包括民事信托与商事信托、私益信托与公益信托、自益信托与他益信托等。为解决传统信托分类下的维度多元、业务边界不清、角色定位冲突、服务内涵模糊及监管困难,2023年3月,国家金融监管部门发布的《关于规范信托公司信托业务分类的通知》根据信托服务的实质,将信托业务分为资产服务信托、资产管理信托、公益慈善信托三大类,以期引导信托业进行制度创新和健康发展。目前,国内信托业新的转型已在路上。

相对于证券法、保险法等其他金融部门法,国内信托法的研究力量整体有待加强,专门从事信托法研究的专家学者与专门开设有信托法课程的高等法学院校数量均比较少,市面上的信托法教材也非常有限。信托理念的普及和信托市场的健康发展离不开信托法人才的培养,而一本好的信托法教材可以大大缩短信托法人才的成长周期。

① 参见王道远、周萍、翁两民、贺洋:《信托的逻辑:中国信托公司做什么》,中信出版集团2019年版,第6~7页、第13~14页。

本书涵盖了信托法的基础理论与核心制度，穿插数十个经典信托法案例，有利于读者更好地了解信托法理论与实务、掌握信托法精髓。相信本书的出版能为中国信托法人才的培养贡献一份力量。

本书共分四编十章。任自力撰写第一章、第二章、第四章及第三章部分案例，周学峰撰写第三章部分，朱晓婷撰写第五章、第八章，张杨撰写第六章、第七章，李游撰写第九章、第十章。任自力负责最后统一的审校、修改和定稿。

目　录

第一编
信托法基础

第二编
民事信托与公益信托

第四编
信托业监管

第一编　信托法基础

第一章　信托的含义与分类

第一节　信托的含义

一、信托的起源

"信托",对应的英文表述为"trust",是指当事人一方基于信任将财产权置于另一方控制之下,另一方负有按照信托目的、为受益人利益管理处分信托财产的一种法律行为。

关于信托的起源,有多种学说,主要有英国固有法说、罗马法起源说和日耳曼共同起源说三种。[①] 其中,英国固有说为通说,即信托起源于英国中世纪的"USE"(用益)制。在中世纪早期,英国实施土地保有制,土地的保有人不能随意处分土地权益。如保有人不能按照自己的意愿遗赠土地,只能由其长子继承;禁止对教会捐赠土地;在发生继承时要征收继承金;在保有人去世而继承人未成年时,领主要行使监护权等。为了规避这些限制和负担,人们发明了用益制——土地保有人可在生前将土地转让给他信任的人(受托人),后者则按约定为受益人利益代为管理该土地,并应在受益人成年时向受益人转移该土地。由于依照英国当时的普通法,受托人此时就是完全的所有人,故当受托人背信弃义时,就会发生纠纷。为平衡受托人与受益人之间的利益关系,英国衡平法规定,受益人对土地享有"实质上的所有权",故受托人不能将土地占为己有。这样一来,就出现了"普通法上的所有权"(受托人对土地的权利)和"衡平法上的所有权"(受益人对土地的权利)这两个术语。当受托人违反约定时,受益人可寻求衡平法院的

---

① 参见[日]新井诚:《信托法》(第4版),刘华译,中国政法大学出版社2017年版,第3页;[日]田中和明、田村直史:《信托法理论与实务入门》,丁相顺、赖宇慧等译,中国人民大学出版社2018年版,第10页。在各个法系漫长的发展过程中,均可能存在符合社会需求、与信托具有类似功能或外观上相似的制度。如我国三国时期的刘备"白帝城托孤"行为即具备家庭信托的结构雏形。但当我们讨论信托制度的起源时,必须着眼于该制度的精神内涵及其具有延续性的发展脉络,而非仅是外观上相似或时间较早。参见王道远、周萍、翁两民、贺洋:《信托的逻辑:中国信托公司做什么》,中信出版集团2019年版,第3页。

救济。[①] 由于这种用益设计能够满足人们灵活安置财产的需要,英格兰人在 13 世纪已经开始广泛运用此设计。1535 年,英国制定的《用益法》(Statue of Uses)对用益制下相关主体之间的权利义务关系进行了系统规范。以这部法律为基础,近现代意义上的信托法律制度得以逐步发展起来,并陆续被引入许多国家。

在现代社会,信托制度独特的设计可以满足人们的诸多现实需求,故而得到了广泛运用。信托适用的财产范围从传统的土地或其他不动产扩大到金钱、有价证券等各种有形或无形财产,其发挥作用的领域也从遗产继承扩展到公司治理、资产管理、廉政、权利救济等领域。同时,信托合同的结构和条款设计渐趋复杂化,受托人从无偿接受信托的自然人逐步发展到出现了专门从事有偿服务的信托公司等信托机构。

英国法律史学家与衡平法律师梅特兰(Maitland)高度评价英国人创立信托概念的贡献:"如果有人要问,英国人在法学领域取得的最伟大、最杰出的成就是什么,那就是历经数百年发展起来的信托概念。"信托被誉为"普通法皇冠上的宝石"。关于信托制度的作用,正如海顿所述:"从最庞大的战争赔款到最简单的遗产继承,从华尔街上最具创新的金融计划到对子子孙孙的关爱,我们都可以看到信托的身影。信托在整个人类为了自我生存所付出的各种努力中,无处不在:梦想和平,开创商业帝国,扼杀竞争或升入天堂,埋下仇恨的种子或乐善好施,热爱家庭或争夺遗产。人类在进行所有这些活动时,有的衣着华丽,有的衣衫褴褛,有的头戴神圣的皇冠,有的高兴得边走边咧开嘴笑。信托是盎格鲁—撒克逊人的守护天使,冷漠地、无所不在地陪伴他们,从摇篮到坟墓。"[②]

二、信托的定义与特征

关于信托的定义,各国之间并未形成统一的看法。即使在信托制度产生与兴盛的英美法系国家,也不存在统一的信托定义。英美的信托定义主要是学者提出并在司法实践中得到承认,其共同点在于均强调衡平法义务。如英国权威的信托法著作将信托定义为一项衡平法义务,它约束一个人(受托人)为某些人(受益人)的利益处分他所控制的财产(信托财产),任何一位受益人都可以强制实施这项义务。受托人的任何行

① 参见王道远、周萍、翁两民、贺洋:《信托的逻辑:中国信托公司做什么》,中信出版集团 2019 年版,第 3 ~ 4 页。

② [英]D. J. 海顿:《信托法》,周翼、王昊译,法律出版社 2004 年版,第 2 页。

为、疏忽如未得到信托文件或法律授权或豁免,均构成违反信托。① 此定义后为英国法院认可并适用。美国学术界和司法界比较权威的是美国法学会组织编撰的、旨在统一各州信托法的《美国信托法重述》(第 3 版)第 2 条的信托定义,即信托,除慈善信托、归复信托及推定信托外,是指以明示的意思表示设定的、发生在当事人之间的一种财产信赖关系(fiduciary relationship),在这种关系中,一方享有财产上的所有权,并在衡平法上负有为另一方的利益管理处分财产之义务。② 大陆法系国家引入信托制度的情况比较复杂,中日韩两国的信托定义较为典型。依据日本和韩国的信托法,信托是指将财产权转移或为其他处分,使他人依照一定的目的管理或处分财产。

由英国、法国、德国、意大利等欧洲国家法律学人成立的欧洲信托法国际工作组在 1998 年提出的《欧洲信托法原则》规定,其目的是促使欧洲国家更好地理解信托概念的核心内容,至于各国是否采用信托概念及如何把相关基本要素引入国内法,由各国自行决定。《欧洲信托法原则》没有直接规定信托的定义,而是在第 1 条指出了信托的主要特征包括:(1)在一项信托中,一个人(受托人)拥有一些财产,与他的个人财产分开,并且必须为了另一个人(受益人)的利益或者为了实现一定目的而处分这些财产(信托基金);(2)一项信托可以有两个以上受托人和两个以上受益人,信托的一位受托人本身也可以是受益人之一;(3)信托基金的独立存在,使它免于受到受托人的配偶或其债权人的追索;(4)受益人对信托基金享有个人权利,针对受托人以及从受托人手中错误地取得信托基金或其任何一部分的第三人,也享有财产权利。③

国际私法协会于 1985 年通过的《关于信托的法律适用及其承认公约》中关于信托的定义则系对两大法系信托定义的折中。其第 2 条规定,信托是指一个人(委托人)在生前或死亡时创设的一种法律关系,委托人为受益人的利益或某个特定目的,将其财产置于受托人控制之下。

《中华人民共和国信托法》(以下简称《信托法》)第 2 条规定,信托是指委托人基于对受托人的信任,将其财产权委托给受托人,由受托人按委托人的意愿以自己的名义,

---

① See David J. Hayton: *Law of Trusts and Trustees*, 15th edition, Butterworths,1995, p.4. 其他代表性定义如:信托是一种信任关系,基于这种信任关系,掌握财产的某人负有为他人利益管理或处分财产的衡平法上的义务(George T. Bogert, *Trusts*, West Publishing Co., 6th ed., 1987, p.1);信托是一种基于特定财产而发生的信任关系,受托人为了他人利益而享有该财产的法律上的所有权,而他人作为受益人则享有该特定财产的衡平法上的所有权(Edward C. Halbach, Jr., Trusts, Harcourt Bare Joranovich Legal and Professional Publications, Inc. 1990, p.1)。参见施天涛:《商法学》,法律出版社 2018 年版,第 321 页。

② 《美国信托法重述》(1935 年第一版、1959 年第二版,2001 年 5 月 16 日华盛顿特区通过和颁布第三版)虽然只是学术研究成果,并不具备法律约束力,但因其编撰水平高,得到了美国法学界和司法界的充分重视,不少州已将其部分内容纳入本州的立法中。

③ 参见何宝玉:《信托法原理研究》(第 2 版),中国法制出版社 2015 年版,第 7 页。

为受益人的利益或者特定目的,进行管理或者处分的行为。据此,信托包含四个方面的特征:以信任为基础、以财产转移为前提、以受托人为核心、以委托人的意愿为目的。

1. 以信任为基础。委托人对受托人的信任是信托关系成立的基础,无信任即无信托。在信托发展早期,受托人通常都是委托人信任的亲朋、社会贤达或宗教机构;在商业信托出现之后,受托人则逐渐由具有专业理财经验的商事主体担任。委托人基于对受托人的信任,委托受托人帮助其实现某种信托目的;受托人则基于委托人的信任,代为处理委托人不能或不方便亲自管理和处分的财产。受托人一旦接受信托,即应负有忠实、勤勉、尽职地处理信托事务的义务,即所谓受人之托,忠人之事,否则应当承担相应的背信责任。

2. 以财产转移为前提。信托在本质上是一种代人管理财产的机制,体现的是一种以财产为中心的法律关系。信托财产是信托成立的要素之一。委托人要设立信托,必须将财产转移给受托人,信托关系的成立必须以信托财产的有效转移为前提,没有财产的转移,受托人就无法实现对财产的管理处分。信托财产通常应当是可以用金钱计算价值的有形或无形财产,不能用金钱计量的姓名权、身份权、名誉权等与人的身份密切相关的权利不能作为信托财产。《信托法》规定,信托财产不能确定的,信托无效,信托设立后,若信托财产灭失,信托也会因无法实现信托目的而终止。

3. 以受托人为核心。作为一种财产转移和管理的机制,委托人将财产设立信托后,信托财产即由受托人控制,受托人以自己(而非委托人)的名义对信托财产进行管理、处分,受托人对信托财产享有独立的占有、使用和处分的权利,并可基于信托合同的约定享有信托报酬,但信托收益归属于受益人。之所以说受托人在信托合同中处于核心地位,是因为信托目的实现取决于受托人的行为。受托人的诚信水准和财产管理能力直接决定着信托财产保增值等目的能否顺利实现,对受托人的行为规范通常是信托合同约定及信托法律法规关注的重点。受托人有权基于信托合同约定取得信托报酬,但不能存在违反忠实义务或勤勉义务的行为,否则即构成对信托义务的违反并应承担相应的责任。

4. 以委托人的意愿为目的。委托人的意愿又称信托目的,是信托成立的必备要素,也是委托人设立信托所追求的目标及信托行为的指南。信托一经有效成立,信托财产即从委托人、受托人、受益人的自有财产中分离出来,成为一种独立的财产。受托人对信托财产的管理必须服务于信托目的。信托目的主要可分为公益目的和私益目的两类。《信托法》第 6 条规定,设立信托,必须有合法的信托目的。从实践来看,信托目的非法是常见的信托无效理由之一。

另外,从不同的视角,我们对信托可以有不同的理解。比如,从法律视角来看,信托是一种与银行、证券、保险等并列的法律行为或法律制度,体现的是一种法律关系;从行为主体视角来看,信托是一种持有金融许可证、开展经营性信托业务的金融机构,在国内主要是指信托公司;从产品视角来看,信托是一种金融产品,如信托受益权、信托单位等;从业务形态视角来看,信托则是一种金融业务形态和商业模式,多指向信托项目(其中集合性的信托项目,又称信托计划)。①

三、信托的制度功能

信托的制度功能,主要有二:第一,其具有财产转移和财产管理两方面的基础功能;第二,其具有便于进行财产的风险隔离、长期管理及灵活性等具体功能。

首先,信托具有财产转移与财产管理之基础功能。就财产转移而言,信托的实质是将信托财产上的利益转移给受益人,虽然买卖、赠与、继承等制度也具有财产转移功能,但信托具有可更好地规避税费等优势。就财产管理而言,委托人可借助信托将自己的财产转移给受托人,并借由后者的努力来实现财产的保增值等信托目的,同时避免委托人自己在时间、精力或财产管理能力等方面的局限。虽然公司、合伙、行纪、代理等法律制度也具备财产管理功能,但信托的财产管理功能体现得更充分、灵活性也更高。

相对于其他具有财产转移和财产管理功能的法律制度,信托的优势可归纳为四点:产权分割性、信托财产独立性、责任有限性和管理连续性。② 其中,产权分割性,是指信托设立后,信托财产从委托人转移到受托人,受托人仅有"名义上"的所有权,信托财产的利益最终归属于受益人。③ 信托财产独立性,是指信托一旦成立,信托财产就成为一种独立财产,与委托人、受托人及受益人的其他财产相独立,受托人处理信托事务中的收益归入信托财产、产生的费用和损失也由信托财产来承担。责任有限性,是指受托人处理信托事务中的费用和损失,只以信托财产为限承担有限清偿责任,信托终止时,受托人向受益人转移的财产也限于信托财产。管理连续性,是指信托可以为实现信托目的而持续存在,不会因委托人或受托人的死亡、破产、解散等情形而终止。针对受托人辞任、离职时新受托人的产生方式,委托人死亡时信托的存续等,《信托法》均有相应的规制。对委托人而言,信托是最具有确定性和持续性的制度工具。

其次,信托具有利于财产的风险隔离、长期管理及灵活性等具体功能。相对于其他类似法律制度,信托在实现产权分割、信托财产独立、责任有限和管理连续这四个方面

---

① 参见王道远、周萍、翁两民、贺洋:《信托的逻辑:中国信托公司做什么》,中信出版集团2019年版,第2页。

② 参见王道远、周萍、翁两民、贺洋:《信托的逻辑:中国信托公司做什么》,中信出版集团2019年版,第13~14页。

③ 英美信托法下,存在一个双重所有权概念,即针对信托财产,受托人享有普通法上的所有权,受益人享有衡平法上的所有权。

的优势贯穿于信托制度的全过程，并充分体现于以下三项信托具体功能上：

1. 财产的风险隔离

从起源上来看，信托本身就是委托人与受托人以合谋方式、转移财产来规避当时法律限制和负担的一种行为。信托实现财产风险隔离的方式主要是创设独立的信托财产。信托一旦成立，信托财产即与委托人的其他财产相脱离，并与受托人及受益人的固有财产相独立，成为一种安全财产，委托人、受托人、受益人三方的债权人均不得对信托财产采取查封、冻结、变卖、过户等法律强制措施。在营业信托实践中，一个信托受托人的多个信托项目及不同项目的信托财产之间也是相互独立的，从而可以现实不同信托项目间财产风险的隔离。① 简言之，通过创新信托财产，委托和受托人、受益人实现了产权上的分割与财产上的风险隔离。

2. 财产的长期管理

信托机制下的财产转移是一种长期性规划，其是以使自己（自益信托）或他人（他益信托）获取利益为目的而进行的一种安排。这种安排，可以确保受托人在委托人确定的意愿框架（信托目的）内、在一个较长的时期内拥有对信托财产管理方面的稳定、长期的控制权及广泛的裁量权，进而有效地发挥受托人在财产管理方面的专业能力。基于管理持续性，即使出现委托人死亡、丧失行为能力等情形，受托人依然可以持续性地管理处分信托财产，直至信托目的实现或信托财产消耗完毕（如通过向受益人分配收益、负担信托财产管理费用和损失等）。同时，基于责任有限性，受益人获取信托利益、受托人收取信托报酬，均只能以信托财产为限，并须同时遵守信托文件和相关法律法规的规定。比如，信托法中通常规定有大量规制受托人行为的规范，以防止受托人滥用其财产管理权。相对而言，虽然委托、赠与或继承等也具有财产管理功能，但委托的性质决定了其短期性、不稳定性和临时性，委托关系下的受托人只能以委托人名义并须严格遵照委托人的意思进行财产的管理处分，赠与或继承则主要是一次性的财产转移行为，多不具备财产的长期管理功能。

3. 灵活性

相对于其他法律制度，信托在财产转移和财产管理方面具有更大的灵活性，这种灵活性集中体现在以下三个方面：

第一，信托的目的自由。由信托在英国的起源可知，信托本身即是人们规避既有法律不当限制的产物，信托制度的发展演变过程也是人们对既有法律进行不断突破和创

---

① 风险隔离并非信托的专属功能，公司等其他法律制度也具有类似的风险隔离功能，比如公司具有独立的财产和人格，公司股东的债权人不能要求用公司财产清偿公司股东的债务。参见赵廉慧：《信托法解释论》，中国法制出版社 2015 年版，第 32 ~ 33 页。

新的过程。正如美国信托法权威斯科特(Scott)教授所言,信托目的与人类的想象力一样没有限制。只要不违反法律或行政法规的禁止性规定、不违反公序良俗,当事人可为各种各样的目的设立信托,不论信托的期限长短、营利与否、受益人是否特定等。

第二,信托的设立方式灵活。当事人可以通过合同设立信托,也可以通过遗嘱或法律的直接规定设立信托,国外还有宣言信托、复归信托、拟制信托等特殊的信托设立情形。以通过合同设立信托为例,基于合同自由原则,只要委托人和受托人达成转移并管理财产的合意,信托即可成立。相对于公司合伙等企业化组织的设立需要遵循严格的法定条件和程序而言,信托的设立方式显然要灵活方便得多。

第三,信托财产具有多样性。信托财产的多样性主要体现为其涵盖财产范围的广泛性,比如,动产、不动产、物权、债权、货币、实物、有价证券等,只要是法律法规允许流转、具有金钱价值的东西,均可以作为信托财产并服务于特定的信托目的。同时,信托财产的多样性也可以体现在信托的财产集合管理功能上,尽管此功能并非信托独有,但相对于公司、合伙等制度,信托的这种功能更为灵活,并可以涵盖更多的财产类型。再如,信托可以把大量委托人的小额资金汇集起来,由专业机构进行集中管理,从而降低财产管理成本并扩展信托资产的投资范围,信托产品的标准化(信托单位、信托收益权)亦利于众多小微个体参与到信托产品的交易中来。

四、信托与相关制度之比较

与信托近似的财产法律制度主要包括委托代理、行纪、赠与、遗嘱、第三人利益合同等。

(一)信托与委托代理

信托与委托代理具有明显的相似性,例如,二者都是委托人基于信任关系而委托受托人处理相关事务的法律机制,受托人都必须在委托人的授权范围内处理受托事务,受托人都须遵守委托人的意愿,受托人都必须亲自处理受托事务,并负有忠实与勤勉等义务等。但二者也有着根本不同,主要表现在:(1)适用范围不同。信托主要适用于委托他人管理处分财产,范围较窄;委托代理的适用范围要广泛得多,只要不违反法律法规或公共利益,无论民事法律行为抑或其他具有法律意义的事务、事实行为,均可委托他人代理。(2)成立条件不同。信托关系的成立必须以一定的信托财产为前提,并须具备合法的信托目的,若委托人没有合法确定的信托财产,或者无法将信托财产转移给受托人,形成独立的信托财产,信托关系将无法成立;委托代理关系的成立要简单得多,不需要有独立的财产,只需要有委托人委托受托人代为处理相关事项的合法意思表示即可,委托人有无独立财产并不影响委托代理关系的存在。(3)受托人行为时的名义不同。信托的受托人以自己的名义、以信托财产主体的身份与第三人进行交易,对信托财产进行管理和处分;委托代理关系中的代理人通常只能以委托人的名义对外活动,特定的例外情形下才能以代理人自己的名义行为,并且当代理人以委托人名义与第三人进行交易、第三人知道其为代理人时,第三人可以直接向委托人行使合同权利或履行合同义务。(4)委托人的权利不同。信托关系中的委托人在信托成立后,一般不得干涉受托人依据信托文件和法律规定对信托财产的自主管理处分权;委托代理情形下,委托人有权随时向代理人发出指示,代理人则应当遵照委托人指示处理委托事务。(5)受托行为结果不同。信托关系中,受托人处理委托事务的结果归属于受益人,除非受益人也是委托人;代理关系中,代理人处理委托事务的法律后果直接归属于作为被代理人的委托人。(6)委托人死亡、丧失行为能力或破产的影响不同。信托关系中,委托人死亡或者丧失行为能力时,信托关系仍将继续存在,直至信托合同期限届满或信托任务完成;委托代理情形下,委托人死亡、丧失行为能力或者破产会导致委托合同终止(除非当事人另有约定或根据委托事务的性质不宜终止)。

案例1-1:余某某诉闫某合同纠纷案①

【案情简介】

闫某以其可以在河南九州天中投资发展集团有限公司(以下简称天中公司)办理理财为由,和余某某达成口头协议,约定:余某某投资17万元,交给闫某用于天中公司投资理财,约定利率为月息1.5%。后余某某将17万元转账给闫某。闫某另以相同方式接受了多人(多为亲戚关系)的投资款并整合后、以其个人或其亲属名义借给天中公司,天中公司出具了收条、还款计划书、第三方担保函。闫某没有向余某某交付应由天中公司出具的以余某某为出借人的任何书面借款手续,但按约向余某某支付了4个月利息,合计10,200元(按本金17万元、月利率1.5%计算,每个月的利息金额为2550元)。后天中公司因涉嫌非法吸收公众存款罪、集资诈骗罪被立案侦查后,闫某称代为投资到天中公司的17万元无法收回,原、被告间遂产生纠纷。一审法院判决:闫某返还余某某投资款17万元。闫某不服一审判决,提起上诉。二审法院认为该17万元投资损失应由余某某自行承担,遂改判驳回余某某的诉讼请求。再审法院维持了二审判决。

【案件解析】

本案争议焦点为信托和委托的区别,以及案涉双方为信托关系还是委托关系。一审法院认为,依据《信托公司管理办法》第7条的规定,未经中国银监会批准,任何单位和个人不得经营信托业务,闫某实质上是在非法从事营业性信托活动,故委托理财协议属于无效协议,闫某对此应承担主要过错,应退还余某某17万元投资款。二审法院认

① 河南省信阳市中级人民法院民事判决书,(2017)豫15民终3924号、(2018)豫15民再140号。

为,本案《委托理财协议书》系双方当事人意思真实表示,不违反法律法规的强制性规定,应为有效合同。闫某系自然人、非信托机构,不能从事信托业务,只能在余某某授权范围内在天中公司进行投资理财,且本案委托财产17万元仍属于余某某的个人财产,未与其他财产相区别,故双方之间是委托合同关系而非信托关系,应由投资人余某某自行承担投资损失。再审法院维持了二审判决。

本案法院判决结果之不同主要系基于不同的法律关系认定。一审法院认定当事人之间构成信托关系,但因受托人不适格,故信托协议无效,受托人作为主要过错方应承担退还合同约定款项之义务。二审和再审法院则认定当事人之间系委托合同关系、而非信托合同关系,故受托人的行为后果应由委托人来承担。表面上看,两种判决思路似乎均有其合理性,但反映了不同法院针对案涉法律关系性质截然不同的判断。本案中,二审法院提出了委托和信托的三点不同:一是主体资格不同。信托合同中作为受托人的一方需采取信托机构形式签署信托合同,其设立需经专门审批;而对于委托合同的委托人与受托人,法律没有特别要求。二是权利义务关系不同。在信托关系中,信托财产转移给受托人后,受托人可以依据委托人确定的管理方式或受托人代为确定的管理方式自主管理和运用信托财产;而在委托关系中,受托人需严格在授权范围内处理委托事务。三是财产的独立性不同。这是信托与委托最核心的区别。本书认为,如果站在一审法官的角度,这三点不同是否成立并非不可质疑:首先,关于主体资格。本案一审判决正是认识到了本案受托人不具有信托从业资质,才认定案涉信托关系的无效,进而让闫某返还17万投资款。从金融业监管角度,非法从事信托业的也都是未取得信托从业资质的人;反之,信托合同就不会存在因主体不适格而无效之情形。其次,关于财产的独立性问题。尽管这是委托和信托的核心区别之一,但仅就本案而言,17万元投资款作为种类物和动产,自其进入闫某的个人账户,闫某即对之拥有法律上的完全的所有权,故二审法院关于该款项独立性的分析并不充分。最后,权利义务关系不同。由于案涉17万元投资款转入闫某账户后,闫某根据协议约定将该资金购买了天中公司的理财产品,其行为并未超出委托人余某某的授权范围。虽然在信托关系中,信托财产转移给受托人后,受托人可以依据委托人确定的管理方式或受托人代为确定的管理方式自主管理和运用信托财产。但由于双方对于何谓自主管理和运用信托财产并无明确约定,故对此自主管理的理解也会存在不同解读。我们认为,本案之所以应当认定为系委托而非信托关系,关键应着眼于当事人有无设立信托的意图,尤其是委托人余某某在案涉协议达成时是否存在设立信托的明确意图,以及其是否存在将自己的财产转移至受托人闫某名下,由闫某进行管理运用的意图。由于法院查明的事实中并无双方曾有设立信托、缔结信托合同的意思表示证据,同时,考虑到当事人双方的自然人身份、信托的专业性、受托人收到案涉款项后是投资于第三方的理财产品及受托人以自己名义进行投资的行为与《合同法》第402～403条中规范的行为具有契合性,故综合而言,将二人间的关系认定为委托关系更为充分。换言之,当一种行为有直接对应的法律规范可适用时,除非有充分的相反证据,不应过多去探究该行为适用其他法律规范的可能。

从国内司法实践来看,一审法院的裁判思路并非孤例。如在(2010)银民初字第299号杨某诉苏某某一案中,法院即采用了相同的判决逻辑。该案中,法院认为,原被告之间关于原告将资金交给被告,由被告操作购买炒作黑市黄金期货,本金及所得利润归原告所有的约定,属于信托投资理财合同。被告无从事信托投资理财的资格,其接受原告信托投资的行为违反了《信托投资公司管理办法》第12条第2款"未经中国人民银行批准,任何单位和个人不得经营信托业务"的规定。且双方在合同中约定的黑市黄金期货,未经中国人民银行批准,属非法金融业务,据此,根据原《中华人民共和国合同法》(以下简称原《合同法》)第52条"有下列情形之一的,合同无效……(五)违反法律、行政法规的强制性规定"①的规定,原、被告之间的信托投资理财合同无效。原、被告之间的合同无效,根据原《合同法》第58条的规定:"合同被确认为无效后,当事人因该合同取得的财产,应当予以返还。"②被告应将投资款478,560元返还给原告。

(二)信托与行纪

行纪是指行纪人接受委托,以自己名义从事代购、代销、寄售等活动并获取相应报酬的行为。根据《中华人民共和国民法典》(以下简称《民法典》)第951条,行纪合同是行纪人以自己的名义为委托人从事贸易活动,委托人支付报酬的合同。

行纪与信托的相似性表现在:二者均以信任为基础,均系基于一定的委托关系而产生;受托人均系以自己的名义处理事务,且所承受的义务基本相同;二者均可能发生委托物的占有转移。行纪主要是大陆法系的制度,在国内学术界,不少人经常将二者混为一谈。

信托与行纪之间的不同主要表现在:(1)性质不同。信托主要是一种财产管理制度,涉及财产的管理、处分及利益分配等;行纪主要是一种财产交易制度,是由行纪人为委托人购买或出售财产。(2)主体不同。信托涉及委托人、受托人和受益人三方主体,而行纪通常只涉及委托人和行纪人两方主体。(3)设立方式不同。信托可以因合同、遗嘱或其他法律事实而设立,行纪则只能因合同而设立。(4)适用的财产范围及归属不同。信托适用于不动产、动产和无形财产等各种财产,行纪主要适用于动产,一般是特殊交易规则下交易的财产;信托的设立必须要有确定的信托财产,且通常要求委托人须

---

① 现规定在《民法典》第153条。

② 现规定在《民法典》第157条。

将信托财产转移给受托人,行纪关系的成立则不以交付财产为要件;信托财产具有独立性,信托财产的利益归属于受益人,行纪所涉财产或其交易利益则归委托人所有。(5)是否有偿不同。信托可以是有偿或无偿的,行纪则都是有偿的。(6)受托人的独立性不同。信托关系中的受托人在处理受托事务时具有更大的独立性和自主权,行纪关系中的受托人(行纪人)则须严格遵循委托人的指示而行为。

(三)信托与赠与

赠与是一种通过合同对财产权进行无偿转移的法律制度。信托实质上也可以看作是一种附条件的赠与。二者具有一些类似功能,但相对于赠与,信托在实现委托人意愿方面更具优势。二者间的不同主要有:(1)赠与是无偿的,信托既可以是有偿的,也可以是无偿的。(2)赠与只能发生财产的简单转移,在赠与人不希望将财产立即交付受赠人或受赠人不具备财产管理能力的情形下,信托的长期规划和资产管理功能更利于赠与人达成其希望,因信托关系中的受托人取得的只是对信托财产的管理所有权而非终极所有权,信托财产的终极所有权和受益权均归属于信托受益人。(3)信托的弹性空间较赠与大得多。例如,赠与不能把财产转移给现时尚不存在的人,而信托因有受托人之设计,受益人只要能够确定即可,不必在信托设立时就存在。赠与一旦完成,财产所有权即归属受赠人,赠与人对赠与财产无法施加任何控制或影响;而在信托关系下,委托人可针对信托财产的管理处分,通过信托合同的条款设计保留一定控制权或影响力。(4)基于信托财产的独立性,信托关系下的受益人可获得比受赠人更周全的法律保护,如不受第三人追索等。

(四)信托与遗嘱

根据我国《民法典》第1133条的规定,遗嘱是自然人处分自己身后财产的一种行为。自然人可以立遗嘱将个人财产指定由法定继承人中的一人或者数人继承,或立遗嘱将个人财产赠与国家、集体或者法定继承人以外的组织、个人,也可以依法设立遗嘱信托。就遗嘱而言,其与信托的不同主要包括:(1)信托的设立更灵活、更自由。法律对遗嘱的方式有严格要求,自然人立遗嘱必须符合法定要求(如必须为未出生的子女预留特留份,自书或代书遗嘱均有严格的形式要求等),否则遗嘱可能无效;信托实质上是一种合同行为,遵循的是合同自由原则,只要不违反法律法规的禁止性规定,信托可由委托人自由决定设立方式。(2)信托的委托人可通过信托合同的约定,就信托财产的管理与处分保留一定的权利,包括在约定条件下变更受益人、变更或终止信托的权利,委托人死亡后仍然可以通过信托合同的约定来对信托财产的管理和处分施加持续性控制或影响;而遗嘱情形下,除非遗嘱本身设定有条件或负担,遗嘱人名下的财产自遗嘱人死亡之日起即转归遗嘱继承人所有,相关遗产的具体处分和管理权亦同时归属于遗嘱继承人。(3)基于信托财产的独立性,信托委托人的债权人无权对信托财产提出主张,而遗嘱人的遗产首先必须用于清偿遗嘱人的债务,之后才能为遗嘱继承人所继承。(4)信托从其起源上来讲就是一种规避法律负担的行为,故在部分国家,信托较之遗嘱具有更有效的避税功能。

(五)信托与第三人利益合同

第三人利益合同,又称利他合同、利益第三人合同、第三人取得债权的合同,是指合同当事人约定由一方向合同关系外第三人为给付,该第三人因此取得直接请求给付权利的合同。[①] 第三人也常被称为受益人,其只享有权利不承担义务,并享有独立的请求权。第三人利益合同与信托高度类似,二者都是使他人获得利益的制度。信托中的受益人类似于第三人利益合同中的第三人,[②]二者均不参与缔约,但均享有基于合同产生的受益权。因此,为他人利益订立的信托合同也可归入广义上第三人利益合同的范畴。

第三人利益合同与信托的区别主要体现在以下三个方面:

第一,设立方式不同。第三人利益合同的设立仅限于采取合同方式,可以是口头或书面形式。依据《信托法》第 8 条规定,“设立信托,应当采取书面形式。书面形式包括信托合同、遗嘱或者法律、行政法规规定的其他书面文件等”。另外,信托可分为自益信托和他益信托。自益信托中,受益人与委托人系同一人,不存在第三人利益问题;只有在他益信托中,才存在第三人利益的问题。

第二,是否涉及物权不同。第三人利益合同是一个纯粹的债权合同,合同当事人只享有债权,此类合同通常也只受合同法规则的调整。在信托合同中,信托一旦成立,受托人即享有对信托财产的占有使用和处分等物权权利,受托人成为信托财产的名义上的物权人,故信托要受到合同法规则和物权法规则的双重调整。

第三,受益人的权利存在差异。第三人利益合同中的第三人可以在合同约定范围内享有债权人的权利,包括就其权利进行转让、抵销、免除等,但第三人非合同当事人,一般不得行使债权人享有的合同本身的权利,如变更、解除、撤销合同,或直接要求债务人承担违约责任等。信托中的受益人则享有请求强制实施信托的权利,并有权在特殊情况下决定终止信托。如受益人放弃受益权、信托目的失败,信托将自动终止,或者受益人已成年,具有完全民事行为能力,且享有信托财产的全部权利,其有权决定终止信托,并要求受托人将信托财产转移给他。[③]

---

① 参见王利明:《合同法研究》(第 4 卷),中国人民大学出版社 2013 年版,第 541 页。

② 参见周小明:《信托制度:法理与实务》,中国法制出版社 2012 年版,第 105 页。

③ 参见何宝玉:《信托法原理研究》(第 2 版),中国法制出版社 2015 年版,第 21 ~ 22 页。

第二节　信托的分类

一、私益信托与公益信托

根据信托设立目的之不同,可将信托分为私益信托与公益信托。《信托法》第 3 条将信托分为民事信托、营业信托和公益信托。[①] 从信托目的上看,民事信托与营业信托均属于私益信托。

私益信托,是指为了私人利益而设立的信托。比如,投资者为了自身或后辈利益而将自己的财产委托他人进行管理、处分所设立的信托。私益信托又可分为自益信托、他益信托、明示信托、默示信托、法定信托、推定信托等不同的类型。公益信托,又称为慈善信托(public trust/charitable trust),是指为了公共利益而设立的信托。公益信托可分为济贫信托、教育信托、宗教信托、环保信托等具体类型。

私益信托与公益信托的主要区别包括:第一,设立目的不同。私益信托的设立目的是特定受益人的利益,公益信托的设立目的是公共利益。第二,受益人是否特定不同。私益信托的受益人通常是特定的,公益信托的受益人则具有不特定性,比如济贫信托、环保信托等均不存在特定的受益人。第三,税收政策不同。私益信托的设立是为了受益人的利益,一般不存在税优优待,而公益信托的设立是为了公共利益,故一般存在国家税收政策上的减免优惠。第四,存续期间不同。私益信托的存续期间通常有明确的限制,公益信托则一般不受时间限制。[②] 第五,受托人的变更不同。私益信托的受托人可由委托人依据法律规定或合同约定进行变更,而公益信托受托人的变更通常由公益事业管理机构进行变更。[③]

二、自益信托与他益信托

根据委托人和受益人是否为同一人,可以将信托分为自益信托与他益信托。自益信托(self-benefit trust),是指委托人为了自己的利益设立的信托,在此情形下,信托的

---

① 《信托法》第 3 条规定:"委托人、受托人、受益人(以下统称信托当事人)在境内进行民事、营业、公益信托活动,适用本法。"

② 参见方嘉麟:《信托法之理论与实务》,中国政法大学出版社 2004 年版,第 232 页。

③ 如《信托法》第 62 条规定,"公益信托的设立和确定其受托人,应当经有关公益事业的管理机构(以下简称公益事业管理机构)批准"。第 68 条规定,"公益信托的受托人违反信托义务或者无能力履行其职责的,由公益事业管理机构变更受托人"。

委托人和受益人是同一人。他益信托(benefit to other trust),是指委托人为了他人的利益设立的信托,如委托人为了其子女、配偶等设立的信托。自益信托都是私益信托,他益信托可能是私益信托或公益信托,公益信托都是他益信托。

自益信托与他益信托的区别主要包括:第一,信托设立目的不同。自益信托的设立目的是实现委托人自己的利益,而他益信托的设立目的是实现受益人的利益。第二,信托主体不同。自益信托中,委托人与受益人是重合的,他益信托中,委托人和受益人是不同的主体。第三,信托合同的终止不同。自益信托中,因不涉及第三方利益,故委托人可以随时终止信托合同。如《信托法》第 50 条规定“委托人是唯一受益人的,委托人或者其继承人可以解除信托。信托文件另有规定的,从其规定”。在他益信托中,委托人除了在信托合同中有所保留或得到受益人同意外,一般不得随意终止信托合同。[①]

三、民事信托与商事信托

根据受托人行为的性质,可将信托分为民事信托与商事信托。民事信托又称非营业信托,是指受托人系普通自然人或信托公司外法人的信托。商事信托又称营业信托,是指受托人是专业信托机构的信托。民事信托与商事信托的区别主要有:第一,受托人不同。区分二者的关键不在于信托是否以营利为目的,而在于受托人是否是营业性的信托机构。商事信托的受托人是专业信托机构或兼业从事信托业务的其他金融机构,而民事信托的受托人则是一般的自然人或法人,且非以信托业务为主业。[②] 第二,受益人多寡不同。商事信托中的受益人往往人数众多,如意向信托投资或理财计划往往涉及众多受益人,而民事信托中的受益人往往是特定的一人或数人。[③] 第三,信托目的不同。商事信托的信托目的大多是帮助受益人实现资产的保增值之经济利益,而民事信托的信托目的可能是多元化的,比如实现家庭财产的传承、家族的和谐以及资产的保增值等。第四,委托人与受益人是否重合不同。商事信托的委托人与受益人通常是重合的,委托人设立信托(购买信托产品)的目的是通常是实现自身资产的保增值,而民事信托的委托人与受益人通常是不重合的,委托人大多是为了他人的利益而设立信托。

四、法定信托、意定信托、推定信托

根据信托是否依据当事人意愿设立,可将信托分为法定信托、意定信托和推定信

---

① 参见赖源河等:《现代信托法论》,中国政法大学出版社 2002 年版,第 38 页;王利明:《合同法研究》(第 4 卷),中国人民大学出版社 2013 年版,第 528 页。

② 参见赖源河等:《现代信托法论》,中国政法大学出版社 2002 年版,第 39 页。

③ 参见王利明:《合同法研究》(第 4 卷),中国人民大学出版社 2013 年版,第 530 页。

托。法定信托(statutory trust),是指依据法律规定设立的信托。[①] 意定信托又称任意信托,是指由当事人根据自己的意思自由设立的信托。实践中,绝大部分信托都是意定信托。推定信托(constructive trust)是指受托人或受信任者通过其地位不当获益情形下,法院为保护受益人利益而推定成立的信托。其实质是法院将某些本不存在信托目的的关系认定为信托,并按照信托关系对当事人之间的利益关系进行调整,故其成立与当事人的意思表示无关。推定信托主要是英美法院用来实现个案正义、避免不当得利的一种制度,大陆法系国家很少有规定。我国信托法中对于推定信托也无规定,但存在法院运用推定信托理论解决争议的实践。[②] 法定信托和推定信托的设立均不受当事人意愿的影响。

法定信托与意定信托的区别主要有二:一是设立依据和条件不同。法定信托依据法律、行政法规的规定设立,一般不考虑当事人的意愿,其设立通常必须符合法律规定的特殊条件。意定信托是根据当事人的合意而设立,只要当事人订立书面的信托合同即可设立。二是信托的内容不同。法定信托中,信托的内容由法律法规进行规定,意定信托中,信托的内容则由当事人自行协商确定。

五、明示信托与默示信托

根据信托的设立是否需要委托人的明确意思表示,可将信托分为明示信托和默示信托。明示信托(express trust),是委托人通过明确的意思表示设立的信托。明示信托属于意定信托中的一类,实践中绝大部分信托都是明示信托。明示信托的设立完全基于当事人的意思,只要委托人有委托的意思表示,受托人同意接受委托,信托关系即告成立,信托当事人之间权利义务的确定、信托事务的执行、信托合同的存续或终止等均由当事人自主决定。

默示信托(implied trust),又称隐含信托,是指非基于当事人的明确意思表示,而是法院根据特定的事实、当事人的行为或他们之间的关系推定存在的信托。一般认为,默

---

① 如根据英国1925年《遗产管理法》设立的遗产管理信托(被继承人未留遗嘱死亡时,其遗产将授予其个人代表并成立一项法定信托,由个人代表作为受托人,按照法定比例和继承人情况,将遗产分配给死者配偶、子女等),根据日本《农田协会组合法》《森林组合法》成立的农田信托、森林信托,以及西方国家法律强制重要公职人员将其本人、配偶及未成年子女的股票和不动产,交给信托机构代为管理处分,以防止公职人员拟定政策中存在利益冲突的强制信托(又称"盲目信托")等。

② 如最高人民法院在2000年审结的广东轻工业品进出口集团公司诉TMT公司一案中,认定当事人之间存在"事实上的商标信托关系",其实质即是推定信托;辽宁省沈阳市中级人民法院在2008年审结的沈阳钢化玻璃风机厂诉戴某羽一案[(2008)沈中民三终字第1445号]中,法院也认为双方当事人之间构成推定信托关系,该案中,法院认为,戴某羽作为分管技术的副厂长与风机厂之间形成受信任关系,其利用受信任人地位从厂里获取利益违反了信义义务,故应当返还所获得的利益。在上海市第一中级人民法院审结的张某某诉徐某某一案[(2016)沪01民终2239号]中,当事人争议的核心则是围绕涉案房产是否存在推定信托。

示信托包括推定信托和归复信托。其中,归复信托(resulting trust),又称复归信托、回复信托、结果信托,是指当委托人设立信托的意思不明确时,法院可推定信托财产为委托人的利益而存在,受托人应将信托财产"回归"给委托人或归入委托人的遗产(当委托人死亡时)。比如,甲设立一份以乙为受托人、丙为受益人的遗嘱信托,后丙先于甲死亡,此时,信托利益的归属无明确约定,法院即可推定成立归复信托,乙应为甲的利益持有信托财产并将信托利益返还给甲。[①]

六、生前信托与死后信托

根据信托是在委托人生前抑或死后发生效力之不同,可将信托区分为生前信托和死后信托。生前信托(living trust),是指委托人在其生前设立并在其生前发生效力的信托。死后信托(postmortem trust)又称遗嘱信托(trust under will 或 testamentary trust),是指委托人在其生前以遗嘱方式设立、并在其死后发生效力的信托。生前信托可以是自益信托或他益信托,死后信托则只能是他益信托。

七、可撤销信托与不可撤销信托

根据委托人是否有权终止信托关系,可将信托分为可撤销信托与不可撤销信托。

可撤销信托(revocable trust),是指委托人在信托合同中保留了撤销权的信托,即委托人可以随时终止信托合同并取回信托财产。此种信托中,因委托人有权随时撤销信托或增减信托财产,故利于其根据自己的实际需要来灵活调整信托关系。不可撤销信托(irrevocable trust),是指委托人没有保留撤销权的信托。自益信托多为可撤销信托,委托人可以随时终止信托关系。他益信托,因涉及第三人受益人的利益,多为不可撤销信托,除非信托合同另有约定或取得了受益人的同意。

八、几种特殊形式的信托

(一)禁止挥霍信托(Spend thrift Trust)

禁止挥霍信托,又名"败家子信托",具体是指委托人通过在信托文件中加入禁止挥霍条款,以避免债权人追及挥霍者享有的信托受益权益,确保信托财产用于受益人及其家庭的生活需要,不被受益人挥霍或被第三人侵占。禁止挥霍信托制度起源于英国,在英国称为保护信托或扶助信托,在美国称为浪费者信托。禁止挥霍信托主要适用于没有能力管理自己财产的成年人,特别是有浪费习惯或沾染不良嗜好(如赌博、酗酒、吸毒等)的成年人。其中,英国的保护信托通常采用双重结构,即委托人设立一个以该成

---

① 参见赵廉慧:《信托法解释论》,中国法制出版社 2015 年版,第 53 页。

年人为受益人的信托,受益人享有终身受益权,一旦发生受益人破产或意图转让、处分其受益权事件,该信托即终止,防止信托财产或信托利益被他人追索导致受益人丧失生活来源;同时,依据信托文件规定,以剩余的信托财产另行成立一个自由裁量信托,以原受益人及其家属为受益人,受托人自由裁量地分配信托收入,以保障他们的生活。相比之下,美国的浪费者信托的设计方法更直接,即信托文件明确规定禁止受益权转让,同时禁止受益人终止信托,第三人通过受让取得的信托受益权无效。①

案例1-2:许某某家庭信托中的禁止挥霍机制②

2018年12月5日,船王的儿子许某某病逝,享年97岁。他的去世及其家庭信托设计内容备受各界关注。据媒体报道,许某某在世时,已安排好名下的巨额财产传承。他设立了一个总资产超过200亿港元的家庭信托基金,将自己和儿子居住的两套豪宅,以及名下其他多处豪宅和资产放入其中,任何人都无权支配信托基金,许家每个人每个月能从中领取一笔生活费,其中其儿子夫妇每个月可以领200万港元。这样不仅可以避免其遗产被儿子挥霍掉,保证其独子一生衣食无忧,过体面的生活,还可以防止家族内部出现所谓的遗产争夺事件。

(二)养老金信托(Pensions Trust)

养老金信托,是以养老金制度为基础设立的一种信托,具体是指养老保险经办机构将单位和个人依法缴纳的养老保险费作为信托资产,交给信托机构管理和经营,职工作为受益人在退休后获益的一种信托。养老金信托的本质是由企业和员工共同出资,形成一笔资金,由受托机构以信托方式持有和运用,员工退休后以年金形式领取收益。从国际经验来看,以信托方式管理运用养老基金是一种切实有效的养老金管理方式,信托具有的财产管理职能和中长期融资功能与养老保险资金的运行要求具有内在一致性。

(三)单位信托(Unit Trust)

单位信托,又称共同基金、集合投资计划,是一种向普通投资者开放的投资信托或投资渠道,其通常由委托人和基金经理签订信托合同,设立单位信托,并将信托受益权划分为许多单位(每个单位的面值很小,多为1元)向投资者出售,投资者购买后成为"单位"的持有人和信托财产的共同所有人。出售单位获得的资金构成单位信托基金,

---

① 参见何宝玉:《信托法原理研究》(第2版),中国法制出版社2015年版,第39~40页。

② 类似的信托设计在著名影星梅某某的家庭信托设计中也有充分体现。梅某某2003年病逝前,财产总值超过1亿港元,其希望供养其母亲终老,但其担心若把这笔钱一次性给了母亲,可能很快就会被挥霍殆尽,母亲以后的生活反而没有着落。故其将遗产作为信托财产设立了一个家庭信托基金,指定汇丰信托作为受托人,负责每月向其母亲支付7万港元生活费直至去世,并对其母去世后的财产处分作了安排。

由基金经理负责管理和多元化投资,投资增值部分由单位持有人按照其份额分享。

(四)离岸信托(Off shore Trust)

离岸信托,又称海外信托,是指委托人为了特定目的,在其他司法管辖区(通常是一些金融法律制度宽松的离岸司法管辖区)设立的,由该司法管辖区的专业受托人进行日常管理的信托。委托人设立离岸信托的目的主要有二:一是许多离岸司法管辖区都提供免税优惠;二是使财产不受潜在债权人追索。对于大多数普通人而言,离岸信托是一个陌生词汇,但对于高净值人士或跨国公司而言,利用离岸信托可隔离政治、经济与法律风险。离岸信托设立地在信托与财产管理、继承等方面的法律制度通常比较宽松,便于投资者将资产进行隔离,委托人所在司法管辖区的司法判决仅在有限的范围内可以申请离岸司法管辖区法院的强制执行,故离岸信托在资产保护、公司上市、家族治理和税收方面具有显著的优势。

案例1-3:潘某某、张某的离岸家庭信托

2002年,SOHO中国为了在海外上市,搭建了红筹架构。潘张二人通过私人公司控制了SOHO中国(Cayman)股权;接下来,SOHO中国(Cayman)设立了7家BVI[①]公司,控制其境内7家地产项目公司。其中,潘某某通过Boyce(BVI)控制SOHO中国(开曼)47.39%股权,张某通过Capevale(BVI)控制SOHO中国(Cayman)47.39%股权,夫妻二人的股权共计94.78%。此时,潘某某和张某分别拥有SOHO中国(Cayman)的均等股权。2005年11月14日,潘某某将其在Boyce(BVI)的全部股份赠与张某。

SOHO中国的信托持股设计模式如下:张某把Boyce及Capevale(BVI)的全部股份转让给Capevale(Cayman)(特意为成立信托而注册的公司);紧接其后,张某把Capevale(Cayman)的全部股份授予汇丰信托。张某则是该笔信托的授予人、保护人及全权受益人。潘张二人作为Boyce及Capevale(BVI)的董事,通过对其控制,同时实现了将资产转移国外和对SOHO中国的控制。(见图1-1)

① 英属维尔京群岛(The British Virgin Islands, B. V. I)是世界著名的海外离岸投资中心之一,在此注册的公司就被称作BVI公司,常见于为在境外上市而搭建的VIE(协议控制)交易架构(境外上市实体与境内运营实体相分离,境外上市实体通过协议方式控制境内运营实体,利于将境内运营实体的利益转移至境外上市实体,使境外上市实体的股东实际享有境内运营实体经营所产生的利益,从而做到两公司报表合并)。

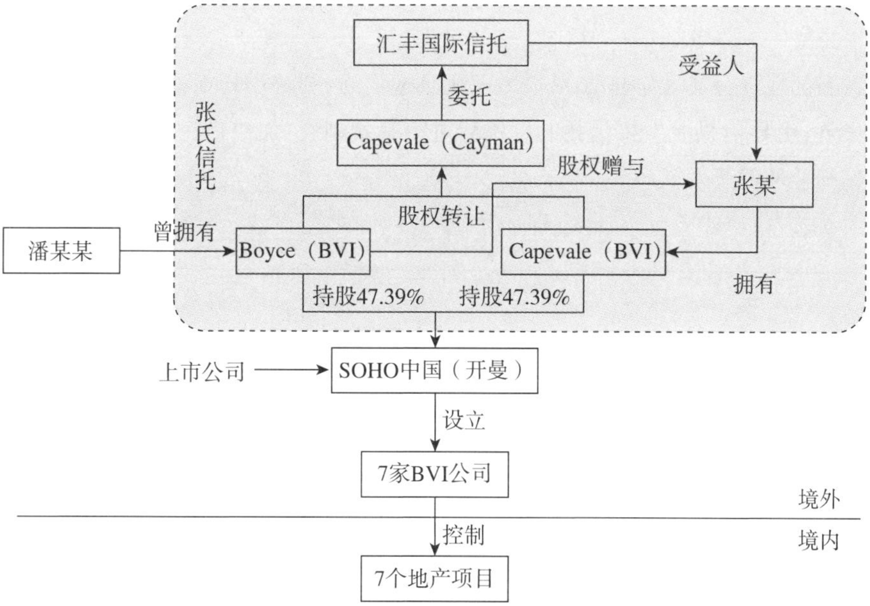

图1－1　潘某某、张某的离岸家庭信托示意

（五）宣言信托（Declaration Trust）

宣言信托，又称宣示信托，是指委托人宣布自己为受托人的一种特殊信托形式。两大法系对宣言信托的态度存在差异，英美法系较为宽容，大陆法系较为保守。相对于一般信托，宣言信托的特殊性主要包括：（1）委托人身份具有双重性，其既是委托人又是受托人，故信托实际上只有委托人与受益人两方当事人，并且要求受益人必须是委托人之外的其他人；（2）其设立属单方法律行为，无须要约和承诺等环节，只需委托人单方意思表示即可；（3）因委托人本身就是受托人，故无须进行财产转移，一经宣示特定财产即成为信托财产，并须与委托人的其他财产分别管理。

九、资产管理信托、资产服务信托、公益慈善信托

针对存在传统信托分类存在的维度多元、业务边界不清、角色定位冲突和服务内涵模糊等问题，2023年3月，国家金融监督管理总局发布的《中国银保监会关于规范信托公司信托业务分类的通知》（银保监规〔2023〕1号），根据各类信托服务的实质，以信托目的、信托成立方式、信托财产管理内容为分类维度，将信托业务分为资产管理信托、资产服务信托、公益慈善信托三大类。其中，资产管理信托分为固定收益类、权益类、商品及金融衍生品类、混合类4类；资产服务信托分为财富管理、行政管理、资产证券化、风险处置及其他资产服务信托5类。资产服务信托与资产管理信托间的核心差异为前者

不涉及“向投资者”募集资金的行为。公益慈善信托分为慈善信托与其他公益信托两类。

此新的业务分类规定自2023年6月1日起实施,新分类旨在促进各类信托业务的规范发展,引导信托业发挥信托制度优势进行有效创新,加快信托业的发展转型,进而实现信托业的健康发展。

第二章　国内外信托制度的发展

第一节　我国信托制度的发展与立法

一、我国信托业的发展

在20世纪初，现代信托制度开始传入中国。我国最早出现的信托机构可以追溯到1913年日资设立的大连取引信托株式会社。1921年，上海先后成立了12家华资专业信托公司，这标志着中国近代信托业的诞生。1921～1937年，中国近代信托业得到初步发展；1937～1945年，中国信托业在抗战中畸形繁荣；抗战胜利后到新中国成立前，中国信托业在统制经济体制下逐渐衰退。① 新中国成立后，中央人民政府接管了国民党的中央信托局和有关银行机构，并保留了其中的部分信托业务，直到1952年公私合营运动。② 1952～1978年间，我国的信托业处于停滞状态。1978年12月，国家确立了改革开放政策后，信托业开始恢复。

1979年10月，中国银行总行率先成立了信托咨询部。同月，我国第一家信托投资公司——中国国际信托投资公司宣告成立。1980年9月，中国人民银行发布《关于积极开办信托业务的通知》，之后，信托机构大量设立，以营业信托为主的信托活动迅速发展成为我国金融业的重要组成部分。信托机构当时的定位类似于政府融资平台，其主要作用在于为国家重点基础产业融通资金，而非"受人之托、代客理财"。1979～2023年间，信托业发展中出现了诸多问题，并长期处于"发展—整顿—再发展—再整顿"的往复循环中。1982～2023年间，为解决信托业发展中的问题，国家针对信托业先后进行了七轮清理整顿。

1. 第一次清理整顿：重点是行业清理。1982年4月，国务院发布《关于整顿国内信托投资业务和加强更新改造资金管理的通知》，规定非金融机构未经批准不得办理信托投资业务，信托投资业务一律由中国人民银行或其指定的专业银行办理。

---

① 参见赵廉慧：《信托法解释论》，中国法制出版社2015年版，第79页。

② 参见王利明：《合同法研究》（第4卷），中国人民大学出版社2013年版，第537页。

2. 第二次清理整顿:重点是业务清理,针对的是当时金融机构大量使用信托方式进行信贷活动、信托资金来源不明,导致金融信贷增长过快的问题。1986 年 4 月,中国人民银行制定的《金融信托投资机构管理暂行规定》,是改革开放后我国第一次在法律层面上明确了信托业的地位、监管单位和业务范围。其规定,信托投资业务,系指受托人按照委托人指明的特定目的或要求,收受、经理或运用信托资金、信托财产的金融业务;未经中国人民银行批准,任何机构或部门不得设立金融信托机构、不准经营信托投资业务;禁止个人经营信托投资业务等。此次整顿之后,信托公司的主营业务和经营方式与银行的资产负债业务雷同,信托逐步成为各专业银行回避央行信贷规模控制的通道,并导致固定资产投资失控、信托超范围经营存贷业务等违规经营行为不断出现。

3. 第三次清理整顿:整顿主因是信托投资公司数量增长过快、内部经营管理混乱、"三乱"(乱集资、乱拆借、乱贷款)现象严重等问题。1988 年,人民银行提出银信分离,切断了银行和信托间的同业拆借通道,要求信托存款按比例缴存准备金、取消了利率上浮规定。整顿后,半数以上的信托投资公司被撤并。

4. 第四次清理整顿:整顿重点是确立银信分离制度。1993 年,国家在整顿金融秩序的同时,对信托业开启了新一轮整顿,规定:银行不能再经营信托业务,对银行和信托实行分业经营、分业管理。1995 年《中华人民共和国商业银行法》(以下简称《商业银行法》)通过,禁止商业银行从事信托投资业务及投资于非银行机构;同年,国务院要求四大国有银行与所办信托投资公司脱钩。整顿期间,信托公司数量急剧减少,多家信托机构出现重大风险事件。

5. 第五次清理整顿:1998 年的亚洲金融危机暴露出了中国金融体系的部分缺陷。1999 年 3 月,国务院宣布对信托业进行第五次清理整顿,重点是对信托业从事证券业务的行为进行规范,如规定信托机构不得再经营证券经纪和股票承销业务。1999 年生效的《中华人民共和国证券法》(以下简称《证券法》)确立了证券业与信托业实行分业经营、分业监管的原则。2001 年 4 月,自 1993 年开始起草的《信托法》审议通过,信托业的法律地位得以明确。2002 年 7 月,《信托投资公司资金信托管理暂行办法》施行,明确了资金信托业务的定义,并规定资金信托业务仅限于由中国人民银行批准的信托投资公司开展。同年,中国人民银行发布了《信托投资公司管理办法》。信托业"一法两规"框架初步形成,标志着我国信托业开始进入新一轮的规范发展阶段。

6. 第六次清理整顿:原中国银监会于 2007 年颁布了修订后的《信托公司管理办法》、于 2009 年颁布了《信托公司集合资金信托计划管理办法》,同时开启了对信托业的新一轮清理整顿。此次清理整顿中,信托投资公司的"投资"二字被摘掉,原有的实业资产被剥离,信托主业被确定为可以经营资金信托、动产信托、不动产信托和其他财产信托四大类,并为信托投资者设定了 100 万元的起投门槛和 200 人的募集人数上限。

之后,信托公司按要求进行了重新登记。

7.第七次清理整顿:2018～2023年间,因中国经济处于整体上行周期,信托业凭借融资方式灵活、产品回报率高且刚性兑付等优势获得快速发展,2017年年底管理资产规模一度达到逾26万亿元,超过了保险业。2017年之后,随着金融严监管周期的到来,信托产品违约事件频发。2018年4月,中国人民银行、银保监会、证监会、外汇局联合发布了《关于规范金融机构资产管理业务的指导意见》(以下简称《资管新规》),以此文件为标志,国家对信托业的新一轮清理整顿拉开了帷幕。《资管新规》明确禁止信托产品承诺保本保收益、禁止刚性兑付和多层嵌套、压降信托公司的通道和非标业务,并建立了信托公司的适当性义务等规范。2023年3月,监管部门发布《关于规范信托公司信托业务分类的通知》,提出了信托业务的新的分类标准与监管要求。

二、我国信托立法的现状

自20世纪80年代开始信托法制建设以来,我国信托立法的基本框架已经建成。到目前为止,我国已经颁布了《信托法》(2001年)、《证券投资基金法》(2015年,已失效)、《中华人民共和国慈善法》(以下简称《慈善法》)(2016年)等信托相关立法,并制定了《信托投资公司信息披露管理暂行办法》(2005年)、《信托公司管理办法》(2007年)、《信托公司集合资金信托计划管理办法》(2009年)、《信托公司净资本管理办法》(2010年)、《信托公司治理指引》(2007年)、《银行与信托公司业务合作指引》(2008年)、《信托公司参与股指期货交易业务指引》(2011年)、《信托公司行政许可事项实施办法》(2020年)、《慈善信托管理办法》(2017年)、《信托公司股权管理暂行办法》(2020年)等信托业部门规章。其中,2001年4月28日、经九届全国人大常委会审议通过、同年10月1日实施的《信托法》是我国信托领域的基本立法。该法共分7章74条,依次为总则、信托的设立、信托财产、信托当事人、变更与终止、公益信托、附则。该法在推进我国信托制度和信托市场发展方面发挥着重要作用。

第二节　国外信托制度的发展与立法

一、英国信托制度的发展与立法

现代信托制度起源于英国中世纪的用益制度。英国信托制度的发展大致经过了四个阶段:一是用益制度尚未获得衡平法院认可的阶段;二是法院开始审理用益案件并认可用益制度的阶段,主要是从15世纪初到16世纪英国《用益法》的颁布;三是英国《用益法》颁布后直到17世纪后期近现代信托法开始发展的阶段;四是现代信托,尤其是现代商事信托的出现与发展阶段。[①] 具体而言:

在14世纪,英国人利用用益制度规避法律的做法日益增多,人们的目的主要有三:一是规避长子继承制;二是规避将继承人限定为男性;三是规避继承时的领主特权等。[②] 因依据普通法,用益只是让财产让渡的接受者取得所有权,当受托人侵占用益财产或者受托人的债权人扣押用益财产时,就出现了对用益下受益人的保护问题。15世纪初,英国的衡平法院开始认可用益制度。英国《1535年用益法》规定,如果任何人为他人的用益取得土地,那么受益人被视为该土地的合法权利人,为他人的用益而取得土地者(受托人)对土地则没有任何利益。据此,用益一经设立,土地等用益财产就依法转移给受益人,受益人与直接受让人一样成为普通法上的权利人。因《用益法》仅适用于特定的不动产,动产用益、积极信托、第二层用益等衡平法利益仍无法被转换为法律上的利益,故该法的立法初衷并未实现。

20世纪之后,英国对信托的使用逐渐从民事领域扩大到了商事领域,并在养老金信托和投资管理信托领域获得显著发展。1908年,英国《老年养老金法》颁布,信托被用于企业养老金的委托管理,借助于税收激励,养老金信托获得快速发展。在投资管理信托领域,主要是由银行和保险公司担任受托人,向投资者(委托人和受益人)发行集合信托投资计划。1925年,英国出台《财产法》废止了《用益法》,同年通过的《受托人法》(Trustee Act)则将已有的信托法判例规则提升为成文法。自此,现代意义上的信托制度在英国确立。之后,英国陆续出台了一系列信托相关立法,如1958年《信托种类法》、1960年《慈善法》、1961年《受托人投资法》、1961年《年金与收益法》、1964年《永久累积法》《公益信托法》、1987年《信托认定法》、2000年《金融服务和市场法》、2000年大幅修订后的《受托人法》、2004年《养老金法》和2011年《慈善法》等。这些立法构成了英国信托法律制度的核心,并对其他国家信托法律制度的建立产生了直接影响。

在英国之外,信托制度随着英国的殖民扩张首先在受英国殖民统治的国家或地区得以普及。相关国家或地区独立后大多保留了英国的信托法原则,虽然部分具体规则可能有所变化。目前,信托制度已盛行于美国、加拿大、澳大利亚、新西兰、印度、新加坡等英美法系国家。20世纪之后,随着经济全球化的发展和社会公众财富的快速增长,信托作为一种灵活的财产管理制度所具备的竞争优势对部分大陆法系国家也产生了巨大吸引力,越来越多的大陆法系国家制定了本国的信托立法。信托从传统的主要作为一种财产继承制度被使用并主要限于继承法或婚姻法领域(以民事信托为主),逐步扩

---

① 参见高凌云:《被误读的信托——信托法原论》(第2版),复旦大学出版社2019年版,第14页。

② 参见[日]新井诚:《信托法》(第4版),刘华译,中国政法大学出版社2017年版,第7页。

张到了商法和金融法领域,并借助于商事信托的方式大放异彩。

二、美国信托制度的发展与立法

作为曾经的英国殖民地之一,美国的信托制度直接继受自英国,其一方面继承了英国自然人之间以信任为基础、以无偿为原则的非营业信托;另一方面又创造性地将信托作为一种营业来发展,以高效率的公司组织形式来推广信托业务。相对于英国,信托制度在美国的发展变化主要有二:一是信托财产从不动产扩大到动产特别是金钱;二是出现了从事专业活动的信托受托人,并出现了法人受托人。①

在美国,信托公司大致被认为和银行在同一时期出现,如新伦敦联合银行与信托公司在1792年即开展有银行与信托业务,成立于1800年的华盛顿信托公司也被视为州银行。1812年,宾西法尼亚人寿保险与年金公司获得州政府授权成立,其被视为美国信托公司的正式起源,该公司的营业范围包括提供人寿保险、发放年金等服务。1822年设立的纽约农村火灾保险与贷款公司是第一家被允许以公司名义从事信托业务的法人,也经常被视为美国的第一家信托公司。1830年成立纽约人寿保险与信托公司是美国首家名称中带有“信托”的公司。1913年美国《联邦储备法》允许国民银行经营信托业务,之后各州纷纷批准银行开办信托业务。第二次世界大战之后,信托公司新型信托业务不断涌现,公司债券信托、员工持股信托、企业偿付利润分配信托、退休和养老基金信托、不动产信托投资基金(Redal Estate Investment Trust,REITs,也称房地产信托投资基金)。等各种新的信托业务模式层出不穷。

在美国,信托业的含义不受机构类别的限制,信托公司、商业银行、保险公司、咨询公司等只要取得了“信托”经营资质,均可从事信托业务。任何一个经营主体,只要作为信托法上的受托人,对委托人交付的信托财产,为受益人的利益或特定目的进行管理运用和处分,均属于从事信托业务。名称为“信托公司”的机构可以是一家银行或保险公司,其只要具备足够的资质就可以获得提供相应服务的牌照。因此,在美国,信托制度被广泛运用于各个行业中,美国在对信托业进行的行业分类上,采取的也是“功能”标准而非“机构”标准。在美国获取信托经营资质主要有两条途径:州政府批准和联邦政府批准。一般而言,持有州政府所颁发牌照的机构仅能在该州范围内开展相关业务,持有联邦政府所颁发牌照的机构则可以在全国范围内开展业务。从委托人类型来看,美国的信托业务可分为个人信托、法人信托、个人和法人兼有信托。个人信托,包括生前信托和死后信托,委托人委托信托机构代为处理其财产上的事务和身后的一切事务,

---

① 参见[日]田中和明、田村直史:《信托法理论与实务入门》,丁相顺、赖宇慧等译,中国人民大学出版社2018年版,第13~15页。

如受托管理遗产、担任监护人或管理人及私人代理账户。法人信托,主要是代理企业和事业单位发行股票和债券,代办公司的设立、改组、合并及清理手续等。个人和法人兼有信托,包括员工持股信托、年金信托即公益金信托等。目前,美国从事信托业务的机构主要有商业银行(包括国民银行、州银行)、信托银行、信托公司、储蓄机构等。①

在立法方面,美国的信托法属于州级立法,联邦层面不存在统一的信托立法。美国最早的信托立法是1887年纽约州制定的《信托契约条例》。联邦层面与信托有关的立法主要包括:1913年的《联邦储备法》,该法允许国民银行经营信托业务,为银行经营信托业务提供的法律依据;1933年的《格拉斯—斯蒂格尔法》,其将投资银行业务与商业银行业务分离;《1940年投资公司法》和《1940年投资顾问法》,二者对基金相关业务作出了规范;1974年的《雇员退休收入保障法》规定了养老金计划发起人最低缴费标准,为养老基金受托人、管理者和顾问建立了受托标准,规定受托人必须谨慎并理性地获取、使用与投资决策相关的信息等。另外,美国法律协会于1935年、1959年、2001年公布的第一次、第二次、第三次《信托法重述》对美国各州信托立法及信托案件的审理具有较大影响。2000年,美国制定了《统一信托法典》(The Uniform Trust Code of 2000),该法内容被许多州采纳,在推进美国信托法统一化方面发挥了积极作用。经过上百年的发展,美国目前已成为全球信托产品最丰富、信托业最发达的国家。

三、日本信托制度的发展与立法②

作为一个大陆法系国家,日本的私法制度主要源于德、法两国,但在信托法领域,其受英美的影响更大。19世纪末,为解决企业的融资困难问题,日本引入了美国的商事信托。日本1900年的《兴业银行法》中首次出现"信托"字样,允许兴业银行经营地方债券、公司债券及股票的信托业务,但实际业务是支付本息、管理证书等代理事务,并非现代意义上的信托。日本实质性引入信托是其1905年《担保公司债信托法》的出台,该法引入了担保公司债信托业务,即将担保权作为信托财产,公司债权人作为受益人的信托,该法的主要目的是在建立担保公司债信托制度的同时,通过保护公司债权人来促进经济的发展,此信托业务只有银行才能兼营。1906年日本第一家信托公司——东京信托公司成立。之后,日本信托公司的数量和信托业务的类型均获得了快速增长,但多数信托公司是以放高利贷(金钱信托)为主业,发挥着与银行类似的融资功能。

---

① 参见王道远、周萍、翁两民、贺洋:《信托的逻辑:中国信托公司做什么》,中信出版集团2019年版,第24~28页、第33~35页。

② 参见王道远、周萍、翁两民、贺洋:《信托的逻辑:中国信托公司做什么》,中信出版集团2019年版,第36~38页;[日]田中和明、田村直史:《信托法理论与实务入门》,丁相顺、赖宇慧等译,中国人民大学出版社2018年版,第15~22页。

为规范信托公司的活动、整顿信托业务，日本政府在1922年通过了《信托法》和《信托业法》，在法律上明确了信托的概念和信托制度，并规定信托公司不得兼营银行业务，不从事信托业的公司不得使用“信托”商号等。1928年，日本制定的《银行法》进一步规定商业银行不得从事担保公司债权信托业务之外的其他信托业务。至此，日本的银行与信托公司开始分业经营。第二次世界大战期间，为了扩大储蓄，日本制定的《普通银行等兼营储蓄银行业务或信托业务的相关法律》（后改称《金融机构兼营信托业务的法律》，以下简称《兼营法》）再次允许银行兼营信托业务。1948年，日本借鉴美国经验制定的《证券交易法》提出了银行业务与证券业务分离的政策，禁止信托公司经营除国债、政府债之外的债券承销业务，对信托公司的经营范围进行了一定的限制。1952年，为促进第二次世界大战后的经济复苏，日本颁布的《贷款信托法》规定银行可以通过贷款信托方式向基础产业提供长期、稳定的资金支持。同期，一些新的信托产品也不断出现，比如设备信托（动产信托）、厚生年金信托、财产形成信托、住宅贷款债权信托、特定赠与信托、公益信托、特定金钱信托与基金信托等证券信托、土地信托、国民年金信托等。

20世纪80年代之后，应国际金融市场自由化、证券化、国际化的发展趋势，日本的银行、信托、证券等业务又出现了混业趋势。1993年日本制定的《金融制度改革法》，允许其他行业的金融机构加入信托业。由银行、证券公司设立的信托子公司纷纷开始经营信托业务。2001年，日本《金融再生法》通过，以城市银行为主体的信托业务全面放开（遗嘱相关业务、房地产中介业务除外）。2002年修订的《兼营法》要求建立可由地区性金融机构担任受托人的信托制度。2004年修订的《信托业法》进一步放开了除金融机构外其他企业设立信托公司的限制，该法同时撤销了对信托财产的限制，使包括知识产权在内的财产均可以作为信托财产，并完善了对受托人的忠实义务与注意义务的行为规制。2006年12月，日本修改后的《信托法》获得通过并于2007年9月生效，该法与日本的《信托业法》（2004年）、《金融商品交易法》（2007年）等一同构成了日本现行信托立法的核心内容。作为东亚大陆法系国家中第一个制定信托法的国家，日本将英美法系中的信托概念融入大陆法系框架的做法为其他亚洲国家的信托立法提供了重要借鉴。

目前，在日本，信托主要用于商业领域，其产品主要包括：资本投资信托、养老金信托、贷款信托、不动产投资信托等集合投资信托、非资本信托、证券信托、资产证券化信托、特殊目的载体信托等。非商业环境下的信托，如遗嘱信托、慈善信托、公益基金信托、针对残疾人的成年监护信托和针对老年人的信托等虽然也有，但并不常见。

四、其他国家信托制度的发展与立法

(一)法国

21世纪之前,法国一直拒绝接受信托制度,其主要原因有二:一是信托制度下的双重所有权概念与法国民法典下所有权的排他性和绝对性存在矛盾;二是法院不允许当事人将特定财产独立出来排除债权人的追索,而信托财产的独立是信托设立的必要条件。现代信托制度在法国的建立,主要源于法国法律制度面临英美信托法的竞争压力。法国企业将业务转移到法国之外的主要原因之一是英美法系的信托可以更好地满足他们的需求。[①] 2007年2月,法国颁布《信托引入法》,正式引入了信托制度,该法被纳入《法国民法典》第三编"取得财产的各种方式"的第十四章"信托"。《法国民法典》下,信托是一个或多个委托人为履行义务而转让财产、权利或保证的安排,或是一个或多个受托人的财产、权利或担保的集合,无论现在还是未来,这些受托人将它们与自己的财产分开,为一个或多个受益人的特定目的而行事。信托必须以书面合同方式建立,并必须包括某些特定的条款;信托合同应当自由地促进受托人完成其所受托的任务,但不得违反公共秩序或成为规避法律的工具。受托人对信托财产享有所有权,但该所有权受时间限制,并非永久或绝对的,并只限于委托人权利中的某些权利(那些权利在委托人处临时性地处于休眠状态)且要符合委托人的目的。此后,信托制度正式进入法国人的生活中,并被主要运用于商业信托领域。

(二)韩国

韩国也属于大陆法系国家,其法律体系深受德国法影响。但在包括信托法在内的金融法与公司法领域,英、美两国立法对韩国的影响也比较深。1961年,韩国通过了其第一部信托法——《大韩民国信托法》(以下简称《韩国信托法》),该法的借鉴蓝本主要是日本1922年《信托法》,后者主要是参考英国信托法制定而成的。与日本类似,韩国的信托制度也主要用于金融目的,尽管信托法中规定有家庭信托、慈善信托等民事信托制度,但基于传统文化与既有制度等因素影响,民事信托在韩国并不发达。近年来,随着国民财富的增长及相应的对金融投资和资产管理的需要以及域外国家信托立法修改的影响,韩国在参考借鉴英国《2000年受托人法》、美国《统一信托法典》和2009年《信托法第三次重述》、日本2006年《信托法》以及1999年《欧洲信托法原则》等经验的基础上,对其1961年信托法进行了修订,通过了其2011年《韩国信托法》,该法于2012

---

① [加拿大]莱昂纳尔·史密斯主编:《重塑信托:大陆法系中的信托法》,李文华译,法律出版社2019年版,第164~175页。

年 7 月生效。①

(三)其他大陆法系国家

根据学者的归纳,大陆法系国家引入英美信托制度的情况大体可分为四种类型:②(1)直接引入信托制度。如列支敦士登在 1926 年即制定了《信托法》,作为世界上最小和最富有的国家之一,其信托制度和信托业吸引了世界各地的大量资金,对其经济发展功不可没。之后,卢森堡、南非、斯里兰卡等国家也先后制定信托法、引入信托制度。同期,墨西哥、巴拿马等拉美国家及埃及、波兰也先后引入了信托制度。法国、日本、韩国也属于此类情况。(2)因处于英美法系包围之中被迫接受信托。英国的苏格兰、美国的路易斯安那州、加拿大的魁北克省,传统上均属于大陆法系,但处于英美法系的包围之中,他们均迫于司法实践压力而引入了英美的信托法。(3)离岸司法管辖区。泽西岛、百慕大、英属维尔京群岛、瑙鲁、巴哈马、塞舌尔岛等离岸司法管辖区受本身资源禀赋和自然条件限制,大多以服务业尤其是离岸金融服务作为经济发展的先导产业,信托制度的灵活性有利于这些产业的发展,故它们纷纷引入信托法发展离岸信托,并一直处于信托法发展的前沿。(4)虽未引入信托制度但司法承认信托。比如意大利、德国、瑞士等,都承认外国人设立的信托或受外国法管辖的信托。

① 参见何锦璇、李颖芝主编:《亚洲大陆法系国家和地区中的信托法》,茶松译,法律出版社 2020 年版,第 47 ~ 49 页。

② 参见何宝玉:《信托法原理研究》(第 2 版),中国法制出版社 2015 年版,第 62 ~ 68 页。

第三章　信托的基本要素

第一节　概述

一、信托基本要素的界定

《信托法》第 2 条规定，信托是指委托人基于对受托人的信任，将其财产权委托给受托人，由受托人按委托人的意愿以自己的名义，为受益人的利益或者特定目的，进行管理或者处分的行为。据此规定，信托的基本要素可分为目的、财产和人三个方面。所谓目的要素，是指信托目的。所谓财产要素，是指信托财产。而人的要素是指信托法律关系的主体，其主要包括委托人、受托人和受益人，另外，在公益信托中还包括信托监察人。

我们将上述要素称为信托的基本要素，并不意味着其在信托的成立和运行阶段始终存在而不可或缺，而是指其在通常情况下对于信托而言是重要的要素。在上述要素中，信托目的是始终存在的，并且信托目的已经实现或者不能实现将会导致信托的终止。信托财产既是信托机制正常运作必不可少的条件，也是信托行为的对象。在信托设立阶段，委托人是必不可少的，因为信托通常是依委托人的意愿而设立的，但是信托一旦成立，委托人便不再是不可或缺的，委托人的死亡或被宣告破产并不会导致信托的终止。受托人则不同，其是信托必不可少的要素。信托的本质在于受托人以自己的名义为了实现信托目的而对信托财产进行管理和处分，因此信托无法离开受托人。在民事信托和营业信托中，都存在信托受益人，但是在公益信托中，并不存在明确的受益人，公益信托是基于公共利益之目的而存在。正是由于在公益信托中没有确切的受益人，缺少对受托人进行监督的主体，因此《信托法》要求公益信托必须设置信托监察人，以保证信托财产用于信托文件所规定的公益目的。鉴于信托监察人主要出现在公益信托中，因此将在公益信托的章节中对此进行论述，本章对其不作详细介绍。

二、信托目的

（一）信托目的设定

设立信托必须要有信托目的，它是受托人对信托财产进行管理和处分的依据和出发点。信托是基于委托人的意愿而设立的，因此信托目的由委托人自主设定，其既可以为了委托人自己的利益，也可以为了他人的利益，还可以为了公益目的。在英美国家，信托目的的设定较我国《信托法》更为自由，例如，可基于照顾宠物的目的或其他合法目的而设立信托。信托的目的可以五花八门，但该目的应当是合法的、确定的、可能的。

首先，信托目的必须是合法的。委托人基于非法目的而设立信托，有可能导致信托无效。依照《信托法》的规定，信托可依合同或遗嘱而设立。无论是合同还是遗嘱，均属于民事法律行为，依照《民法典》第143条的规定，民事法律行为不得违反法律、行政法规的强制性规定，不得违反公序良俗，该规定亦适用于信托的设立行为。例如，委托人与受托人不得为了将犯罪所得进行“洗白”而订立信托合同。需要注意的是，依照《民法典》第153条的规定，法律、行政法规的强制性规定可以分为效力性规定与管理性规定，仅当其违反效力性规定时才会导致民事法律行为无效。违反公序良俗会导致民事法律行为无效，对于信托也是如此，但在实践中，对于“公序良俗”的界定存在一定的模糊性并易引发争议。信托可基于遗嘱而设立，在我国法院已认定有配偶的遗嘱人将遗产遗赠给非法同居的人违反公序良俗的情况下，如果其通过设立信托的方式指定与其非法同居的人为信托受益人，也有可能被认定为违反公序良俗而无效。[①]

另外，《信托法》第11条明确规定，专以诉讼或者讨债为目的设立的信托无效。《日本信托法》第10条也规定，信托不能以诉讼为主要目的。该项立法的主要目的在于防止发生“讨债公司”之类的机构以营利为目的而替代律师招揽诉讼的社会滥诉现象。[②] 需要说明的是，信托法禁止的是专门以诉讼或讨债为目的设立信托，而不是一概排除受托人的诉权。委托人将一定信托财产委托给受托人后，受托人在管理和处分信托财产的过程中，为了受益人的利益或实现信托目的，其有权利有时也有义务，以自己的名义对他人提起诉讼或请求他人履行债务，这属于受托人的正常行为，有别于以诉讼为目的而设立的信托。例如，实践中，有一些金融机构将贷款债权作为信托财产以资产证券化的方式一并打包信托给信托公司，信托公司作为受托人可以自己的名义对信托财产中的贷款债务人提起诉讼，以实现贷款债权。[③]

在美国信托法中，存在以下情形的信托通常被认定为目的非法：(1)信托的履行涉及受托人从事犯罪或侵权行为；(2)委托人设立信托的目的是欺诈债权人或其他人；(3)设立信托的对价是非法的。

---

① 四川省泸州市中级人民法院民事判决书，(2001)泸民一终字第621号。

② 参见卞耀武主编：《信托法释义》，法律出版社2002年版，第69页。

③ 华宝信托有限责任公司诉陈碰兴抵押贷款证券化信托合同纠纷案，上海市浦东新区人民法院(2009)浦民二(商)初字第1700号民事判决书。参见顾权：《信托型资产证券化案件的司法审查标准》，载《人民司法》2009年第12期。

其次,信托目的应当是确定的。信托与基金会等财团法人类似,其一经设定委托人便丧失对信托财产的控制权,此后信托为服务于信托目的而存在,因此信托目的的确定具有重要意义。在信托法律关系中,受托人负有为实现信托目的而对信托财产进行管理、处分的义务,只有信托目的是确定的才可以判断受托人是否履行了其受托义务。

最后,信托目的应当是可能的。只有当信托目的是有可能实现的时候,信托的设定才是有意义的。如果信托目的在信托设定时就是自始不能,那么其有可能导致信托设定行为的无效。如果信托设定后出现信托目的无法实现的情形,那么这将导致信托的终止。

(二)信托目的对信托法律关系的影响

信托目的对于信托具有重要意义,其对于信托法律关系具有重要影响,主要表现在以下几个方面:

第一,信托目的对信托效力的影响。信托目的是信托成立的必要条件。信托目的的合法性、确定性和可能性是判断信托效力的重要条件,如果一项信托不能满足上述条件,那么有可能导致信托无效。另外,如果委托人设立信托的目的是逃避债务、损害债权人利益,那么债权人有权向法院申请撤销该信托。但是,债权人请求撤销信托的权利受到除斥期间的限制,即债权人应从其知道或应当知道撤销原因之日起一年内行使;否则将丧失该请求权。

第二,信托目的对于受托人义务的影响。受托人负有为实现信托目的而对信托财产进行管理、处分的义务,因此信托目的界定了受托人义务和权限的范围,决定了受托人对信托财产进行管理的方式是否妥当。如果受托人管理、处分信托财产的行为违背了信托目的,可以认定其违反了受托人的义务。依照《信托法》的规定,一方面,委托人、受益人有权申请人民法院撤销该处分行为,并有权要求受托人恢复信托财产的原状或予以赔偿;另一方面,委托人、受益人有权依信托文件解任受托人或申请法院解任受托人。

第三,信托目的对于信托变更的影响。依照《信托法》第 21 条的规定,因设立信托时未能预见的特别事由,致使信托财产的管理方法不利于实现信托目的或者不符合受益人的利益时,委托人有权要求受托人调整该信托财产的管理方法。对于公益信托而言,依照《信托法》第 69 条的规定,公益信托成立后,发生设立信托时不能预见的情形,公益事业管理机构可以根据信托目的,变更信托文件中的有关条款。在美国,其《信托法第三次重述》(2001 年)和一些州的信托法规都规定,如果信托目的本身合法,但是信托条款中所规定的信托管理手段是非法的、不可行的或过度浪费的,或者在信托设定之后,由于出现了委托人设定信托时无法预见的事由导致原有的信托管理方式难以实现信托目的,那么该信托本身并不因此而当然无效,如果除了信托条款所规定的信托管理方式之外,尚存在其他手段可能实现信托目的,那么法院有权对信托条款进行变更以实现信托目的。①

第四,信托目的对于信托存续的影响。信托是基于委托人的意愿,为实现一定的目的而设立的,如果信托的存续违背了信托的目的,那么该信托应当终止。例如,委托人为了环境保护的目的而设立信托,用于资助某项新能源的研发。如果该项新能源的研发过程本身就会产生大量的环境污染,那么继续从事该项研发活动将背离信托目的,因而应该终止。

信托是为了实现一定目的而存在的,如果信托目的已经实现或者不可能实现,信托继续存续将失去意义,此时也应当终止信托。例如,委托人设立信托的目的在于资助某学生完成大学阶段的教育。当该受益人大学毕业时,信托的目的就已实现,该信托即可终止。

案例 3-1:高某某诉叶某某、德某公司信托合同纠纷案②

【案情简介】

2002 年 2 月 6 日,高某某(原告、上诉人)与叶某某(被告、被上诉人)于广州市签订《信托契约》。双方于信托契约信托目的(第一条)部分约定:为参与宏某公司发行股票上市,作为发起人,甲方(高某某)以合法来源的人民币于 2002 年 7 月 9 日汇入乙方(叶某某)在中行账号的款项人民币 1,994,400 元、以信托行为信托于乙方(叶某某)名下,作为出资设立德某公司(被告、被上诉人)之资本,乙方(叶某某)作为受托人。此后,高某某依约将 1,994,400 元汇给叶某某。2002 年 7 月 12 日,黄某甲、叶某某、黄某乙、何某某签署了德某公司章程。章程中载明叶某某出资为现金 1193.04 万元,出资比例为 63.56%。2002 年 7 月 18 日,德某公司成立。股东何某某住所地为福建省泉州市,股东黄某甲住所地为广东省佛山市南海区,股东黄某乙住所地为广东省开平市,股东叶某某住所地为广东省广州市。

2006 年 5 月 25 日,高某某向叶某某发出撤销信托通知书,以宏某公司于 2002 年 7 月后的三年内未能上市为由,撤销信托。2006 年 7 月 14 日高某某向原审法院提起诉讼,要求确认其在德某公司的股东地位。一审法院认为,高某某为参与宏某公司发行股票上市,以合法来源的财产委托叶某某进行管理与处分并未构成《信托法》第 11 条关于信托无效的规定;《信托契约》是高某某与叶某某的真实意思表示,不存在原《合同法》

---

① See Restatement (Third) of Trusts Section 28; 2006 Ohio Revised Code - 5804.12.

② 广东省广州市萝岗区人民法院民事判决书,(2007)萝法民四初字第 48 号;广东省广州市中级人民法院民事判决书,(2008)穗中法民四终字第 7 号。

第 52 条规定的合同无效的情况,依法当为有效。一审法院认为,高某某为我国台湾居民,其成为德某公司股东需获得相关部门的审批,因高某某未交证据证实其作为我国台湾居民已获得相关部门批准可成为德某公司股东,故判决驳回其诉讼请求。高某某不服一审判决,遂提起上诉。

二审法院认为,高某与叶某签署的《信托契约》,系以信托形式,规避法律规定的外商投资审批手续,违反了《中华人民共和国中外合资经营企业法》的强制性规定,应属无效。对该无效,高某与叶某均存在过错,根据合同无效后返还财产的原则,上诉人主张被上诉人返还 1,994,400 元款项的请求符合法律规定,法院予以支持。遂判决叶某某返还高某某 1,994,400 元。①

【法律评析】

本案一、二审的争议焦点均为《信托契约》的效力问题。我国《信托法》第 11 条规定了信托无效的 6 种情形,故判定《信托契约》的效力,必须审查合同是否存在法律规定的无效情形。《信托法》第 11 条规定,有下列情形之一的,信托无效:(1)信托目的违反法律、行政法规或者损害社会公共利益;(2)信托财产不能确定;(3)委托人以非法财产或者本法规定不得设立信托的财产设立信托;(4)专以诉讼或者讨债为目的设立信托;(5)受益人或者受益人范围不能确定;(6)法律、行政法规规定的其他情形。本案二审法院裁判援引的是第 11 条第 1 项"信托目的违反法律、行政法规"情形。当时生效的《中华人民共和国民法通则》(以下简称《民法通则》)、《合同法》以及目前颁布实施的《民法典》针对此情形也有类似规定。其中,原《民法通则》第 58 条规定,"下列民事行为无效:(五)违反法律或者社会公共利益的……(七)以合法形式掩盖非法目的。"原《合同法》第 52 条规定,"有下列情形之一的,合同无效:(三)以合法形式掩盖非法目的……(五)违反法律、行政法规的强制性规定。"《民法典》第 143 条规定,民事法律行为有效的条件之一为不违反法律、行政法规的强制性规定,不违背公序良俗;第 153 条规定,违反法律、行政法规的强制性规定的民事法律行为无效。因此,无论是依据作为一般法的原《民法通则》、《合同法》或《民法典》,还是依据作为特别法的《信托法》,本案的裁判依据都是很充分的。本案中,董某某系我国台湾居民,其在大陆投资,本应当遵守我国关于外商投资的法律规定办理相关审批手续,其通过签订本案信托合同的方式进行投资实质上是规避了相关审批规定,可归入原《民法通则》、《合同法》下"以合法形式掩盖非法目的行为"之列,也直接违反了《民法典》第 153 条和《信托法》第 11 条第

① 本案中另一被上诉人德某公司因其并非《信托契约》的当事人,对《信托契约》无效不存在过错,并且上诉人之款项已经上诉人叶某某以出资方式投入公司成为德某公司的注册资金而并非债权债务关系,故法院认定上诉人要求被上诉人德某公司承担连带责任的主张无事实和法律依据。

1 项的规定,故本案信托合同应认定为无效。

本案一、二审判决作出时,国内关于法律规范分为强制性规范与非强制性规范的讨论尚处于初期阶段,尚未上升为法律规则。本案一审法院基于当时的《中华人民共和国中外合资经营企业法》等法律或行政法规中未明确禁止境外居民以信托方式进行投资,认定案涉信托合同有效。二审法院则通过考察当时外商投资企业设立中审批制度的部门规章等对外商投资企业设立中的审批规范条款的效力进行解释,进而从当事人行为的实质目的出发,认定信托合同无效,该认定应该说是具有逻辑自洽性的。毕竟,违反法律或行政法规,不限于直接违反,还包括间接、变相地违反。尤其是考虑到商事主体行为的营利性和商事交易行为的灵活多变性特征,如果将变相、间接性违法行为排除在禁止之外,那么几乎所有的禁止性规范都可能被当事人通过相关法律机制的设计而架空。①

就《信托法》第 11 条关于信托无效的 6 种情形而言,大致可分为四类:信托目的非法、信托财产缺陷、受益人不确定及其他,这些情形在国内信托实践中均已有出现。其中的信托目的非法,是指信托的设立是为了公共目的或者鼓励非法目的,体现在《信托法》第 11 条下包括信托目的违反法律、行政法规或者损害社会公共利益以及专以诉讼或讨债为目的设立信托两种情形。从信托的起源地,英国国内的实践来看,导致信托无效的因素包括信托目的的非法和违反公共政策,其中的违反公共政策和我国《信托法》第 11 条第 1 项中的"损害社会公共利益"大致相对应。信托被誉为是建立在良心基础上的一种法律制度,信托目的非法难免会鼓励行为人实施某些非法行为,比如通过信托逃废债务,实施欺诈等。该等行为显然也是有损社会公共利益或公共政策的。在英国司法实践中,如果法院相信设立信托的目的是挫败债权人的主张,那么该信托将因欺诈而被宣告无效。② 从国内实践来看,信托目的非法可能有多种表现,需要结合个案来进行分析。

三、信托财产

(一)信托财产的界定

从客体的角度来看,信托财产既可以是金钱、有价证券,也可以是动产、不动产、股权、债权、知识产权等,但是其必须具有确定性和可转让性。因为信托在设立过程中以及设立后的财产管理和处分过程中,都会涉及信托财产权利的移转,因此无法转让的财

① 参见何宝玉:《信托法案例评析》,中国法制出版社 2016 年版,第 144 页。

② 参见[英]斯蒂芬·加拉赫:《衡平法与信托法数世纪的结晶》,冷霞译,汪其昌校,法律出版社 2020 年版,第 160 ~ 161 页。

产不适合作为信托财产。《信托法》明确规定,法律、行政法规禁止流通的财产,不得作为信托财产;法律、行政法规限制流通的财产,依法经有关主管部门批准后,可以作为信托财产。

在中国的营业信托实践中,当事人经常以"收益权"作为信托财产来创设信托。关于收益权是否适合作为信托财产,在学术界存在一定的争议。例如,通常认为股权可以作为信托财产,但是股权中的收益权可否分离出来单独作为一项信托财产则是有疑问的,因为其只是一项权能,并不是一项独立的权利,也难以独立转让。当公司作出盈余分配决定后,在公司与股东之间会产生债权债务的法律关系,但是,在公司作出盈余分配之前,股东对公司并不享有请求分配盈余的确定的债权,仅具有一种期待。有的当事人以特许经营项下的未来收益作为信托财产,其实际上是以未来可能发生的债权作为信托财产。在信托设定时,未来发生的债权并不是一项确定的权利,其是否适合作为信托的财产也存在一定的争议。

从信托财产的范围来看,依照《信托法》第 14 条的规定,在信托设立之初,信托财产是指受托人因承诺信托而取得的财产;在信托设立之后,受托人因对信托财产的管理运用、处分或者其他情形而取得的财产,也归入信托财产。如果我们承认信托财产具有独立的法律人格,那么上述结论是当然的,然而《信托法》并不承认信托财产具有独立的法律人格,因此若要解释上述法律规定,必须要诉诸其他理论,在日本,其是通过类比民法上抵押权的物上代位制度而提出信托财产的物上代位理论来进行解释的。①

基于物上代位理论,当作为信托财产的标的物发生毁损、灭失而从保险公司获得保险赔偿金时,信托财产可转化为该保险赔偿金。如果信托财产受到第三人损害而从第三人处获得侵权损害赔偿时,信托财产可转化为该损害赔偿金。受托人依照信托文件的要求对信托财产进行管理、处分而取得财产,例如,受托人向第三人转让信托财产而从第三人处获得对价,或者受托人对作为信托财产的不动产进行出租而获得租金,以及受托人将金钱信托中的金钱用于证券投资而获得股票、债券等有价证券,均可看作信托财产的代位物,而归入信托财产之中。当受托人违反信托目的处分信托财产时,委托人和受益人可以请求法院撤销该处分行为,并且在受让人系明知违反信托目的而接受该财产时,可以请求受让人返还该财产或予以赔偿。如果受让人并非明知,那么不可行使上述追及权,但可以请求受托人赔偿,其赔偿金可归入信托财产。当然,委托人和受益人也可以对受托人的上述行为予以追认,在此种情况下,受托人因处分信托财产而获得的对价可归入信托财产。对于是否追认或请求撤销受托人的财产处分行为,若委托人和受益人的意见不一致,依照《信托法》第 49 条的规定,可请求人民法院作出裁定。

---

① 参见[日]能见善久:《现代信托法》,赵廉慧译,中国法制出版社 2011 年版,第 63 页。

（二）信托财产权的归属

在英美法系的背景下，在设立信托时，委托人应将信托财产的财产权移转至受托人名下，受托人对信托财产享有普通法上的财产权，而受益人则对信托财产享有衡平法上的财产权，因此，无论是受托人还是受益人都不能对信托财产享有完整的所有权，此种制度设计是建立在普通法与衡平法二元体制下的，许多信托法规则实质上都是衡平法上的规则。然而，在大陆法系中，并不存在衡平法，而且大陆法系中的所有权观念与英美法系中的所有权观念存在明显差异，大陆法系中的财产所有权具有绝对性、排他性、不可分割性，无法像英美法系那样采取“双重所有权”的处理方式。因此，如何确定信托财产的权属是大陆法系国家继受源于英美法系的信托制度的一个难题，对此，不同国家采取了不同路径。①

《信托法》对信托财产的归属采取了模糊的处理方式。《信托法》第 2 条规定委托人“将其财产权委托给受托人”，对此存在多种不同见解。

有学者主张，所谓“委托给”应该解释为“委托 + 给”，其中“委托”是指设立信托的意思表示行为，而“给”是将信托财产所有权转移给受托人的行为，因此，信托财产所有权应当归受托人所有，其相关佐证理由还包括：第一，信托若不涉及信托财产所有权的移转，则与委托合同没有实质区别了，也就不需要信托制度了。第二，从《信托法》有关规定来看，信托财产所有权不可能仍然保留在委托人手中，例如，《信托法》第 8 条规定信托可以采取遗嘱方式设立；《信托法》第 52 条还规定，信托不因委托人死亡、解散、被撤销或者破产而终止。第三，《信托法》有关规定暗示信托将导致信托财产所有权转移至受托人，否则难以解释相关条款，例如，《信托法》第 14 条规定：“受托人因承诺信托而取得的财产是信托财产。”第 41 条规定：“在原受托人职责终止时必须向新受托人办理信托财产移交手续。”第 55 条规定：“当信托终止时由受托人向权利归属人办理信托财产转移手续。”②

也有学者主张，《信托法》第 2 条使用了“委托给”的用语，而未使用财产权转移的用语，因此，立法者无意使信托发生财产权转移的法律效果，信托财产所有权仍归委托人所有，其相关佐证理由包括《信托法》第 15 条规定，委托人死亡或者依法解散、被依法撤销、被宣告破产时，委托人是唯一受益人的，信托终止，信托财产作为其遗产或者清算财产；《信托法》第 28 条、第 29 条使用了“委托人的信托财产”这一表述，显示出信托财

---

① 参见［加拿大］莱昂纳尔·史密斯主编：《重塑信托：大陆法系中的信托法》，李文华译，法律出版社 2021 年版。

② 钟向春、周小明：《信托活动中的主要法律问题与对策》，载《中国金融》2001 年第 11 期；耿利航：《信托财产与中国信托法》，载《政法论坛》2004 年第 1 期。

产归委托人所有。[①]

另外,还有学者主张,应当将信托财产所有权赋予受益人,其主要立足于对受益人权益的保护。[②]

我们认为,从《信托法》的立法过程可以看出,全国人民代表大会财政经济委员会向全国人民代表大会常务委员会提交的《信托法(草案)》第3条曾将信托表述为:"本法所称信托,是指委托人基于对受托人的信任,将其财产权转移给受托人,受托人按委托人的意愿以自己的名义,为受益人的利益或者特定目的,进行管理或者处分财产的行为。"但在经全国人大常委会审议后,自第二次审议稿开始,"转移"被修改为"委托"。从上述立法过程可以看出,立法者并不赞同将信托财产所有权转移给受托人,至少不愿意使用此类文本表述。立法者的主要担心在于,我国奉行大陆法系国家的所有权观念而无英美法上的衡平法制度。在这种情况下,如果赋予受托人以信托财产所有权,那么对于受益人而言,其缺少可以有效制衡受托人的权利,从而难以保障受益人的权益,也难以实现信托目的。然而,如果将信托财产所有权解释为仍然归委托人所有,那么危险同样存在,因为委托人也有可能滥用其所有权,而且在《信托法》中缺少足以制约委托人所有权的规定。[③] 将信托财产所有权解释为受益人所有,也难以解释得通,因为,对信托财产的管理、处分的权利是由受托人享有的,而受益人对此无权享有,若将受益权解释为所有权则与民法上的所有权观念不符。因此,严格来说,在信托设立后,无论委托人、受托人还是受益人,都不享有完整的传统民法意义上的所有权。信托财产的要义在于其独立性,如果信托财产像财团法人那样具有独立的法律人格,那么其财产归属也就不存在问题了,将受托人解释为信托财产法人的执行机关,也可解释得通,但现行法律并不承认信托财产具有独立的法律人格。在此种情况下,可以认为受托人享有名义上的信托财产所有权,同时赋予受益人的受益权以物权性质,以使之可以制衡受托人的权利。还可以基于《民法典》第126条中"民事主体享有法律规定的其他民事权利和利益"之规定,将受益人享有的权利定性为一种不同于传统民法上的物权与债权等民事财产权利的新型民事权利,此权利系基于《信托法》创设的,受益人据此足以对抗受托人的权利。

(三)信托财产的独立性

虽然许多信托都是依合同而设立的,但是信托不仅是合同机制,更为重要的是,它

---

① 参见张淳:《〈中华人民共和国信托法〉中的创造性规定及其评析》,载《法律科学(西北政法大学学报)》2002年第2期。

② 参见温世扬、冯兴俊:《论信托财产所有权——兼论我国相关立法的完善》,载《武汉大学学报(哲学社会科学版)》2005年第2期。

③ 参见楼建波:《信托财产独立性与信托财产归属的关系——兼论中国〈信托法〉第2条的解释与应用》,载《广东社会科学》2012年第2期。

是一种财产权安排,这种制度安排的目的在于实现信托财产的独立性。所谓信托财产的独立性,其含义既包括独立于委托人,也包括独立于受托人、独立于受益人,并且同一受托人名下的不同信托财产之间也是相互独立的。信托制度所体现的信托财产的独立性,可以与法人制度中的法人财产独立性相媲美。事实上,英国公司制度发源的早期,特别是在英国泡沫法案通过后的一段时期内,公司实际上是以信托的形式存在的,而在当今社会,美国的许多州都承认商事信托财产具有独立的法律人格。[①] 在承认信托财产具有法律人格的情况下,理解信托财产的独立性非常容易,然而,即使法律不承认信托财产的法律人格,基于信托法上的一系列的精巧的具体制度设计,依然可以保障信托财产的独立性。因此,我们可以将信托财产看作形式上不具有独立法律人格但实质上具有独立性特点的财产。

1.信托财产独立于委托人

依产权转移说,信托设立后,信托财产的所有权从委托人转移至受托人名下,委托人将丧失对信托财产的所有权,因此,信托财产自然与委托人所有的其他财产相互区分、相互独立。当委托人死亡时,信托财产并不必然属于其遗产。当委托人为法人或非法人组织,其解散或被撤销时,信托财产也不属于其清算财产。当委托人破产时,信托财产不属于破产财产,不受委托人破产的影响。即使不采产权转移说的信托法学者亦认可信托财产独立于委托人的其他财产。实际上,信托是一种资产区隔机制,它可以在法律上实现将委托人用于信托的财产与委托人的其他财产进行区隔,从而防止风险的传导和债权人的追索。例如,当事人想将其财产中的一部分用于商业投资活动,以获得较高的投资回报,但是又担心存在商业风险,为避免投资失败产生的债务危及当事人的其他财产,当事人需要将用于商业投资的财产与其拥有的其他财产相互隔离,为实现这一目的,当事人有多种机制可以选择,如其可以通过公司机制将出资财产所有权转化为股权并承担有限责任。但是公司制度缺乏灵活性,所以许多当事人会选择信托机制,将用于商业投资的财产设置为信托,同样可以实现资产的隔离。在信托设立后,信托存续期间,委托人的债权人将不能对信托财产请求强制执行,如果委托人同时是受益人,那么委托人的债权人仅能对其受益权请求强制执行。

信托财产独立于委托人,不仅对于委托人具有重要意义,更为重要的是,它是保护受益人权益的一道屏障。特别是在资产证券化中,只有当信托财产独立于委托人时,其可以免受委托人的债权人的追索,才可以避免受到委托人破产的影响。而要实现此种信托财产独立和资产区隔的目的,委托人必须真实地将信托财产信托给受托人,这在资产证券化的实践中被称为"真实出售"。如果委托人只是表面上与受托人签订了一份

---

① 参见李宇:《商业信托法》,法律出版社2021年版,第361页。

信托协议,而未将信托财产交付给受托人,或仅形式上交付而实质上仍然掌握着对信托财产的控制权,那么可能因无法满足"真实出售"的要求而难以对抗委托人的债权人。

信托财产独立于委托人并不是绝对的,而是存在例外情形的。如果在设立信托之前,信托财产之上已为债权人设置了担保物权等优先受偿的权利,那么即使该财产事后又被委托人设置为信托财产,也不影响该债权人所享有的优先受偿的权利。如果债务人未履行债务,那么该债权人可对该信托财产主张强制执行,以行使其优先受偿权。

另外,当信托的委托人系唯一受益人时,信托财产的独立性亦会受到限制,依照《信托法》第15条的规定,当委托人死亡或者依法解散、被依法撤销、被宣告破产时,委托人是唯一受益人的,信托终止,信托财产作为其遗产或者清算财产。但是,只要委托人不是唯一受益人,信托就不会终止。

坚持信托财产独立于委托人的原则,可以确保委托人、受益人的利益,但因其会导致委托人名下的财产减少,致使委托人清偿能力下降,故会产生于委托人的债权人不利的后果。为此,《信托法》第12条明确规定,委托人设立信托损害其债权人利益的,债权人有权申请人民法院撤销该信托。

实践中,在委托人与其债权人之间容易产生争议的往往是委托人在设定信托时为自己保留了一部分权利,特别是在构成被动信托(消极信托)的情形下。所谓被动信托,是指委托人将其所有的一部分财产设置为信托转移至受托人名下,但是受托人在管理、处分信托财产时需要遵从委托人的指示或者遵从受委托人控制的第三方机构的指示。在此情形中,信托财产虽然在受托人的名下,但是委托人仍然保留了一部分控制权,受托人只是被动地听从委托人的指示而不得主动地自主管理、处分该财产。在被动信托的情形下,特别是对在委托人同时也是受益人的情况下,是否应承认信托财产的独立性,存在一定争议。[①] 值得注意的是,近年来,一些国家和地区为了吸引投资者在本地设立信托,放宽了对委托人保留权利的限制。例如,中国香港特别行政区于2013年修改了《受托人条例》,依照修改后的《受托人条例》第4D部分41X.(1)条的规定,如设立信托的人(委托人)为其本人保留在该信托下的任何或全部投资权力或资产管理职能,该信托并不仅因该项保留而无效。

当委托人同时是受益人的时候,委托人的债权人虽然不能对信托财产主张强制执行,但是其可以对受益权主张强制执行。根据《信托法》第50条的规定,除信托文件另有规定外,当委托人是唯一受益人时,委托人或者其继承人可以解除信托。同时,依照《信托法》第53条和第54条的规定,当信托因被解除而终止时,信托财产归属于信托文

---

① 参见[日]能见善久:《现代信托法》,赵廉慧译,中国法制出版社2011年版,第42~46页;赵廉慧:《信托财产独立性研究——以对委托人的独立性为分析对象》,载《法学家》2021年第2期。

件规定的人,如果信托文件未作规定,则按以下顺序确定归属:受益人或者其继承人;委托人或者其继承人。由此而产生的疑问是,当信托的委托人为唯一受益人时,当委托人不能清偿对委托人的债权人的债务时,委托人的债权人能否代位委托人行使对信托的解除权,之后再对信托财产主张强制执行。从债权人保护的角度出发,似应赋予债权人此类权利,但应限于债的保全的必要范围。

2. 信托财产独立于受托人

信托财产虽然位于受托人名下,但与受托人的固有财产相区分并具有独立性。信托财产独立于受托人的主要表现有:

第一,受托人为个人的,其死亡时,信托财产不属于受托人的遗产,受托人的继承人无权继承。受托人为法人或非法人组织的,当其解散或被撤销时,信托财产不属于其清算财产,不得用于其债务清偿。

第二,受托财产仅用于对受托人因处理信托事务而产生的债务进行清偿。受托人因自身事务而产生的债务,其债权人只能请求受托人以其固有财产清偿,而不得对受托人持有的信托财产请求强制执行。

第三,当受托人破产时,信托财产不属于其破产财产,受托人的债权人无权对信托财产提出清偿主张。此种相对于受托人的破产隔离,可以起到保护信托受益人的作用。

第四,禁止抵销。依照《民法典》第 568 条的规定,当事人互负债务,该债务的标的物种类、品质相同的,任何一方均可以将自己的债务与对方的到期债务抵销;但是,根据债务的性质、按照当事人的约定或法律规定不得抵销的除外。在信托关系的背景下,受托人名下的债权债务可以分为两类:一类是因受托人管理运用、处分信托财产而产生的债权债务;另一类是受托人的固有财产而产生的债权债务。信托法上的禁止抵销,包含以下两个方面:首先,根据《信托法》第 18 条的规定,受托人不得将其管理运用、处分信托财产所产生的债权与其固有财产产生的债务相抵销。如果允许此类抵销,实际上相当于允许受托人用信托财产清偿其个人债务,不仅损害了信托财产,侵害了受益人的利益,也与受托人所负忠实义务相背,因此应当予以禁止。其次,受托人管理运用、处分不同委托人的信托财产所产生的债权债务,不得相互抵销。受托人名下的各项信托财产相互独立,受托人负有分别管理的义务,若允许各项信托财产之间相互抵销,将会损害信托财产的独立性。

值得探讨的是,《信托法》第 18 条明确禁止的是受托人提出抵销的主张,但是未明确规定受托人的交易相对人是否有权主张抵销。美国《信托法第二次重述》(1959 年)第 323 条区分相对人对受托人的债权是有偿还是无偿以及相对人是否知道其对受托人的债权是基于信托财产而产生的,进行了区分对待,只有当相对人的债权是有偿取得并且非知晓其基于信托财产而产生时,才可以对受托人提出抵销的主张。

3. 信托财产独立于受益人

虽然通常情况下信托财产是为受益人而存在的,但是受益人仅对信托财产享有受益权,而无权直接支配、处分信托财产,因此,相对于受益人而言,信托财产也是独立的。由于信托财产是处于受托人名下,因此受益人的债权人无权对信托财产主张强制执行,而仅能对受益人的受益权主张强制执行,即从受益人依信托文件从受托人手中取得的信托财产收益来获得清偿。除此之外,《信托法》第 47 条还允许信托文件对信托受益权用于清偿债务作出限制。如果委托人在信托合同或遗嘱中对于信托目的作出特别规定或禁止受益人将信托收益用于清偿债务,那么该信托受益权将不得用于清偿受益人的债务,例如,委托人设立信托的目的在于为受益人提供教育资助费用,如果受益人将从信托财产中获得的收益用于支付教育费用以外的无关的债务清偿,那么将背离信托目的,因此应当禁止用于此类债务清偿。①

(四)信托财产公示制度

坚持信托财产独立性原则,虽然有助于实现信托目的,但是其构成了对信托财产使用、处分的限制,如果缺乏相应的公示机制,交易相对人无法判断与之进行交易的是受托人的固有财产还是信托财产,那么有可能会危及交易安全。但是,从信托的发展历史来看,信托自产生之日起,便具有私密性和隐蔽性,信托制度是依英国衡平法上的救济制度发展起来的,信托的成立并不以公示为要件。当代社会强调公示的重要性与商事信托的快速发展和登记制度的建立具有密切联系。

我国《信托法》第 10 条对信托登记作出了原则性规定,但到目前为止,我国尚未建立起与《信托法》相配套的一般性的信托登记制度。作为信托业的监管机构,原中国银监会曾于 2017 年发布《信托登记管理办法》,但是其仅适用于营业信托,即信托机构开展的信托业务,并且其实际上仅是对信托机构的信托产品及其受益权相关信息的登记。

对于信托登记,由于我国《信托法》规定得非常简约,因此,尚有许多问题需要明确。

首先,关于信托登记的范围。所谓信托登记,是仅指对信托财产本身的登记,还是也包括信托合同、遗嘱等信托文件内容,从《信托法》第 10 条的相关表述来看,其似乎是指仅对信托财产的登记。对于一般的民事信托而言,因其具有非公开性和私密性,不宜要求其披露信托文件的内容或受益人的姓名,登记的范围应限定在保障交易安全所必要的范围内,主要目的在于公示某项特定的财产属于信托财产。当然,对于营业信托而言,其登记具有特殊性,其登记的目的除了保障交易安全外,还在于保护投资者(委托人兼受益人)的利益以及满足信托业监管的需要,因此其应依照关于营业信托登记的特别规定来进行。

---

① 参见卞耀武主编:《信托法释义》,法律出版社 2002 年版,第 130 页。

其次,关于应登记的财产。并不是所有的信托财产均需要办理信托登记,只有那些法律、行政法规规定应当办理登记手续的,才需要办理信托登记。例如,土地使用权、房屋等不动产的产权转移需要办理登记,故其属于信托登记的范围。飞机、船舶、机动车等特殊动产也应办理信托登记。金钱、普通动产和一般债权等财产,通常则无需办理登记。

再次,关于信托登记的效力。信托登记的效力涉及两类事项:一是信托财产从委托人处转移至受托人处的有效性;二是对外界明示信托财产的属性以产生对抗第三人的效力。《信托法》第10条规定:“设立信托,对于信托财产,有关法律、行政法规规定应当办理登记手续的,应当依法办理信托登记。未依照前款规定办理信托登记的,应当补办登记手续;不补办的,该信托不产生效力。”对于上述规定,可以理解为,对于财产权转移依法应当办理登记而未进行登记的,应认为该信托财产的财产权未能从委托人处转移至受托人处,因此可以认为该信托不产生效力。同时,对于应当办理登记而未办理登记的信托财产,包括委托人的债权人和受托人的债权人在内的第三人可以否认信托财产的独立性,进而主张对信托财产受偿。

值得探讨的是,当事人应当办理而未办理信托登记的,固然不可以对抗第三人,但在委托人、受托人和受益人内部是否也不发生信托效力。如果从《信托法》第10条的文本表述来看,似应理解为不发生信托效力。但是,如果作此种解释,那意味着受托人可以不受信托义务的约束,受益人无权向受托人提出信托权利主张,可能出现违背诚实信用的后果。因此,本书认为,应当对《信托法》第10条中的“该信托不产生效力”进行限缩解释,即将其解释为对第三人不产生效力,即不能对抗第三人。信托登记的目的在于保障交易安全,旨在解决第三人效力问题,而不应影响信托关系当事人的内部权利义务关系。

最后,需要说明的是,对于那些法律、行政法规不强制要求登记的财产,如金钱、普通动产、一般债权等,即使其未进行登记,依其作为信托财产的性质,仍然可以对抗外部第三人,不得以其欠缺公示手段为由否认信托的存在或信托财产的独立性。

案例3-2:Penn-Dixie v. Thunderbird 案①

Penn-Dixie 是一家钢铁公司。Thunderbird 是一家运输公司,是州法许可的一级承运人。1980年4月7日,Penn-Dixie 公司申请破产重组。在此之前,Penn-Dixie 曾雇佣 Thunderbird 作为承运人,向印第安纳州的 Kokomo 工厂运输原料,并同时将 Kokomo 工

① In re Penn-Dixie Steel Corp.,6 B. R. at 823-824. 转引自新财道财富管理股份有限公司:《财富管理视角下的家族信托规划》,中国金融出版社2019年版,第107页。

厂生产的成品钢材运输给第三方客户。Thunderbird 诉至法院要求 Penn-Dixie 支付从 1980 年 2 月 28 日到 4 月 3 日的全部运费,共计超过一千万美元。其中约 60% 是 Penn-Dixie 作为发货人,利用 Thunderbird 作为承运人运输给第三方客户(收货人)产生的运费,另外约 40% 是 Penn-Dixie 作为收货人利用 Thunderbird 为自己运货产生的运费。对于约 60% 的运费,由于是客户先支付给 Penn-Dixie,再由 Penn-Dixie 支付给 Thunderbird,所以 Thunderbird 认为在 Penn-Dixie 未将这笔运费交给自己之前,相当于是为自己的收入成立了信托,Penn-Dixie 有作为受托人妥善保管这笔运费的义务,这部分信托财产应当受到破产隔离的保护。

法院认为,Penn-Dixie 和 Thunderbird 之间的信托关系并不成立。理由在于,一般认为,如果资金的接受者有权将这项资金用作自有资金并且可以将该项资金与自有资金混合在一起,那么实际上存在的是债务人—债权人关系而非信托关系。在本案中,被告 Penn-Dixie 对于将要支付给 Thunderbird 的运费显然并没有和自己本身的账务进行分开管理,不存在可以确定的信托财产。此外,应当认定 Penn-Dixie 在本案中仅作为债务人存在,债务和信托的概念之间存在区别。当一个人仅承担支付一笔款项的个人义务时,就会产生债务,这与信托完全不同,在信托中,人们有责任作为受托人用特定财产进行交易,以造福他人。当债务或信托的法律关系不够明晰的时候,必须探求当事方的意图。如果没有形成语言或者书面证据,那么必须了解有关交易的情况,在本案中并没有设立信托"意图"的证据,原被告之间并没有创建明确的信托。

案例 3-3:黄某诉四川信托公司信托合同纠纷案①

【案情简介】

原告(上诉人):黄某

被告(被上诉人):四川信托有限公司(以下简称四川信托)

2015 年 5 月 13 日,黄某(委托人)与四川信托(受托人)签订《信托合同》约定:由四川信托按信托文件的约定将信托资金投资于沪、深交易所 A 股股票,并以全部信托财产为基础资产,作出优先受益权、一般受益权与劣后受益权的结构化安排,期限 12 个月,光大银行为本信托计划保管人。选择认购优先信托单位的委托人同时成为优先受益人,享有优先受益权,选择认购一般信托单位的委托人同时成为一般受益人,享有一般受益权,选择认购劣后信托单位的委托人同时成为劣后受益人,享有劣后受益权。全体委托人一致委托劣后委托人中金公司作为委托人代表向四川信托出具投资指令,其出

① 四川省成都市中级人民法院民事判决书,(2016)川 01 民初 201 号;四川省高级人民法院民事判决书,(2016)川民终 1144 号。

具的投资指令应符合信托文件中关于投资方向、投资范围、投资限制的规定，四川信托应严格按合同约定接收投资指令并进行证券投资操作，所得收益归于信托财产，风险亦由信托财产承担。合同约定：信托计划每日计算信托财产单位净值，0.90元为平仓线。四川信托须于平仓线次日进行卖出操作，以避免损失扩大。

《信托合同》签署后，黄某按约向四川信托支付了5000万元信托资金。153号信托计划于2015年5月15日成立，共募集信托单位5.25亿份，其中中国对外信托有限公司认购优先信托单位37,500万份，黄某认购一般信托单位5000万份，中金公司认购劣后信托单位1000万份。共募集资金人民币5.25亿元，期限为2015年5月15日至2016年5月15日。该信托计划执行过程中，产品净值于2015年8月24日低于0.9元，四川信托按约通知中金公司追加增强资金，但后者未能按约追加资金，2015年8月25日，四川信托依约开始平仓操作、卖出所持股票等证券。2015年12月15日，153号信托计划终止。四川信托于2015年12月22日向黄某支付2015年5月15日至8月15日的信托利益163.81万元。

2015年6月23日，案外人青岛德某公司向153号信托计划募集账户转款780万元，并于2015年6月30日向四川信托出具《153号追加增强信托资金申请》，载明其接受中金公司委托，向153号信托计划追加增强信托资金，申请将该780万元款项充当153号信托计划增强信托资金追加，并计入产品净值。2015年9月14日，该780万元转至153号信托计划托管账户。

黄某认为，案外人青岛德某公司向153号信托计划募集账户转款780万元不应当计入信托财产。四川信托则认为该780万元应计入信托财产。由于153号信托计划在2015年7月3日首次跌破约定的平仓线0.9元，该780万元若不计入信托财产，四川信托应于7月4日进行平仓操作；反之，若计入信托资产，信托财产单位净值提升后首次跌破平仓线的时间为2015年8月24日，四川信托在8月25日进行平仓操作即符合信托合同约定。黄某以四川信托未及时平仓、违反信托合同义务为由，诉请四川信托赔偿其损失4154.98万元。二审法院支持了其请求。

【案件解析】

本案的争议焦点是案外人于2015年6月23日转入四川信托募集账户的780万元应否计入信托财产，以及四川信托是否违反了信托合同约定的应在信托计划净值跌破平仓线次日进行平仓操作之义务。该780万元是否计入信托财产会直接影响到信托财产单位净值的计算以及受托人四川信托的平仓义务。

本案中，由于该780万元在2015年9月14日前尚未进入信托计划的专用账户，该资金在2015年9月14日前不能计入信托财产。四川信托未能及时平仓，导致委托人损失扩大，应承担损失赔偿责任。主要理由有二：

第一,根据《信托法》第7、11、15、16条的规定,信托财产确定是成立信托的必要条件,也是信托财产具有独立法律地位、对外独立承担责任的基础,信托财产必须与其他财产相区别。为严格执行《信托法》中关于信托财产确定的要求,《信托公司集合资金信托计划管理办法》第18、21、24条以及《信托公司管理办法》第29条进一步规定,信托公司应当将信托财产与其固有财产分别管理、分别记账,并将不同委托人的信托财产分别管理、分别记账。本案中,因该780万元从2015年6月23日至9月14日一直存放于四川信托募集账户中,二审中四川信托也认可募集账户中除该780万元外还存有其他信托计划的资金。现金系种类物,该780万元与募集账户中的其他资金处于混同状态、无法区分,故根据上述法律法规规定,该780万元资金在2015年9月14日转至153号信托计划的专用银行账户之前不应计入信托财产总额。

第二,《信托合同》第6条对募集账户和信托专用银行账户分别进行了约定,两个账户的开户行不同,用途也不相同。募集账户针对的是信托计划的推介期,用于受托人划付认购资金;而信托专用银行账户是募集成功后,信托计划存续期间专门用于信托资金管理的账户。青岛德某公司于2015年6月23日转入募集账户的780万元属于增强信托资金,按照合同约定,该780万元增强信托资金若要计入信托财产总额,必须进入153号信托计划专用银行账户,而非募集账户。

第二节　委托人

一、委托人的法律地位

(一)信托设立阶段的法律地位

在意定信托中,信托目的的确定性、信托财产的确定性和受益人的确定性,被认为是信托成立的三个基本条件,而上述三项条件的满足都不离开信托的委托人。委托人通常是信托的发起者、信托目的的确定者、信托财产的提供者、受托人和受益人人选的决定者。无论信托是基于合同而设立还是基于遗嘱而设定,都是基于委托人的意志而由委托人作出的。在营业信托中,虽然许多信托项目都是由信托经营机构设计的,面向公众的信托文件也都是由信托经营机构单方面拟定的格式合同条款,但信托合同的订立仍然需要委托人的明示同意和参与,故委托人的地位依然重要。

信托设立行为系一种民事法律行为,因此,委托人需要具有完全民事行为能力,其既可以是自然人也可以是法人或非法人组织。除了民事行为能力方面的要求外,对于普通民事信托,委托人的资格并没有特别要求。但是,营业信托则不同,在营业信托中,委托人往往同时也是受益人,从金融的角度来看,其实际上扮演的角色往往是信托经营机构开发的信托产品的购买者、投资者、金融消费者,基于投资者适当性原则,信托产品的购买者应当符合一定的条件。根据监管机构制定的《信托公司集合资金信托计划管理办法》第 5 条的规定,集合资金信托计划的委托人应当为合格投资者;而根据该办法第 6 条规定,合格投资者需要满足下列条件之一,并且能够识别、判断和承担信托计划相应风险:(1)投资一个信托计划的最低金额不少于 100 万元人民币的自然人、法人或者依法成立的其他组织;(2)个人或家庭金融资产总计在其认购时超过 100 万元人民币,且能提供相关财产证明的自然人;(3)个人收入在最近 3 年内每年收入超过 20 万元人民币或者夫妻双方合计收入在最近 3 年内每年收入超过 30 万元人民币,且能提供相关收入证明的自然人。

委托人作为信托合同的当事人,在合同成立后,应当履行合同义务。存在争议的问题在于如何认识信托合同的性质,其属于诺成合同还是要物合同。这一问题主要涉及提供信托财产是委托人的一项合同义务还是合同成立的条件。如果认为信托合同系诺成合同,其基于委托人和受托人的意思表示一致而成立,那么委托人向受托人移交信托财产则属于委托人的一项合同义务,在此前提下,如果委托人未依信托合同的约定移交信托财产,那么应承担相应的违约责任。如果采要物合同说,信托合同的成立不仅需要当事人意思表示一致,还需要委托人向受托人移交信托财产,那么当委托人未移交信托财产时,则视为信托合同未成立,委托人并无合同义务。《信托法》第 8 条第 3 款规定:"采取信托合同形式设立信托的,信托合同签订时,信托成立。采取其他书面形式设立信托的,受托人承诺信托时,信托成立。"从该条款来看,似乎可认为《信托法》是将信托合同作为诺成合同来对待。然而,从实践来看,很少出现受托人强制委托人履行合同或请求其承担未移交信托财产的违约责任之情形。

(二)信托运营阶段的法律地位

信托一经设立,信托财产即为实现信托目的和受益人的利益而存在,并由受托人负责管理,此时,委托人已不再是信托运营必不可少的主体。在英美信托法中,除信托协议中委托人保留了部分权利以外,信托设定后,委托人对于信托不再享有任何权利,对于受托人的监督主要由受益人和法院来行使。在《信托法》中,法律仍然赋予了委托人一定的权利,其主要扮演信托监督者的角色,主要体现在其对信托事务的知情权、对受托人的监督权等方面。上述法律上的差异,在一定程度上反映了中西方在信托观念上的差异。

(三)信托终止阶段的法律地位

当委托人是唯一受益人时,《信托法》赋予其解除信托的权利。当信托终止时,如果对于信托财产的归属信托文件未作规定,那么委托人可以作为第二顺位的权利人获得信托财产。

(四)委托人法律地位的转让与继承

关于委托人的法律地位可否转让,特别是信托合同中的委托人权利义务是否可转让,在《信托法》中未有明确规定。从实践来看,在民事信托中,鉴于信托委托人地位的特殊性,很少发生单纯的委托人法律地位的转让。在营业信托中,特别是在一些投资理财类的信托中,当委托人与受益人为同一人时,委托人与受益人的法律地位往往随同受益权的转让而一起概括性地转让。从国外的立法例来看,《日本信托法》第 146 条第 1 款规定:"经受托人和受益人同意,或者按照信托行为中规定的方法,委托人的地位可以转移给第三人。"

关于委托人法律地位的继承问题,《信托法》在多处规定了委托人的继承人可享有的具体权利。例如,《信托法》第 46 条规定,当部分受益人放弃信托受益权时,委托人的继承人可作为第三顺位的当事人获得被放弃的信托受益权。《信托法》第 50 条规定,委托人是唯一受益人时,委托人的继承人可解除信托,信托文件另有规定的从其规定。《信托法》第 54 条规定,当信托终止时,信托文件对信托财产的归属未作规定时,委托人的继承人可以作为第二顺位的权利人获得信托财产。上述规定均是对具体事项的规定,但是可否就此得出一般性结论,认为委托人的法律地位是可继承的,仍然是存疑的。因为在民事信托中,信托委托人与受托人、受益人的关系具有特殊性,如果认为委托人的权利义务可以不受限制地继承,有可能危及信托目的的实现,损害受益人的利益,特别是《信托法》赋予委托人的权利较多,因此可能需要对法律未规定的具体事项进行具体分析,以判断是否允许委托人的继承人来继承相关权利。从国外立法来看,《日本信托法》对遗嘱信托中委托人地位的可继承性作出限制性规定,该法第 147 条规定,对于通过遗嘱设定的信托,"委托人的继承人不得通过继承的方式继受委托人的地位。但是,信托行为另有规定时,根据该规定。"即将委托人地位的继承问题交由委托人在信托文件中予以规定。但是需要说明的是,《日本信托法》赋予委托人的权利较我国《信托法》少许多,故我国在参考《日本信托法》时应当谨慎,宜作出更为严格的限制。

二、委托人的主要权利

依照《信托法》规定,委托人主要享有以下几种权利:

(一)知情权

信托成立之后,信托财产与委托人分离而移交给受托人,但是,委托人对此仍有利害关系,其有权了解信托财产的管理运用、处分及收支情况,并有权要求受托人对此作出说明。委托人为实现其知情权,有权查阅、抄录或者复制与其信托财产有关的信托账目以及处理信托事务的其他文件,受托人应当予以配合。

案例3-4:陆某诉国民信托公司营业信托纠纷案①

【案情简介】

上诉人(原审原告):陆某

被上诉人(原审被告):国民信托公司有限公司(以下简称国民信托公司)

2015年9月10日,国民信托公司与乙公司签订《经营收益权转让及回购协议》,同时与丙集团公司签订《保证合同》,约定基于乙公司持有的标的收益权,由国民信托公司设立《乙公司经营收益权集合资金信托计划》并以该计划项下信托资金购买该标的收益权,由丙集团公司为乙公司的回购义务提供无限连带保证担保责任。

2015年9月18日,《乙公司经营收益权集合资金信托计划》成立。之后,国民信托公司分三笔向乙公司支付转让价款合计28,950万元。

2016年1月19日,陆某(委托人)向国民信托公司(受托人)汇款500万元,用于购买《乙公司经营收益权集合资金信托计划》,成为信托计划的委托人、受益人。同日,陆某(委托人)与国民信托公司(受托人)签订信托合同,《信托合同》与《认购风险申明书》《信托计划说明书》等文件一并构成了双方的合同条款,约定了双方的权利义务。

《信托合同》约定:受托人将在每个信托利益核算日后10个工作日内的任一日向受益人分配当期信托利益。委托人有权了解其信托财产的管理、运用、处分及收支情况,并有权要求受托人做出说明;委托人有权查阅、抄录与其信托财产有关的信托账目以及处理信托事务的其他文件,但委托人不得利用其获得的信息谋取不当利益,不得将其获得的信息对外散发而可能导致对信托计划利益产生不利影响。受托人管理信托财产必须恪尽职守,履行诚实、信用、谨慎、有效管理的义务,为受益人的最大利益处理信托事务。

2019年1月,保证人丙集团公司进入破产重整程序。2016年4月6日至2019年9月27日期间,国民信托公司分21笔向陆某分配收益604,896.69元,未能足额兑付约定利益,信托计划6次延期。

陆某认为,国民信托公司未对信托计划的具体运行情况、资金使用情况、具体管理过程进行详细披露,其知情权受到严重损害,故请求判令:国民信托公司向其公开案涉信托计划项下信托财产管理、运用、收支、处分情况的相关财务账目以及处理信托事务的所有信托文件,包括:完整银行账户收支明细、信托财产划拨指令、财务报告等。

本案在审理过程中,国民信托公司向陆某提供了该公司官网关于案涉信托计划的成立公告、临时公告、季度管理报告、国民信托公司向陆某分配收益的银行电子回单21

---

① 北京市东城区人民法院民事判决书,(2019)京0101民初16850号;北京市第二中级人民法院民事判决书,(2020)京02民终3041号。

张、收益分配明细1份、转让价款确认函、资金划拨指令指定银行存款账户、划款指令授权书、投资监督事项表以及《经营收益权转让及回购协议》《保证合同》《丙集团公司重整计划》《民事裁定书》《甲信托——乙公司经营收益权集合资金信托计划保管协议》。但其认为不应向陆某提供案涉信托计划的完整财务信息,因该等信息涉及其他委托人,不属于应披露事项。一、二审法院判决驳回了陆某的诉讼请求。

【案件解析】

本案的争议焦点是委托人知情权的范围。根据《信托法》第20条,委托人有权了解其信托财产的管理运用、处分及收支情况,并有权要求受托人作出说明。委托人有权查阅、抄录或者复制与其信托财产有关的信托账目以及处理信托事务的其他文件。委托人知情权的范围或边界通常需要结合个案中《信托合同》《信托计划说明书》等信托文件以及《信托法》《信托公司集合资金信托计划管理办法》等的规定来确定,委托人知情权的行使必须依据法律规定或信托文件约定来进行,不能无限扩张。

实务中,委托人对其投资的信托产品的知情权包括约定知情权和法定知情权两方面。约定知情权,是委托人依据《信托合同》等信托文件约定所享有的要求受托人向其披露相关信息的权利,其范围取决于信托文件约定的受托人应披露的信息范围,包括信息的种类、内容、披露的方式与时间等。法定知情权是指信托文件中虽未约定,但委托人依据《信托法》等规定所享有的、要求受托人披露相关信息的权利。如根据《信托法》第20条、第33条,与信托财产的管理运用、处分及收支情况相关的文件,包括信托财产相关账目以及处理信托事务的其他文件等,均属于委托人法定知情权的范围。

作为信托财产的管理人,受托人在对信托财产信息的把握上具有明显优势,为避免受托人信息披露不及时不合法损害委托人或受益人的利益,《信托法》中对于委托人知情权的规定多为强制性规定,信托文件所约定知情权的最小范围通常即为委托人法定知情权的范围。

本案审理中,国民信托公司认为,陆某要求其提供划拨指令、财务报告等文件无合同依据,超出了委托人知情权的范围。法院则依据《信托法》的相关规定,认定虽然信托合同中没有明确把划拨指令、财务报告等文件列入委托人知情权的范围,但是这些文件在委托人享有的法定知情权的范围内,国民信托公司则根据法院释明向陆某进行了披露。针对陆某要求国民信托公司提供整个信托项目的银行账户收支明细的诉求,法院则认为,委托人只能行使与其信托财产有关的知情权,不能扩大成对全体投资人的所有信托财产的所有信息要求知情,因该等完整信息涉及其他委托人或受益人的利益以及受托人对其他投资人的保密义务。

（二）信托变更方面的权利

在信托设立后，信托事项不得随意变更，变更信托财产的管理方法、受益人和受托人等，均需要有法律依据。在这方面，我国《信托法》赋予了委托人较宽的权利，其主要包括以下方面：

1. 变更信托财产的管理方法

委托人在设立信托时，不仅可以规定信托目的，指定受益人，还可以在信托文件中规定信托财产的管理方法。然而，在信托成立后，有可能出现一些设立信托时未能预见的情形，从而导致信托财产的管理方法不利于实现信托目的或者不符合受益人的利益，此时，信托的委托人有权要求受托人调整该信托财产的管理方法。在美国信托法中，变更信托财产管理方法往往被赋予法院来决定，但是依《信托法》第 21 条的规定，委托人可以直接要求受托人予以调整。

2. 变更受益人

在他益信托中，信托一旦成立，受益人及其受益权原则上不能变更，但是《信托法》也规定了例外情形下委托人可以变更受益人或者处分受益人的信托受益权，其包括以下情形：

第一，受益人对委托人有重大侵权行为时。信托系委托人为受益人而设立，如果受益人对委托人实施重大侵权行为，有悖情理，因此，应该允许委托人在此种情形下变更受益人。所谓重大侵权行为，可以从当事人的主观过错、损害手段和损害后果等方面综合考量，例如，当事人具有主观恶意、损害手段残忍、损害后果严重等。

第二，受益人对其他共同受益人有重大侵权行为。所有受益人及其受益权安排都是委托人在信托文件中规定的，当某一受益人对其他共同受益人实施重大侵权行为，将有悖于委托人的意图和信托目的，委托人有权在此种情况下变更受益人。

第三，受益人同意。委托人变更受益人将会影响到受益人的民事权益，如果受益人表示同意，委托人可以变更受益人。

第四，发生信托文件规定的可变更受益人的情形。委托人可以信托文件中明确规定在哪些情形下可以变更受益人，当发生此类情形时，委托人可以变更受益人。

3. 变更受托人

信托成立后，委托人不得随意变更受托人，受托人也不得随意解除自身的责任。当受托人因其自身原因而主动提出辞任的请求时，需要获得委托人的同意，即委托人对此享有否决权。

当受托人因死亡、被宣告为无民事行为能力人或限制民事行为能力人，被撤销或被宣告破产，或辞任或被解任等而终止其职责时，需要选任新的委托人，如果信托文件对此有规定的，应当依此规定；如果信托文件对此未规定的，委托人有选任的权利。

(三)监督方面的权利

委托人设立信托后,交由受托人管理运用和处分信托财产,同时,委托人对受托人处理信托事务和维护信托财产可进行监督,其主要表现为委托人的撤销权、解任受托人的权利和对非法强制执行信托财产的异议权。

1. 委托人的撤销权

委托人的撤销权,是指当受托人处分信托财产的行为违反了信托目的或者因违反了受托人义务而致使信托财产遭受损失时,委托人享有撤销受托人行为的权利。委托人的撤销权在性质上属于形成权,可依委托人单方意思表示而发生法律效果,使受托人的不当处分信托财产的行为归为无效。依照《信托法》第22条的规定,委托人须通过诉讼的方式行使其撤销权,即需要向人民法院提出撤销委托人行为的诉讼请求,并且应当在知道或者应当知道撤销原因之日起一年内行使。上述期间的性质为除斥期间,不存在延长的情形。

委托人行使撤销权,会涉及与受托人进行交易的第三人的利益。第三人对于受托人处分信托财产的行为是否违反信托目的或受托人义务可能并不知情,因此《信托法》基于第三人的主观状态而进行了区分对待,将撤销的法律后果限于第三人知情时。当受托人处分信托财产的行为被撤销后,如受托人与第三人之间的合同被撤销,如果第三人明知该处分行为违反信托目的或受托人义务而仍然接受信托财产的,应当返还该财产,使受损信托财产恢复原状,在无法恢复原状时,第三人应当予以赔偿;如果第三人对于该处分行为违反信托目的或受托人义务并不知情,即第三人是善意的时候,那么不受委托人行使撤销权的影响,其无恢复原状或损害赔偿的义务,但是受托人仍对处分行为不当而致信托财产所遭受的损失负有赔偿责任。

2. 委托人解任受托人的权利

信托是委托人基于对受托人的信任而设立的,但是信托与民法上的委托合同不同。对于委托合同而言,委托人享有任意解除权,可以随时解除委托合同。对于信托而言,信托一旦成立,委托人不得随时解除信托或解任受托人,仅在法律有明确规定的情形下,才可以解任受托人。依《信托法》第23条规定,在以下两种情形下,委托人可以解任受托人:第一,受托人违反信托目的处分信托财产;第二,受托人管理运用、处分信托财产有重大过失。委托人在行使解任受托人的权利时,如果信托文件中对委托人解除受托人有明确规定的,委托人可依信托文件直接行使权利,解任受托人;在信托文件未作规定的情况下,委托人不得直接行使权利,而应当通过诉讼的方式向人民法院提出申请。

3. 对强制执行信托财产的异议权

《信托法》赋予了信托财产的独立性。为了保护信托财产的独立性,除了法律明确规定的情形外，不得对信托财产强制执行。如果委托人的债权人、受托人个人债务的债权人或受益人的债权人请求对信托财产强制执行，委托人有权向人民法院提出异议。

（四）解除权

信托成立后，委托人不得随意解除，但是基于《信托法》的明确规定，在特定情形下委托人享有单方解除权。其包括以下情形：第一，除信托文件另有规定外，当委托人系唯一受益人时，其可以随时解除信托。第二，当受益人对委托人有重大侵权行为时，委托人可以解除信托。

除了上述法定的可单方解除信托的情形外，委托人可以在信托文件中规定委托人有权解除信托的具体情形，当发生上述情形时，委托人可以行使信托解除权。另外，委托人经受益人同意后，也可行使信托解除权。

（五）其他权利

除上述权利外，委托人还享有《信托法》规定的其他权利，如信托终止后，委托人在符合一定条件时可获得信托财产。

三、委托人的权利限制

信托是基于委托人的意思在委托人的财产上设立的，因此委托人对于信托的设定具有较大的自由度，同时，在财产上设定信托构成了对该财产使用和处分的限制，从社会的角度来看有可能阻碍对财产的流通和价值，因此世界各国或地区的信托法都对委托人设定信托的自由进行了必要限制。例如，在设定信托时，美国《统一信托法典》第404条明确要求信托及其条款应是为了受益人的利益。这意味着，除了慈善信托、照顾宠物或其他合法目的的信托之外，信托必须指定受益人，并应服务于受益人的利益。在信托设立后，法院有权对信托条款中的信托财产的管理、处分方式进行变更，排除对信托财产使用的不合理限制，“所有人对使用自己财产的任性自由止于该财产为他人利益而设定信托时”。[①] 在他益信托中，对委托人的权利进行必要的限制是保障受益人所必须的。例如，在以信托机制为依托实行资产证券化时，对委托人的权利进行限制，保障信托财产的独立性，对于保障受益人（资产支持证券的持有人）具有重要意义。

实践中，有些委托人在设立信托时有可能为自己保留了一些权利。尽管许多国家或地区的信托法都允许委托人保留一定的权利，但是如果委托人权利保留过多则有可能危及信托财产的独立性，甚至有可能构成虚假信托，从而无法对抗委托人的债权人。

香港终审法院2014年作出的如下判例反映了信托委托人保留权利引发的争议。

① 参见美国《统一信托法》第404条评注和第412条评注。

案例3-5:Kan(简某某)诉Poon(潘某某)等案[1]

香港居民Poon(中文名潘某某)与其妻子Kan(中文名简某某)于1968年结婚。20世纪90年代,潘某某创立了AL集团(Analogue Holdings Ltd),生意风生水起。1995年,潘某某以AL集团84.63%的股权及另一家企业Realty Limited的股权设立了一个自由裁量信托,名为潘氏家庭信托(The Otto Poon Family Trust),潘某某是信托委托人、保护人及潜在受益人之一,受托人是汇丰国际信托有限公司,受益人有三,分别是潘某某、简某某及他们的成年女儿。2010年,潘某某与简某某离婚。简某某向法院诉请平均分配该信托的全部价值,并主张AL集团在双方2008年分居之前开始盈利,集团的巨额盈利属于夫妻关系存续期间的收益,应当平均分配。但潘某某认为,信托中包括子女的权益,夫妻双方仅拥有2/3的信托价值,并且双方自2001年开始分居,AL集团此后的盈利与简某某无关,不应在双方之间分配。

香港终审法院提出将以下问题作为测试标准:如果潘某某要求受托人预付该信托的全部或部分资本或收入给他,就可能性而言,受托人是否很可能照办?法院认为,从信托的设立和条款来看,该信托类型为裁量信托,受托人对于资本和收益的分配以及受益人的指定,享有完全的自由裁量权,但是受托人在行使自由裁量权时会听取信托保护人的意见。在本案中,丈夫将自己设定为信托保护人,并为自己保留了许多权利,其有权免除和变更受托人,从而可以影响受托人的决定;受托人变更、移除受益人时需要征得信托保护人的同意;丈夫将自己设定为潜在受益人,从而可以从信托中获益;受托人虽然持有AL集团84.63%的股份,但是依照信托文件的规定,受托人不参与公司的管理,受托人扮演消极股东的角色,AL集团的管理权仍然掌握到董事和管理人员手中,其实际控制权仍然掌握在潘某某手中。法院综合考虑后认为,当潘某某要求受托人预付信托的全部或部分资本或收益给他时,受托人很有可能照办。最终,香港终审法院认定,委托人可以完全控制信托财产和受托人导致信托财产不具有独立性,故整个信托财产均系委托人可用的财务资源,属于夫妻共有财产,简某某有权获得全部信托财产的50%。

---

[1] KAN LAI KWAN ALSO KNOWN AS KAN LAI KWAN KAY v. POON LOK TO OTTO FORMERLY KNOWN AS PUN LOK TO OTTO AND ANOTHER [2014] HKCFA 65; (2014) 17 HKCFAR 414; [2014] 6 HKC 111; FACV 20/2013 (17 July 2014)。需要说明的是,我国香港特别行政区于2013年修改了《受托人条例》,上述判决发生在该条例修改生效之前。

第三节　受托人

一、受托人的资格

在信托关系中，受托人是负责管理信托财产、处理信托事务的当事人，因此受托人需要具备完全民事行为能力。但是需要指出的是，《信托法》第 24 条将受托人界定为“具有完全民事行为能力的自然人、法人”。由此引发的问题的是，以合伙企业为代表的非法人组织是否可以担任受托人。《信托法》第 24 条似乎将非法人组织排除在受托人之外，但是从理论上讲，允许非法人组织担任受托人并无不当之处。首先，尽管非法人组织不具有法人资格，但是《民法典》明确肯定非法人组织与自然人、法人并列为民事主体的一种类型。其次，根据《民法典》和《中华人民共和国合伙企业法》的相关规定，合伙企业作为非法人组织，也可以自己的名义拥有财产、对外签订合同，并拥有自己的企业名称，因此其完全可以承担信托受托人的职责。从实践来看，许多基于信托关系建立的投资基金，其受托人往往由一家有限合伙企业来担任，亦可证明非法人组织完全可以胜任受托人的职责。

在民事信托中，除关于民事行为能力的要求外，对于受托人通常并无特别的资格要求。但是，一些特殊类型的信托，法律、行政法规对于受托人有特别要求的，受托人需要满足该要求。例如，对于营业信托，受托人通常为信托公司，其需要满足有关信托业法的要求，在我国其主要是指《信托公司管理办法》。对于公益信托，其受托人的选任需要经公益事业管理机构的批准。

二、受托人的权利

（一）报酬请求权

在民事信托中，原则上受托人履行受托职责是无偿的，不得向委托人、受益人请求支付报酬，也不得从信托财产中牟利，但是如果信托文件中对于受托人获得报酬有明确规定，受托人可依信托文件的规定获得报酬。如果信托文件就受托人报酬未有规定，那么信托当事人能够协商一致的，也可通过事后约定的方式给予受托人报酬。《信托法》第 35 条对此有明确规定。

对于营业信托而言，受托人从事信托业务属于商行为，依商法一般原理，商行为原则上是有偿的，除非当事人明确约定其为无偿，因此，即使对于报酬未有明确约定，受托人也可主张报酬。但是，《信托法》第 35 条完全是从民事信托的角度出发对受托人报酬问题进行规定的,未顾及营业信托的特殊性。从实践来看,在营业信托中,作为受托人的信托公司往往会在有关信托契约中对于受托人报酬作出明确约定。

关于受托人报酬的支付方式,如果信托文件有规定或信托当事人有明确约定的,那么应当依照信托文件的规定或当事人约定办理。例如,可以约定受托人从信托财产中支取报酬,或由委托人或受益人向受托人支付报酬。如果仅规定受托人可获得报酬,但没有规定或约定报酬支付方式的,那么受托人可以直接从信托财产中支取其应当得到的报酬。由于信托财产由受托人管理,因此受托人支取报酬时无须向他人提出请求,但应做相关记录以备查阅。

(二)补偿请求权

受托人补偿请求权,包括两种类型。

第一种类型为费用补偿请求权,即对于受托人因处理信托事务而产生的费用,如果受托人已以其固有财产先行支付,那么其享有以信托财产予以补偿的请求权。处理信托事务而产生的费用与受托人的报酬不同,其不以事先约定为条件便可以从信托财产中获得补偿。

第二种类型为债务承担补偿请求权,即受托人因处理信托事务而对第三人负有债务时,其以固有财产予以清偿后,享有以信托财产予以补偿的请求权。受托人因处理信托事务而产生的对第三人债务,本可以信托财产承担,如果受托人主动或因第三人请求而以其固有财产予以承担的,那么其事后可请求从信托财产中获得补偿。

与报酬请求权不同,《信托法》将受托人的补偿请求权规定为法定优先权,其可优先于其他债权人而从信托财产中受偿。

三、受托人的义务

(一)受托人处理信托事务的义务

1.受托人义务的性质

在英美法系中,受托人在处理信托事务时负有信义(fiduciary)义务,所谓“fiduciary”一词,源于拉丁语,原义是指“被信任的人”,因此,“fiduciary”义务在汉语中常被译为受信义务、受托义务或信义义务等。受信义务不仅存在于信托关系中,也存在于其他存在信任与依赖的关系中,如代理人对于本人、监护人对于被监护人、董事对于公司都存在信义关系。在英美法系中,受信义务是一种对义务人要求非常高的义务,它要求义务人在行为时应当以他人的最大利益为指引。受信义务不同于合同义务。对于合同当事人而言,一方当事人可以从自身利益最大化出发,其仅在诚信原则要求的范围内在履行合同义务时顾及对方当事人的利益,但并不要求合同一方当事人的利益服从另一方当事人的利益。

《信托法》在表述受托人的义务时，虽然没有使用受信义务之类的概念表述，但是从《信托法》的相关内容来看，特别是第25条的规定，其实质体现了受信义务的相关要求，例如，其要求受托人应当“为受益人的最大利益处理信托事务”，其要求受托人在管理信托财产时，必须“恪尽职守，履行诚实、信用、谨慎、有效管理的义务”。结合《信托法》相关规定、信托法理论学说和国外的相关信托法规则，可将受托人处理信托事务时的义务分为以下几类：忠实义务、注意义务、分别管理义务、亲自处理义务、公平对待义务、信息提供义务和保密义务。

2. 忠实义务

受托人的忠实义务，是指受托人在处理信托事务时，应当善意从事，以实现受益人的最大利益为目的；既不得利用信托财产为自己谋取利益，也不得将自己置于与受益人相冲突的地位；在未征得委托人同意的情况下，不得为第三人的利益行事。[①] 作为信托的受托人，其理应“受人之托，忠人之事”。忠实义务既是对受托人的道德要求，也是一项严格的法律义务。

首先，受托人在处理信托事务时，应当善意从事，以受益人的利益最大化为出发点，这是判断受托人行为是否适当的最基本的标准。

其次，受托人在处理信托事务时，除依照信托文件规定或信托当事人的约定获得报酬之外，不得从中牟取其他利益。《信托法》第26条仅规定受托人“不得利用信托财产为自己谋取利益”，但是从忠实义务的理论内涵和国外相关信托法规定来看，还应当包括受托人不得利用其在处理信托事务时获取的商业机会为自己谋取利益。例如，受托人依信托文件的规定负有利用信托财产进行投资的义务，受托人如果知道购买某块土地使用权会获得增值收益，但是没有使用信托财产进行购买，而是使用自己的固有财产购买了该块土地使用权并从中获得了收益，此时亦应认为受托人违反了忠实义务。当受托人违反了上述不得牟利的义务时，其应当将所得收益归入信托财产。由于信托财产本身不具有独立的法律人格，因此从理论上讲，受益人可代信托财产向受托人主张归入请求权。

再次，受托人不得将信托财产转为其固有财产。信托财产与固有财产虽然都处于受托人的名下，并都受受托人实际控制，但其利益归属却不同，受托人对此也是明知的，因此将信托财产转为固有财产是一种明显背信弃义的行为。当受托人违反上述义务时，其负有恢复原状的义务；如果无法恢复原状的，受托人应予以损害赔偿，以填补信托财产所遭受的损失。

最后，受托人不得进行具有利害冲突的交易。《信托法》第28条明确规定，受托人

---

① 参见［英］菲利普·H. 佩蒂特：《佩蒂特衡平法与信托法》，石俊志译，法律出版社2020年版，第621页。

不得将其固有财产与信托财产进行交易,也不得将不同委托人的信托财产进行相互交易。从理论上讲,具有利害冲突的交易还包括受托人作为代理人为第三人利益与受托人进行交易等。当受托人的固有财产与信托财产进行交易时,存在受托人本人利益最大化与受益人利益最大化之间的冲突,立法者担心受托人为追求自身利益最大化而牺牲受益人的利益最大化。当委托人将不同委托人的信托财产进行相互交易时,很难同时实现各个信托财产受益人的利益最大化,其有可能导致部分信托财产受益人利益的受损。当受托人作为第三人的代理人与信托财产进行交易时,其实际上处于双方代理的情境,很难做到同时实现双方的利益最大化,客观上存在受托人为了第三人的利益最大化而牺牲信托财产利益最大化的可能。

早期英国信托法严格禁止受托人从事利害冲突的交易,但是随着信托的发展,特别是商事信托的发展,交易场景日渐多元,交易结构日渐复杂,如果一概禁止利害冲突交易,有时会产生不合理的后果,也有可能产生不利于信托目的实现的后果,因此,现代信托法往往为禁止利害冲突交易设置一些例外。对此,《信托法》第 28 条规定,当信托文件另有规定或者经委托人或受益人同意,并且以公平的市场价格进行交易时,可作为禁止利害冲突交易的例外。上述规定实际上同时设置了两个条件:一个条件是信托文件明确允许某种利害冲突交易或者该交易经过了委托人或者受益人的同意;另一条件是交易条件必须公平。就前者而言,特别是经委托人或受益人同意的条件,应当是建立在受托人就交易事项和其具有的利害冲突已经向委托人或受益人充分披露的前提下,委托人或受益人在充分知情的情况下作出明确同意的意思表示。就后者,即交易的公平性而言,因其涉及利害冲突,所以应当由受托人就交易的公平性进行举证,当该项交易存在活跃的市场价格时,可以市场价格作为参照,而如果不存在活跃的市场价格,那么受托人将面临非常重的举证责任,其需要证明该交易对于信托财产和受益人而言是非常公平的。

如果受托人违反了义务从事了利害冲突交易,那么委托人和受益人可以行使撤销权,在受托人的交易行为被撤销后,受托人负有恢复原状的义务,在无法恢复原状时应予以损害赔偿。委托人和受益人如果认为上述交易行为并没有给信托财产带来损害,那么也可以不行使撤销权接受上述交易行为的后果,并将通过交易取得的对价归入信托财产。

实践中,受托人违反忠实义务的典型行为包括:(1)将信托资产转为信托公司固有财产;(2)将其管理、运用、处分信托财产所产生的债权与其固有财产产生的债务相抵销,或者将其管理、运用、处分不同委托人的信托财产所产生的债权债务相互抵销;(3)以信托财产提供担保;(4)以固有财产与信托财产进行交易或者将不同委托人的信托财产进行相互交易(但信托文件另有约定或者经委托人或者受益人同意并以公允的市场价格进行交易的除外)；(5)为信托公司自己或者他人牟取不正当利益或者进行商业贿赂；(6)违反信托目的处分信托财产或者因违背管理职责、处理信托事务不当致使信托财产受到损失的，在未恢复信托财产的原状或者未予赔偿前向委托人请求给付报酬或直接从信托财产中扣除信托报酬；(7)信托公司违背管理职责或者处理信托事务不当对第三人所负债务或自己所受的损失，不以其固有财产承担而使用信托财产承担的行为。

当受托人违反忠实义务，严重损害受益人利益时，委托人、受益人可依照信托文件的规定解任受托人或者申请人民法院解任受托人。

3. 注意义务

注意义务，在大陆法系国家通常被称为善良管理人的注意义务，在英美信托法中被称为谨慎(prudent)管理的义务，在《信托法》第 25 条中被称为谨慎、有效管理的义务。尽管其称谓或表述不同，但其实质性要求是相同的。关于受托人注意义务的内涵，美国《统一信托法典》(2000 年)第 804 条关于受托人谨慎管理义务的界定可以作为参考，其规定："受托人应当像一个谨慎的人那样，考虑到信托的目的、条款、分配要求和其他情况后进行管理。在满足上述标准时，受托人应当尽到合理的注意、能力和慎重。"该条款与美国《统一谨慎投资人法》第 2(a)条和《美国信托法重述》(第 3 版)第 227 条的规定是一致的，反映了美国信托法对于这一义务的界定。

强调受托人在处理信托事务时应当谨慎，并不意味着鼓励其一味地采取保守的管理方式，因为获利与风险总是相伴而生的，所以，受托人应当基于信托的类型、委托人在设立信托时的意图等多种因素，作出合理判断，并尽到合理的注意义务。对于一些特殊类型的信托，如投资信托、公益信托等，受托人还应尽到特别法上关于受托人义务的特别规定。值得注意的是，《美国信托法重述》(2000 年)特别强调，在判断受托人是否尽到了谨慎投资的义务时，应从其投资组合的整体表现来判断，而不是针对其投资组合中的某一单项来判断。

受托人的注意义务是基于其作为受托人的身份而承担的一项义务，因此，无论信托是有偿的还是无偿的，受托人均应尽到上述义务。受托人如果认为其无法尽到上述义务或无法达到法律对受托人要求的标准，那么应当拒绝接受委托或辞任。

受托人的注意义务虽然是基于法律规定而产生的，并不意味着其注意义务的水平绝对不可更改。委托人在设定信托时，可以对受托人的注意义务做出特别要求，例如，其可以免除受托人的一般过失责任，但是，对于受托人恶意或重大过失违背信托目的或损害受益人利益的责任不得免除。①

① 《美国统一信托法典》第 1008 条。

实践中,违反注意义务的典型行为包括:(1)不履行将信托财产与信托公司固有财产分别管理、分别记账的义务;(2)不履行将不同信托文件项下的信托财产分别管理、分别记账的义务;(3)未经委托人同意,不亲自处理信托事务;(4)将信托产品资金委托给其他机构投资时拒绝履行主动管理职责;(5)与委托人签订抽屉协议;(6)为委托人规避监管规定或第三方机构违法违规提供通道服务;(7)违反信息披露义务;(8)擅自改变信托资金用途等。

受托人违反注意义务的法律后果与违反忠实义务不同。违反忠实义务有可能导致受托人所从事的交易行为被撤销,而违反注意义务的行为则不宜被撤销,但会产生损害赔偿责任。这主要是因为违反忠实义务的行为通常发生在信托法律关系内部,而违反注意义务的行为则有可能涉及交易第三人,并且第三人往往难以判断受托人是否尽到其应尽的注意义务。对于受托人在处理信托事务时存在重大过失而导致信托财产遭受损失的,委托人、受益人可以依照信托文件的约定或通过向人民法院申请的方式解任受托人。

4. 分别管理义务

所谓分别管理义务,是指受托人应当将信托财产与其固有财产分别管理、分别记账,同时,也应当将其名下的不同委托人的信托财产分别管理、分别记账。对于信托财产采取分别管理有助于实现信托财产的特定化及信托财产的公示目的,从而有助于交易第三人区分受托人名下的信托财产与受托人的固有财产,保持信托财产的独立性,避免受托人的个人债权人对信托财产提出强制执行的主张。同时,对信托财产分别管理,也有助于防止受托人从事违反忠实义务的行为,保护信托财产不受受托人侵占。

关于分别管理的方式,应当区分信托财产的类型而定。根据《日本信托法》第 34 条的规定,对于适合登记的财产,对其进行单独登记便是分别管理的方式;而对于那些无法进行登记的财产,如普通动产,如果可以从物理上进行区分管理,那么对其管理时应采取物理上分离的方式;对于金钱之类的物品,那么可以通过会计账簿系统进行单独核算的方式来尽到分别管理的义务。

关于违反分别管理义务的法律后果,《信托法》并未对此作出专门规定,《日本信行法》的相关规定可供参考。依《日本信托法》第 40 条的规定,如果受托人违反分别管理的义务导致信托财产受损,那么其负有恢复原状的责任;如果无法恢复原状,那么应承担损害赔偿的责任。受托人的上述责任为无过失责任,除非受托人能够证明即使按照法律规定对信托财产进行分别管理仍会导致信托财产损失,否则不能免除其责任。

5. 亲自处理义务

在信托关系中,委托人与受托人之间具有信任与被信任的关系,因此受托人原则上应当亲自履行受托职责,但鉴于受托事务纷繁复杂,受托人通常难以全部亲为,故各国信托法都为此设置了例外。依照《信托法》第 30 条的规定，当信托文件另有规定或者受托人存在不得已的情况下，可以委托第三人代为处理信托事务，但是，信托的受托人应当对第三人代为处理信托事务的行为承担责任。

6. 公平对待义务

所谓公平对待义务，是指当一个信托有多个受益人时，受托人在投资、管理和分配信托财产时应当公平地对待每一位受益人。《信托法》对公平对待义务并没有明确规定，但它是英美信托法中的一项重要制度，其通常被认为是受托人忠实义务的一个方面，美国《统一信托法典》第 803 条对此有明确规定。另外，在实践中，容易发生争议的是如何公平地对待信托财产的收益受益人与本金收益人，因为不同的投资策略和分配机制会对收益受益人和本金收益人产生不同的影响，美国的《统一本金与收益法》为此作出了指引性规定，在英国也有相关的成文法和判例法规则。①

公平对待，不等于平等对待，而是指受托人应当参照信托目的、信托条款并综合考虑多个受益人的不同情况后做出公正的、不偏不倚的决策。如果信托的委托人在信托文件中表达出某个受益人应当优先对待，那么当受托人依委托人的意图而优先对待某个受益人时，其并没有违反公平对待义务。

7. 其他义务

受托人还负有法律规定的其他义务，如信息提供义务和保密义务等。所谓信息提供义务，其包括两方面：一方面是指受托人在处理信托事务时负有记录和保存记录的义务；另一方面是指受托人对委托人和受益人负有报告义务以及提供查询记录义务。《信托法》第 33 条对于受托人的信息提供义务和保密义务均有明确规定，即“受托人必须保存处理信托事务的完整记录。受托人应当每年定期将信托财产的管理运用、处分及收支情况，报告委托人和受益人。受托人对委托人、受益人以及处理信托事务的情况和资料负有依法保密的义务”。

案例 3 -6：罗某某诉高某某民事信托纠纷案②

2017 年 9 月 28 日，罗某（委托人）与高某（受托人）签订一份信托持股协议，约定罗某将其持有的共赢公司股权信托给高某进行管理受托人应以自己名义持有共赢公司的股权。根据双方签署的信托持股协议约定，委托人管理运用和处分股权的范围包括股东会议出席权、表决权、委托投票权、公司账册及股东会议记录查阅权、召集股东临时会

① 参见［英］菲利普 · H. 佩蒂特：《佩蒂特衡平法与信托法》，石俊志译，法律出版社 2020 年版，第 610 ~ 619 页。

② 宁夏回族自治区银川市中级人民法院民事判决书，（2016）宁 01 民终 1435 号。

请求权、董事及监事提名权等。同时,高某作为受托人,应当在合理的时限和不损害其他受益人的前提下,向委托人准确、完整地提供有关本信托的信息。后因共赢公司经营情况恶化,高某作为受托人不准罗某查询共赢公司运营状况及财务状况,也不告知相关情况。罗某以受托人高某侵害了其合法权益,继续履行信托持股协议不能实现签订协议时的信托目的为由,诉至法院要求解除其与高某之间签订的信托持股协议。二审法院审理后判决支持了罗某的诉讼请求。

案例3-7:北京天文弘公司诉中信信托公司股东损害公司债权人利益纠纷案①

【案情简介】

北京天文弘公司因对青岛舒贝公司享有到期未获执行债权而提起诉讼,要求青岛舒贝公司的工商登记股东中信信托公司承担出资未到位的补足义务与对公司债权人的赔偿责任。

2010年7月19日,山东舒贝公司与中信信托公司签署了《中信—舒斯贝尔特定资产收益权投资集合信托计划信托合同》(以下简称《信托合同》),约定:山东舒贝公司作为青岛舒贝公司的股东,将其持有的青岛舒贝公司50%股权(以下简称标的股权)信托给中信信托公司,中信信托公司发起设立"中信—舒斯贝尔特定资产收益权投资集合信托计划(以下简称信托计划)",通过信托计划募集资金5亿元,其中4亿元用于投资青岛舒贝公司名下黄岛凤凰湾项目的特定资产收益权,青岛舒贝公司负有回购该特定资产收益权的义务。为满足信托财产登记要求,中信信托公司与山东舒贝公司另签署《股权转让合同》约定:山东舒贝公司系为按照《信托合同》将标的股权信托给中信信托公司的目的而将标的股权转让给中信信托公司;山东舒贝公司将青岛舒贝公司股权信托给中信信托公司后,仍负有在主管部门规定的时间内缴纳注册资本的义务(在主管部门要求的时间内缴付未缴付的注册资本3356.5万美元)。后经工商变更登记,中信信托公司登记为青岛舒贝公司50%的股东。

2020年8月24日,北京市高级人民法院就案外争议作出的(2020)京民终33号民事判决书,认为山东舒贝公司欠缴出资比例高达95.9%,其委托给中信信托公司管理的股权存有严重瑕疵,致使《信托合同》《股权转让合同》提供类似担保功能的增信措施、保障全体优先受益人公众投资者的目的落空,严重损害信托计划投资者及中信信托公司的权益,判决确认前述《信托合同》和《股权转让合同》于2018年7月5日解除。本案法院参照北京高级人民法院该判决,认定中信信托公司系基于股权信托关系受托管理标的股权、非股权转受让,其作为信托计划的受托人,与青岛舒贝公司之间不存在股权

① 北京市第三中级人民法院民事判决书,(2021)京03民终7115号。

投资法律关系,自始非青岛舒贝公司股东,故不承担股东义务,无须向天文弘公司承担公司股东瑕疵出资义务的补充责任。

【案件解析】

案涉信托计划由《信托合同》《投资协议》《股权转让合同》等一系列合同组成。信托计划项下,山东舒贝公司与中信信托公司签订《信托合同》,约定山东舒贝公司将标的股权作为信托财产,委托给中信信托公司管理。同时,为了满足信托法第 10 条规定的信托财产登记要求,达到隔离和控制信托财产的目的,双方签订了《股权转让合同》。《股权转让合同》等交易文件均明确约定,山东舒贝公司系为按照《信托合同》将标的股权信托给中信信托公司的目的而将标的股权转让给中信信托公司,且山东舒贝公司负有继续向青岛舒贝公司缴纳出资的义务。根据前述交易文件的约定,山东舒贝公司与中信信托公司的交易目的,不是将标的股权转让给中信信托公司,而是将标的股权信托给中信信托公司。中信信托公司被登记为青岛舒贝公司的股东,不是因为公司法意义上的股权转让法律关系,而是因为信托法意义上的股权信托法律关系。相应地,中信信托公司仅仅是受托管理标的股权,与青岛舒贝公司之间也不存在公司法意义上的股权投资关系。因此,关于中信信托公司的法律地位和权利义务等,首先应当适用信托法的规定而非适用公司法的规定。另外,从合同约定看,中信信托公司的“股东权利”受到了极大限制,对青岛舒贝公司不享有公司法意义上的股东权利。依据《中华人民共和国公司法》(以下简称《公司法》)第 4 条第 2 款“公司股东依法享有资产收益、参与重大决策和选择管理者等权利”之规定,公司法意义上的股东应当享有完整的股权收益权、处分权以及参与公司经营管理权等权能,本案中,根据法律规定和合同约定,中信信托公司对标的股权不享有公司法意义上的股东的权能,中信信托公司向青岛舒贝公司派驻董事的目的也是保证信托财产的价值安全,而非行使股东经营管理权。因此,本案法院判决认定,中信信托公司作为信托计划的受托人,与青岛舒贝公司之间不存在股权投资法律关系,自始非青岛舒贝公司股东,故不承担股东义务,也无须向天文弘公司承担公司股东瑕疵出资义务的补充责任。

(二)受托人对受益人的给付义务

受托人对受益人负有给付信托利益的义务,关于给付的具体内容和方式应当根据信托文件来确定。所谓信托利益,既包括信托财产本身,也包括由信托财产所产生的收益。受托人对受益人的给付义务是一种有限责任,即仅以信托财产为限。换言之,受托人没有义务以自己的固有财产对受益人承担给付义务。如果信托财产随着不断的给付或经营亏损而减少,那么受托人也没有补足的义务,但如果是因为受托人违反了义务而导致信托财产受损,那么其应当对信托财产承担赔偿责任。另外,受托人通常没有向受益人担保支付固定本金和收益的义务,我国现行监管规定亦明确禁止信托公司作出“刚性兑付”的允诺。[①]

(三)受托人对债权人的义务

受托人在管理、处分信托财产时有可能与第三人发生交易,从而产生债权债务关系,此属于信托的外部关系,有别于受托人与委托人、受益人之间的内部关系。对于执行信托事务而产生的债务,受托人固然有权以信托财产清偿,有疑问的是:如果信托财产不足以清偿信托债务,债权人能否对受托人的固有财产主张强制执行。换言之,受托人对债权人是否承担个人责任,其应负个人无限责任,还是仅以信托财产为限承担有限责任。

《信托法》对于上述问题并没有明确规定,从《信托法》第37条规定来看,如果受托人以其固有财产清偿信托债务,那么事后可对信托财产主张优先受偿。但若信托财产不足以给予受托人补偿,则由受托人自己承担风险。因此,受托人具有承担无限责任的风险。另外,当受托人违背管理职责或者因处理信托事务不当而对第三人负有债务时,受托人应以其固有财产承担个人责任而不能用信托财产予以承担。

信托与财团法人不同。就财团法人而言,其具有独立的法律人格,财团法人的执行机构或法定代表人对外从事业务而产生债务时,其通常由法人承担,执行机构或法定代表人无须为此承担个人责任。但是,信托财产并不具有独立的法律人格,其处于受托人名下,受托人系以自己的名义对外交往,第三人往往难以区分受托人的个人债务与信托债务,也难以区分受托人的固有财产与信托财产,因此在英国信托法中,受托人原则上应对债权人承担个人责任。并且,要求受托人承担无限责任,也有利于约束受托人的行为,督促其在处理信托事务时尽到谨慎的注意义务。

在现代社会,随着商事信托的发展,从事信托业务的信托机构对外交易的频次和金额都远较民事信托大许多,如果仍坚持受托人承担无限责任的原则,可能不利于商事信托的发展。为此,美国一些州的信托法已经开始限制受托人的个人责任。例如,美国《统一信托法典》第1010条确立了受托人个人责任限制的一般规则,即如果受托人管理信托财产时尽到了受信义务,且在对外签订合同时披露了其系作为受托人为履行受信义务而签约时,其对于该合同债务将不承担个人责任;对于因管理信托财产或作为信托财产的所有者、控制者而产生侵权责任时,只有当受托人存在个人过失时,才对该侵权债务承担个人责任。

《日本信托法》也对受托人的责任限制作出了规定,其除了规定受托人可以与债权

---

① 参见中国人民银行、中国银保监会、中国证监会、国家外汇管理局《关于规范金融机构资产管理业务的指导意见》(银发〔2018〕106号)。

人约定仅以信托财产为限对信托债务承担有限责任以外，[1]该法创设了一种新的信托类型以供当事人选择适用，即“限定责任信托”，受托人可仅以信托财产为限对信托债务承担有限责任，但是其需要满足以下条件：第一，信托文件中约定受托人仅以信托财产为限承担信托债务；第二，上述信托文件应当进行登记，未经登记不得对抗第三人；第三，受托人在与第三人进行交易时应当尽到提示义务，明示自身为限定责任信托的受托人。[2] 除此以外，为了保障债权人的利益，《日本信托法》还对限定责任信托中受托人对受益人的给付作出了限制，以避免信托财产的不当减少。

四、共同受托人的责任

当同一信托的受托人有两个以上时，为共同受托人。在执行信托事务时，原则上共同受托人应当共同处理信托事务，但是如果信托文件规定对某些具体事务由受托人分别处理时，应当按照信托文件的规定处理。当共同受托人共同处理信托事务出现意见不一致的情形时，如果信托文件规定有争议处理机制，应当按照信托文件的规定处理；如果信托文件未规定争议处理机制，那么依照《信托法》第 31 条的规定，应由委托人、受益人或者其利害关系人决定。

尽管信托文件可以对共同受托人的内部分工作出规定，但是就对外关系而言，共同受托人均可对外代表信托，从而对外承担连带责任。依照《信托法》第 32 条，共同受托人处理信托事务对第三人所负债务，应当承担连带清偿责任。第三人对共同受托人之一所作的意思表示，对其他受托人同样有效。共同受托人之一违反信托目的处分信托财产或者因违背管理职责、处理信托事务不当致使信托财产受到损失的，其他受托人应当承担连带赔偿责任。上述规定并未区分受托人是共同处理抑或分别处理信托事务，均需承担连带责任，该等责任是基于共同受托人之间的关系和法律地位确定的，而不是基于受托人的个人行为确定的。

五、受托人的职责终止与更换

（一）受托人职责终止的事由

受托人的职责可因以下事由而终止：

1. 受托人主体资格丧失

受托人为自然人的，当其死亡或者被依法宣告死亡、被依法宣告为无民事行为能力人或者限制民事行为能力人时，其作为受托人的职责自然终止。受托人为法人的，当其

---

① 参见《日本信托法》第 21 条。

② 参见《日本信托法》第 216 条、第 219 条、第 220 条、第 232 条。

被依法撤销或者被宣告破产、依法解散或者法定资格丧失时,其作为受托人的职责亦终止。

2. 受托人辞任

与委托合同中受托人可任意解除合同不同,信托中的受托人原则上不得辞任,除非满足法定条件。该规定的目的主要在于保护信托受益人。《信托法》将受托人辞任的条件限定为获得委托人和受益人同意,而公益信托中的受托人辞任则应当经公益事业管理机构的批准。在国外,许多国家的信托法则将准许受托人辞任的权力赋予法院,由法院根据受托人的具体情况以及受托人辞任可能给信托受益人带来的影响等因素作出判断。[①]

3. 受托人被解任

当受托人违反信托目的处分信托财产或者管理运用、处分信托财产有重大过失时,委托人、受益人有权解任受托人或者申请人民法院解任受托人。

(二)受托人的更换

信托是以信托财产为中心,受托人只不过是信托财产的管理人,当受托人因死亡、辞任或被解任而发生职责终止时,信托并不会就此终止,而是可以通过更换受托人而继续存在。[②] 当原受托人职责终止时,如果新受托人尚未选出,那么原受托人仍应履行管理信托事务的职责,其继承人或者遗产管理人、监护人、清算人应当妥善保管信托财产,并准备做好交接工作。

关于新受托人的选任,依照《信托法》第40条的规定,如果信托文件对选任新受托人有规定的,应当依照信托文件的规定;信托文件未规定的,由委托人选任;委托人不指定或者无能力指定的,由受益人选任;受益人为无民事行为能力人或者限制民事行为能力人的,依法由其监护人代行选任。有些国家的信托法还赋予法院选任新受托人的权力。[③]

新受托人就任之后,原受托人应当向新受托人办理信托财产和信托事务的移交手续。《信托法》第40条第2款规定:"原受托人处理信托事务的权利和义务,由新受托人承继。"依此规定,原受托人因处理信托事务而产生的债权债务都应由新受托人承继。但对此应当进行限缩解释,因信托财产从原受托人处转移至新受托人处,信托财产负载的各种权利义务也应随之转移至新受托人处,而原受托人因违反受托人义务而产生的对信托财产的损害赔偿责任仍应由原受托人承担。

---

① 参见《美国信托法第二次重述》第106条及其评注;《日本信托法》第57条。

② 参见[日]能见善久:《现代信托法》,赵廉慧译,中国法制出版社2011年版,第176页。

③ 参见《美国信托法第二次重述》第108条及其评注;《日本信托法》第62条。

第四节　受益人

一、受益人的界定

受益人是指在信托关系中享有信托受益权的一方当事人。信托是为受益人而存在的，除了公益信托和法律所认可的特定目的信托外，信托必须要有确定的受益人存在，否则信托是无效的。

在英美信托法中，受益人的确定性被认为是意定信托的“三大确定性”之一。《信托法》也要求信托文件应当载明受益人或受益人的范围，如果受益人或受益人的范围无法确定，将导致信托无效。所谓受益人的确定性，既可以在信托文件中明确载明受益人的姓名，也可说明确定受益人的方法。受益人的确定性是信托法上的一项原则性要求，其也存在例外。例如，在信托设立时并不要求受益人实际存在，信托可以为未来出生的人而设立。另外，在公益信托中，受益人是不确定的。

受益人可以是自然人、法人或非法人组织。当受益人为自然人时，并不要求其具有完全民事行为能力。受益人既可以为委托人，也可以为受托人，但是受托人不为同一信托的唯一受益人。受益人既可以一个人，也可以是多个人。在受益人为多人时，其可以同时享有受益权，亦可以按一定优先次序或时序享有受益权。在我国投资类的商事信托实践中经常将受益人区分为优先级受益人和劣后级受益人，在分配信托投资收益时，优先级受益人享有优先获得收益分配的权利。在英美国家的信托实践中，存在收益受益人和本金受益人的区分，前者有权获得信托财产所取得的各种孳息和收益，后者则可以在信托终止时获得剩余的信托本金。在英美信托实践中，受益人还可按时序享有受益权，例如，委托人在信托遗嘱中规定，甲终身可享有信托受益权；在甲去世后，受益权归乙终身享有；而在乙去世后，可以乙的直系血亲继续享有等。为了防止委托人利用信托机制逃避遗产税并在其去世后永久控制信托财产以及为了避免信托财产的利用、处分被长久施加不合理的限制或负担，信托的最长存续期会受到“禁止永续规则”(Rule against Perpetuities)的限制。需要说明的是，“禁止永续规则”并不是专门为信托而制定的规则，其为英美财产法上的一项一般规则，其本质是对某些不确定的未来权益的存续期间设定最长期限，其也适用于信托权益。[①]

---

① 英美普通法关于禁止永续规则的经典表述为：“某种权益如果可以最终确定，必须在该权益设立时的在世之人死后 21 年内予以确定，否则，就是毫无价值的权益。”关于对一规则的介绍可参见[美]约翰 · G. 斯普兰克林：《美国财产法精解》，钟书锋译，北京大学出版社 2009 年版，第 189 页。

二、受益权的性质

受益权,是指受益人在信托关系中所享有的各种权益的总称,其既包括受益人从信托财产中获得收益的权利,也包括受益人为实现和维护上述收益权而享有的相关权利,如对信托事务的知情权、对受托人的监督权等。

信托关系是一种民事法律关系,受益权系一种民事权益,但是关于受益权系何种性质的民事权益在学术界存在争议,其根源在于法律移植所产生的困境。信托制度源于英美法系,受益人对信托财产享有衡平法上的权益,对此当无疑义。然而,在大陆法系国家并无衡平法制度,也不存在衡平法权益,因此必须在大陆法系国家的既有法律制度框架内为受益权找到一个合适的定位。以德国法为代表的大陆法系国家,严格区分物权与债权,并且坚持物权法定和一物一权主义,因此,在这样一种制度背景下,无论将受益权定性为物权还是债权,均无法反映受益权的本质。虽然受益权在某些方面与股权比较类似,但是由于信托财产并不具有法人资格,因此也难以将受益权归为股权。本书认为,在中国现行民事法律制度框架下,受益权应当属于《民法典》第 126 条所规定的"民事主体享有法律规定的其他民事权利和利益"。即受益权是一种不同于物权、债权、股权的新型、独立的民事权利,关于其权利的性质和内容,应当从《信托法》所规定的信托法律关系架构中来理解,而不宜机械地从传统民法中的物权或债权的视角来理解,尽管受益权中的某些权利行使的具体规则可以参照传统民法中的某些规则。

受益权本质上是受益人从信托财产中获得收益的权利,而不是对信托财产的支配权,因此受益人的债权人不得请求对信托财产强制执行,只能就受益人从受托人处获得的信托收益请求强制执行。

三、受益权的内容与行使

(一)受益权的内容

在信托关系中,受托人的义务与受益人的权利具有对应关系,总的来说,受益人的受益权主要包括以下几种类型的权利:

1. 获得信托收益的权利

受益人享有依照信托文件获得信托财产收益的权利,因受益人并不直接占有信托财产,而是由受托人负责对信托财产的管理,因此,受益人有权请求受托人支付信托收益。日本在继受信托法时,将此种权利作为债权性质的请求权来对待。

受益人能够获得多少信托收益是由信托文件来决定的。当存在共同受益人时,如果信托文件对信托利益的分配比例或者分配方法未作规定,各受益人按照均等的比例享受信托利益。在英美信托法上,信托区分为强制性分配信托与自由裁量分配信托。

前者要求受托人依据信托文件的规定将信托收益分配给受益人,受托人无自由裁量权;后者赋予受托人以自由裁量权,由其任意决定是否进行分配,以及向各受益人分配的比例和数量等。

2. 对信托事务的知情权

受益人对于信托财产的管理和信托事务的执行具有利害关系,因此其享有知情权,有权请求受托人对信托财产的管理运用、处分和收支情况进行说明,并有权请求查阅、抄录或复制与信托财产有关的信托帐目以及处理信托事务的其他文件。

3. 对信托管理方法的变更请求权

因设立信托时未能预见的特别事由,致使信托财产的管理方法不利于实现信托目的或者不符合受益人的利益时,受益人有权要求受托人调整该信托财产的管理方法。依照《信托法》第 21 条、第 49 条的规定,受益人可直接请求受托人调整信托管理方法而无须通过诉讼来行使。虽然《信托法》将对信托管理方法的变更请求权同时赋予了委托人和受益人,但是其对于受益人更具意义。因为信托设立后,委托人已与信托财产脱离了关系,并且委托人有可能已经去世,而信托将为受益人的利益而存在,受益人与委托人具有更直接的利害关系,更能直接感受到信托管理方法是否符合受益人的利益。

4. 对受托人的监督权

受托人对信托事务的处理对于受益人能否获得信托利益具有直接的利害关系,因此信托法赋予受益人对受托人的监督权,包括撤销权和解任权等。当受托人违反信托目的处分信托财产或者因违背管理职责、处理信托事务不当致使信托财产受到损失时,受益人有权申请人民法院撤销该处分行为并有权请求恢复原状或赔偿。受托人违反信托目的处分信托财产或者管理运用、处分信托财产有重大过失时,受益人有权依照信托文件的规定解任受托人,或者申请人民法院解任受托人。

5. 同意权

依照《信托法》的规定,对于特定事项,受托人享有同意权。例如,受托人经受益人同意,可以辞任。又如,当共同受托人共同处理信托事务意见不一致时,可由受益人决定。

(二)受益权的行使方式

受益人的受益权可分为两类:一类为受益人可以单独行使的权利,例如,受益人获得信托收益的权利、知情权、撤销权等;另一类为需要受益人共同行使的权利,例如,受益人对特定事项的同意权。

在一些商事信托中,特别是向公众发行受益凭证的信托项目中,受益人的人数众多,在这种情况下可以通过组建受益人大会的方式来行使受益人的权利,对于重要事项做出决定。例如,按照《信托公司集合资金信托计划管理办法》第 42 条的规定,当出现以下事项而信托计划文件未有事先约定的,应当召开受益人大会审议决定:(1)提前终止信托合同或者延长信托期限;(2)改变信托财产运用方式;(3)更换受托人;(4)提高受托人的报酬标准;(5)信托计划文件约定需要召开受益人大会的其他事项。

关于受益人大会的召集,《信托公司集合资金信托计划管理办法》将召集权赋予了受托人,并同时规定,受托人未按规定召集或不能召集时,代表信托单位 10% 以上的受益人有权自行召集。

关于受益人大会的表决权分配与表决程序,依《信托公司集合资金信托计划管理办法》的规定,每一信托单位具有一票表决权,受益人可以委托代理人出席受益人大会并行使表决权。受益人大会应当有代表 50% 以上信托单位的受益人参加方可召开;大会就审议事项作出决定,应当经参加大会的受益人所持表决权的 2/3 以上通过;但更换受托人、改变信托财产运用方式、提前终止信托合同,应当经参加大会的受益人全体通过。

四、受益权的变动

(一)受益权的放弃

受益权是受益人享有的一项民事财产权益,受益人享有处分权,因此可以自愿放弃受益权,但是受益权的放弃需要受益人的明确意思表示,沉默通常不能构成放弃。当全体受益人放弃信托时,依我国《信托法》的规定,会发生信托终止的法律效果。如果仅有部分受益人放弃受益权,那么其所放弃的受益权可以按照信托文件的规定重新确定其归属;如果信托文件对此未作规定,那么应当转归其他受益人;如果不存在其他受益人,那么应当归委托人;如果委托人死亡,则应归委托人的继承人享有。

(二)受益权的转让与继承

受益权,作为一项财产权,原则上可以转让、继承,受益人的债权人也可对其主张强制执行,但也存在例外。

首先,法律、行政法规规定受益权不得转让的,或对受益权的转让作出限制的,应当遵守该规定。例如,依《信托公司集合资金信托计划管理办法》的规定,集合资金信托的受益权应当向合格投资者转让,并且,信托受益权进行拆分转让的,受让人不得为自然人。机构所持有的信托受益权,不得向自然人转让或拆分转让。

其次,依照信托的性质不宜转让的,受益权不得转让。有些信托具有一定的人身性和专属性,其受益权不得转让。例如,委托人为了给身体残疾而无劳动能力的亲属提供抚养费而设立的信托,其受益权具有不可转让性。

最后,信托文件对受益权转让有限制性规定的情形。《信托法》第 47 条规定,受益人不能清偿到期债务的,其信托受益权可以用于清偿债务,但是信托文件有限制性规定的除外。美国存在“反挥霍信托”，委托人可以在信托文件中明确规定受益人不得转让受益权，亦不允许债权人扣押该权益。由于反挥霍信托会在一定程度上损害债权人的利益和社会公众的利益，所以英国法院拒绝承认反挥霍信托的效力，而美国多数州都承认其效力，但同时也设置了一些例外规则以保护债权人的利益。①

---

① 参见[美]约翰·G. 斯普兰克林：《美国财产法精解》，钟书锋译，北京大学出版社 2009 年版，第 459 ~ 461 页。

第二编　民事信托与公益信托

第四章　民 事 信 托

第一节　民事信托的含义

一、民事信托概述

关于民事信托的含义,有广义和狭义两种理解。广义上的民事信托就是民商事信托,商事信托或营业信托是民事信托的一部分。狭义上的民事信托,是指受托人由非以营利为目的之信托机构担任的私益信托,这种信托的主要目的通常是实现个人财产的传承、抚养、赡养、遗产继承等。狭义上的民事信托与商事信托共同构成私益信托,本书下文在论及民事信托时,除有特别说明,均是指狭义上的民事信托。

相对于商事信托,民事信托的受托人可以是自然人或法人,但不能是以信托经营为业的信托机构。

从信托制度在英国的产生与发展来看,民事信托一直是英国信托制度的本源与核心。但从信托在其他国家的发展来看,商事信托则是重点,除了美国外,不少国家,包括日本、韩国等,其引入信托制度的初衷即是为了利用商事信托的融资等功能来推动本国国民经济的发展。对于巴拿马、英属维尔京群岛等离岸司法管辖区而言,商事信托更是吸引外资、打造免税洼地的主要工具。相应地,在这些国家,民事信托的重要性也远非商事信托所能相比。

就我国而言,相对于商事信托,民事信托在国内的发展也较为缓慢。究其原因主要有二:第一,我国作为大陆法系国家,信托文化观念不强,尤其是英美信托法下针对信托财产归属的双重所有权理论与我国传统民法上的“一物一权”理论之间存在冲突,国人对于信托制度的理解与接受均存在一定观念障碍。第二,国内现有法律体系下的一些制度设计具有和信托类似的功能,比如委托代理、公司、赠与等,能够满足国人在民事领域财产转移和管理方面的部分需求,人们对这些既有制度也更为熟悉,使用和理解起来更为方便,民事信托的竞争优势未能充分发挥出来,这反过来又进一步影响人们信托观念的养成。但是,随着国人家庭财富的增长、人口结构与家庭结构的变化,国人在养老医疗照护、财产代际传承与管理、未成年人抚养等方面的民事信托需求在快速增长,而相应的民事信托产品正好可以满足人们的相关需求。比如,借助于老年人照护信托,可以有效应对老龄化不断加深背景下老年人财产管理能力较弱、财产管理与处分难度大、代际传承易产生争议的问题;借助于残疾人保护信托,可以更好地帮助数千万家庭解决其残障子女的财产管理与长期照护问题;借助于遗产信托或禁止挥霍信托,可以避免遗产在一次性分配后继承人的挥霍浪费行为;借助于家庭信托,可以帮助高净值人士更好地实现家庭财富的有效传承等。因此,民事信托在我国的未来发展空间十分广阔。

二、民事信托与商事信托、公益信托的区别

民事信托、商事信托与公益信托之间存在的区别(见表4-1)。

第一,功能侧重点不同。作为一项在全球范围内被广为接受的制度设计,信托制度的基础功能在于财产转移与财产管理,以及由此衍生出的资金融通、风险隔离、财产长期管理、社会福利等功能。无论是民事信托、商事信托还是公益信托,均具有财产转移和财产管理之功能,但从信托制度的发展来看,存在一个从财产转移到财产管理的演进过程。民事信托侧重于财产转移功能,商事信托侧重于财产管理功能(财产的转移固然重要,但更重要的是通过对财产的积极管理来实现财产的保增值),公益信托也是侧重于财产转移功能。

第二,信托目的及是否具有营利性不同。民事信托与商事信托均是为了私益性目的,公益信托是为了公益性目的。民事信托主要是为了实现对家庭财产的管理、传承,对亲属的抚养、赡养或照护等非营利性目的,受托人即使收取报酬,也多非基于营利目的而作为受托人。商事信托主要是为了实现投融资或财产增值等营利性目的,受托人主要是基于营利目的而专门从事营业信托活动的金融机构,其提供的是一种专业化、法人化的有偿服务。公益信托的受托人则不具有营利性目的。

第三,受托人的范围与资格要求不同。民事信托的受托人由委托人自主确定,凡是具有完全民事行为能力的自然人和法人均可作为受托人。商事信托与公益信托的受托人范围则要小得多,只有法律或行政法规明确规定的法人才能作为受托人。比如,现行法律规定下,商事信托的受托人只能是具有营业信托经营资质的信托机构,如信托公司、证券投资基金等金融机构,公益信托的受托人限于信托公司与慈善组织。法律之所以严格限定商事信托和公益信托的受托人范围,是因为这两类信托均涉及社会公众利益,商事信托并涉及金融市场的管理秩序。相比之下,民事信托具有更强的私密性和人身信任关系,需要监管部门介入的范围和深度有限。

第四,受益人不同。民事信托的受益人一般为委托人本人及其指定的家庭成员或近亲属。特殊情况下,民事信托也可能不存在受益人,比如委托人为了实现某个非公益

目的(如修缮墓碑、照料宠物等)设立一个民事信托。商事信托的受益人范围完全取决于委托人的指定,既可以是委托人本人、其家庭成员或近亲属,也可以是与委托人没有任何血缘或亲缘关系的人。在商事信托存在多个委托人时,受益人可以是一个或多个。

第五,信托财产的范围及管理策略不同。民事信托的财产范围十分广泛,现金、动产、不动产、知识产权、商业秘密等均可以成为民事信托的财产,同时基于家庭财产传承、抚养等目的,受托人对财产的管理与投资方式具有非标准化或个性化特点,多采用保守或稳健性投资策略。商事信托的财产范围比较小,目前国内仅限于资金,信托财产投资的产品具有标准化、证券化特点,投资策略多是积极或进取型。商事信托较多采取集合资金信托的方式,信托财产被划分为多个等额的信托单位,委托人按份额认购信托计划,受益人按份额享有信托收益,受托人可以根据出资份额的不同以及受益顺位的不同确定不同的收益率。公益信托的财产范围在理论上和民事信托一样广泛,但目前主要限于资金、动产和股权。

表4-1 民事信托、商事信托与公益信托区别

类型	民事信托	商事信托	公益信托
功能侧重点	财产转移	财产管理	财产转移
信托目的及是否具有营利性	私益性目的 非营利性	私益性目的 营利性	公益性目的 非营利性
受托人范围与资格要求	由委托人自主确定,范围较大	限定于法律或行政法规明确规定的法人,可选择范围较小	
受益人范围	一般为委托人本人及其指定的家庭成员或近亲属	完全取决于委托人的指定,不存在限制	—
信托财产范围及其管理策略	财产范围广泛; 多采用保守或稳健性投资策略	国内目前限于资金;多采用积极或进取型投资策略	理论上较广泛, 但主要限于资金、动产和股权

第二节 民事信托的类型

一、遗嘱信托

遗嘱信托,即通过订立遗嘱方式设立的信托,具体是指委托人将其财产的分配规划订立在遗嘱中,遗嘱生效后该财产成为信托财产并转移给受托人,由受托人按照委托人意愿进行管理和处分。遗嘱信托又称“死后信托”或“从坟墓里伸出的手”。《信托法》第8条、第13条虽然确立了遗嘱信托制度,但遗嘱信托在实务中发展缓慢。《民法典》“继承编”从民事基本法层面再次明确了遗嘱信托的法律地位,该法第1133条第4款规定,自然人可以依法设立遗嘱信托。

作为一项将信托和遗嘱继承相结合的制度,遗嘱信托属于自由信托或意定信托的范畴。其优点或制度价值主要包括:(1)利于减少或避免遗产继承纠纷,实现遗嘱人在遗产管理上的意思自治。遗嘱信托制度下受托人对遗产的专门化管理有利于减少或避免遗产继承中的纠纷,也有利于突破遗嘱继承的局限,实现遗嘱人的自由选择权和遗产处理方式的灵活多样,满足遗嘱人的财产管理多元化需求。(2)利于实现遗产的保增值,避免或减少遗产的浪费。通过遗嘱信托,遗嘱人将其财产交给专业机构进行管理处分,可以在将信托财产收益甚至本金按约定分配给受益人(多为继承人)的同时,通过信托机构的专业化投资获取投资收益,实现信托财产的保增值。同时,与遗嘱继承情形下遗产大多要进行一次性转移不同,遗嘱信托制度下,遗产转化为信托财产后,处于受托人的控制之下,在受益人欠缺民事行为能力或存在浪费、挥霍行为时,通过信托条款的设计可以有效防止受益人挥霍浪费行为的出现。(3)利于继承人与受益人利益的保护。通过遗嘱信托,一方面,遗嘱人可将信托收益定期支付给受益人(包括胎儿、残障或罹患疾病的后代等),为受益人提供持续性财务支持;另一方面,相关财产成为信托财产后,依法独立于遗嘱人与受托人的其他财产,依法可免于遗嘱人债权人或受托人债权人的追索,利于更好地保护继承人或受益人的利益。(4)利于实现税负目的。在推行遗产税的国家,利用遗嘱信托可实现一定的节税目的。

我国遗嘱信托的发展尚处于起步阶段,现有立法规定原则性比较强,配套性制度机制严重不足,加之信托观念仍处于普及阶段,故遗嘱信托的运用尚有待发展。考虑到国民家庭财富的迅速增长和代际传承的现实需要以及遗嘱信托制度在解决遗产继承纠纷和实现资产保增值方面的独特作用,此制度在中国的发展前景十分广阔。但同时我们必须注意到,相关立法的细化与配套制度机制的完善对于遗嘱信托制度的顺利发展至关重要。比如,在受托人资格问题上,《信托法》第24条虽然规定了自然人和法人均可作为受托人,但现行《信托公司管理办法》强调任何单位和个人经营信托业务必须经主管部门批准,基于自然人之间的信任关系等因素,遗嘱信托的受托人在实践中主要是自然人,受托人可能会收取部分受托报酬,在此情形下,受托人的行为在实质上虽然并非经营信托业务,但自然人受托人收取报酬的行为是否合法可能存在争议与风险,从而影响遗嘱信托制度的正常运用。又如,《信托法》中仅规定公益信托应当设立信托监察人(第64条)。借鉴域外经验,在民事信托领域适时引入信托监察人或信托保护人制度,以实现对受托人权利的制约和监督,进而实现对信托受益人利益的保护十分必要,尤其在受益人属于老弱病残等弱势群体,受托人权利宽泛、缺乏监督制约的情形下。

案例 4-1:李某某诉钦某等遗嘱信托案①

【案情简介】

李某某与钦某为夫妻关系,育有两女,分别为李某1、李某2(于2015年5月30日死亡)。李某某另与前妻李某7育有一女李某3。李某某、李某4、李某5、李某6系同胞兄弟姐妹。2015年8月1日,李某某写下亲笔遗嘱一份,内容如下:遗产约1400万元(含650万元房产1套、现金等750万元)成立"李某某家族基金会";妻子钦某、女儿李某1每月可领取生活费1万元;财产管理由钦某、李某4、李某5、李某6共同负责,4人每年可分别从基金领取管理费1万元。新购650万元房产钦某、李某1、李某3均有权居住,不居住者不能向居住者收取租金等。同年8月11日,李某某因病去世。因对遗产继承发生争议,李某3将钦某、李某1诉至本院,要求继承李某某遗产。一审法院认定:本案自书遗嘱符合继承法的要件,遗嘱的内容符合信托法对遗嘱信托的要求。二审法院基本维持了一审判决:李某某自书遗嘱设立信托有效,李某4、李某5、李某6为受托人,按照法律及判决确认的遗嘱内容履行受托人义务;遗嘱范围以外的遗产,按照法定继承进行分割。

【案件解析】

本案的争议焦点之一为:案涉遗嘱中的财产安排能否定性为信托。关于此争点,关键在于对李某某行为真实意思的准确把握。如果仅仅从该遗嘱的文字表述上来看,那么遗嘱全文中并无一处使用了"信托"字眼,李某某在遗嘱中明确表达的意思是要把其个人财产装入"家族基金会",用于其家庭成员的生活目的。鉴于基金会是公益(慈善)法人,所有财产要用于公益慈善目的,这与李某某为了家庭成员利益目的而指定人员管理身后财产的目的存在明显矛盾。故一审法院通过对该遗嘱通篇内容的把握与解释(包括李某某在2014年11月23日的另一份自书遗嘱中明确使用了"信托"二字),将该遗嘱中的财产安排定性为信托,将案涉遗嘱解释为一个遗嘱信托。二审法院基本维持了一审法院的认定。细言之,本案遗嘱在内容上具备成立一个有效信托的全部条件:(1)信托主体方面,委托人、受托人、受益人齐备。李某某作为立遗嘱人、为信托的委托人;指定了信托的受托人,即"财产的管理由钦某、李某4、李某5、李某6共同负责",并规定了受托人或管理人的报酬;指定了钦某、李某1、李某2为受益人,并规定受益人得

① 上海市静安区人民法院民事判决书,(2017)沪0106民初33419号;上海市第二中级人民法院民事判决书,(2019)沪02民终1307号。

以居住、定期领取生活费等方式取得信托利益。(2)信托目的方面,遗嘱中明确其目的是管理遗产,并实现家族财富的传承,如其中规定,再购买房产一套,该房产"只传承给下一代,永久不得出售",信托目的明确且具有合法性。(3)信托财产方面,具有确定的信托财产,即其遗嘱中所详尽列举的财产,"不对遗产进行分割,而是要将遗产作为一个整体",这是一个独立存在的、确定的财产。(4)形式方面,案涉自书遗嘱满足信托的书面形式要求。

二、股权信托

(一)股权信托的含义

股权信托,是指委托人将其持有的公司股权作为信托财产转移给受托人,由受托人按照委托人意愿,以受托人名义进行管理和处分的行为。与传统财产信托中信托财产多为资金不同,股权信托中的信托财产为公司股权。股权信托一旦设立,委托人所持股权即转归受托人,受托人应根据信托合同约定行使受托股权的部分或全部权利,受托股权在信托期间的收益归入信托财产。受托人有权根据约定收取信托报酬,信托报酬可以从信托财产中收取,也可以直接由委托人或受益人支付。

《信托法》并无关于股权信托的直接规定,只是原则性规定所有合法的财产均可设定信托。《信托公司管理办法》也未直接规定股权信托,依据该办法,信托公司可以经营的信托业务包括资金信托、动产信托、有价证券信托和其他财产权信托等。根据《私人股权投资信托业务操作指引》(银监发〔2008〕45 号),信托公司可以从事私人股权投资信托业务,即将信托计划项下资金投资于未上市企业股权、上市公司限售流通股或监管部门批准可以投资的其他股权,投资退出方式包括股权上市、协议转让、被投资企业回购、股权分配等。根据《信托公司证券投资信托业务操作指引》(银监发〔2009〕11 号),信托公司进行的证券投资信托业务实质上是一种上市公司股权投资信托业务,即信托公司将集合信托计划或者单独管理的信托产品项下资金投资于依法公开发行并公开交易的证券而持有上市公司的股权。

我国首例股权信托是 2002 年的"上海磁悬浮交通项目股权信托计划"。[①] 经过 20 多年的摸索,股权信托在公司员工持股、管理层收购、家庭信托以及慈善信托等领域均

---

① 该股权信托中,委托人是上海国际集团有限公司,信托财产是该公司所拥有的价值 2 亿元人民币的磁悬浮交通项目公司的股权以及该股权在信托期间产生的股利、利润、因转让信托财产所获得的价款,以及因受托人管理、运用、处分信托财产而形成的其他财产;受托人是上海国际信托投资有限公司;信托期为 18 个月,年收益率为 3.8%。信托期间,受托人按 2 亿元股权 0.9% 的年费率向委托人收取信托报酬。投资者依据和受托人签订的《磁悬浮交通项目股权信托受益权转让合同》,支付价款受让了该信托的优先受益权而成为该信托计划的优先受益人,优先享有该股权信托的收益。

已有较丰富的实践。股权信托具有便利公司资产与股权管理、便利投融资等功能，比如，委托人和受托人可以在信托合同中就股权资产的管理方式进行约定，保留委托人对目标公司经营管理权的适度介入。对于公司股权分散或实施员工持股计划的公司来说，设立股权信托可以有效规避公司法中关于股东人数的限制，利于表决权的集中行使和公司决策效率的提高。

在2018年《资管新规》实施之前，由于法律规则的不完善，国内的股权信托产品金融化色彩浓厚，信托合同各方追求的主要是融资或理财方面的高额收益而非实体投资回报。其中，证券投资信托长期占据市场主要份额，其主要看重的是理财功能；股权管理信托和私人投资信托市场份额较小并被异化为一种融资工具，即资金提供方、资金需求方和信托公司利用信托牌照的稀缺通道价值，根据项目融资需要设计信托产品，归集委托人资金流入项目公司，委托人获取固定收益，信托公司则收取“通道费”。该等实践产生了三个方面的负面效应：(1)股权信托背离了信托的“管理”宗旨与目的，片面追求“理财”，难以从本质上满足日益增长的社会财富管理需求；(2)股权信托成为受限制行业、地方政府、金融机构规避监管的工具，放大了金融杠杆，信托公司成为影子银行，易引发系统性金融风险；(3)符合信托宗旨的股权管理信托遭遇诸多实施障碍(如股权变更登记困难、受托人信息披露义务与相关保密要求冲突等)，反过来限制了其功能的充分发挥。在《资管新规》施行后，信托公司的通道类业务的比重迅速降低，体现信托管理功能的股权管理类信托的占比则得以快速提升。

股权信托有助于优化目标公司的治理结构和长远发展，其制度价值主要有二：一是利于解决传统股权代持中代持主体的法律资格问题。股权信托模式下，利于更好地厘清名义股东(受托人)与实际股东(委托人、受益人)之间的法律关系；二是利于解决代持股权的红利分配与税收问题，也利于解决代持股权的继承、流转及为新员工预留股份等问题。

(二)股权信托的分类

1. 根据设立目的的不同，可将股权信托分为三类

(1)投资理财型股权信托。委托人设立此类股权信托的目的是通过投资证券来获取投资收益。委托人选择股权信托方式来进行理财，主要看重的是受托人的专业理财能力，而非对目标公司进行控制或参与目标公司的经营管理。委托人通常会把所投资股份的表决权、处分权等都转移给受托人。委托人关注的重心主要是受托人运用股权(包括股份处分权和表决权等)可能带来投资回报率的高低。契约型证券投资基金是最典型的投资理财型股权信托。此类基金下，委托人和受益人均为基金份额持有人，受托人为基金管理公司，信托财产主要是上市公司的股票。委托人将作为信托财产的股权的表决权、处分权全部委托给基金管理公司并由后者负责具体的基金投资决策，委托人的权利主要体现为在基金持有人大会上行使表决权来选择基金管理公司,至于后者如何进行具体的投资决策则较少关注。

(2)融资型股权信托,又称股权融资信托,其主要是为了实现融资目的而设立,其实质是股权资产的信托化或证券化,是一种基于资产信用的融资方式。理论上讲,只要股权资产能够产生稳定的现金流或足够优质,即使委托人本身整体信用欠佳,也可以通过股权信托方式来实现融资目的。如国内常见的房地产股权融资信托,其模式通常为:信托公司发行集合资金信托计划,向投资者募集资金并将募集所得资金用于受让房地产公司的股权。

(3)管理型股权信托,其核心内容是对股份表决权和处分权的委托管理,委托人设立此类股权信托的目的主要是通过信托持股来实现对目标公司的控制或管理。表决权信托(Voting trust)和员工持股信托是典型的两类管理型股权信托。

表决权信托,是指委托人将所持公司股份中的表决权转移给受托人,由后者按照信托目的来行使股东表决权的信托。表决权信托中的信托财产是目标公司的股权表决权,委托人向受托人转移的主要也是股权中的表决权,受托人的职责是按照表决权信托合同中的约定来行使股权的表决权及处分权。受托人利用表决权信托来参与目标公司的股东会决议投票或对该股权进行分出,体现的主要是信托委托人的意志。

员工持股信托,是指由公司员工作为委托人和受益人,由员工持股会、工会或信托公司等受托人作为名义持股人的信托。员工持股信托的设立目的主要是为了提高股权管理与公司决策效率并规避公司法中对公司股东人数的限制。员工持股信托中的受托人应根据委托人指令、按照持股职工利益最大化原则行使股东权利、履行股东义务,并应对每一员工的股权进行分别管理。作为受益人的员工,则享有信托利益请求权、信托事务监控权、受托人违反信托义务时的救济权等权利。信托期间通常为员工的在职期间,一旦员工在约定工作期限届满前离职或被开除,其受益人身份则会终止。例如,不少公司在与员工的协议中约定,员工一旦在约定时间(如3年)之前离职或被开除,将不享有员工持股计划下的股权及受益权。在受托人由信托公司担任的情况下,信托公司作为专业的受托机构通常被要求全程记录持股员工的股权比例及股权变动,全面负责管理员工持股的账户。员工持股信托及其所体现的员工持股计划,利于优化公司的股权结构,增强公司及持股员工的抵御风险能力,提高企业效益,提升员工福利及奖励机制,为公司的长期发展留住人才。

案例4-2:任某诉剑南春公司工会、剑南春公司职工持股信托纠纷案[1]

【案情简介】

2003年6月,经地方政府批准,四川剑南春集团有限责任公司(以下简称剑南春公司)通过《国有资本有序退出、实施战略性改革的方案》《员工持股信托计划实施办法》等文件,该等文件均经剑南春公司职工代表大会表决同意。原告在《委托人名册及相应情况登记表》《受益人名册及相应情况登记表》签名。同年8月,剑南春公司、剑南春公司工会向原告核发《剑南春公司员工信托持股出资证明》(以下简称《出资证明》)载明:"1.原告出资6万元。本出资证明是个人按员工信托持股实施办法有关规定,自愿加入本公司员工信托持股的出资证明;2.本出资证明持有人按照出资份额享有本公司相应受益权份额的权利和义务;3.本出资证明不得涂改、伪造、抵押、转让,员工离开公司或死亡后由理事会定价收购;4.办理分红或其他事项必须持本人身份证方为有效"等。

同年9月,原告与二被告签订的《民事信托合同》约定:剑南春公司改制过程中由公司工会代表自愿参加信托持股计划的在职员工,以原国企职工改制安置费和员工自行筹集的资金,认购剑南春公司的部分股权;受益人为自愿参加信托持股计划的公司在职员工,委托人为剑南春公司及自愿参加持股信托计划的公司在职员工,受托人剑南春公司工会受托管理所有信托财产;公司员工因调离、退休、劳动合同期满或劳动合同终止等离职时,其所持份额由受托人进行回购,回购价格参照最近一期持股公司的会计报表账面每股净资产值等因素确定。

2005年8月,原告与剑南春公司间的劳动合同到期后未续签,双方间劳动合同关系解除。剑南春公司工会按税前1.085元/1元出资的价格向原告支付了税后的出资回购价款64,080.00元,并收回了其《出资证明》。2013年9月,原告与剑南春公司工会签署《一次性补偿协议书》,约定:根据原告离职时间,参考公司2012年9月30日经审计的净资产值和评估价值,并综合考虑各种因素,将原告出资在2005年12月31日的价值确定为9.721元/1元出资(以下简称补偿基准),所有涉及原告出资及回购事项(包括实际回购价格低于回购时甲方出资对应的集团公司净资产值引发的以及其他与甲方出资相关的争议、纠纷),均通过公司工会给予一次性补偿的方式予以全面的、一次性了结,公司工会应付补偿款总额为税后414,294.70元;双方确认,自原告离职之日起,双方基于原告出资产生的原有民事信托法律关系终止,该出资归属于公司工会;原告领取签署一次性补偿款后,不得再就其出资、回购及其他与其出资相关的事项向公司、公司工会或其他主体主张权利或利益。

---

[1] 一审法院为四川省绵竹市人民法院,案号:(2016)川0683民初262号;二审法院为四川省德阳市中级人民法院,案号:(2017)川06民终445号;再审法院为四川省高级人民法院,案号:(2018)川民申752号。

协议签订后,剑南春公司工会向原告支付了上述补偿款414,294.70元。后原告以二被告强制回购其股权,侵害了其合法权益为由,于2016年初诉至法院,请求判令二被告回购其股权行为无效,恢复其股东身份,并支付2005~2015年度应得红息款及逾期支付损失。

经一审、二审、再审法院的审理,三级法院均未支持原告的诉讼请求。

【案件解析】

在我国国有企业改制的过程中,为了激发员工积极性及筹集发展资金,采用员工持股方式进行改制的情形一度十分普遍。相关国有企业的改制既要实现企业全体职工对改制公司的参股,又要绕过有限责任公司必须由2人以上50人以下股东设立的法定人数限制,故通常需要由公司工会、职工持股会或特定个人出面向职工集资并代表职工持有公司股份,这属于特定历史时期国有企业公司化改制环境下出现的特殊现象。司法实践的主流观点认为,工会或职工持股会与实际出资的职工之间是信托合同关系,职工只能通过持股会间接行使权利,职工并非公司法意义上的公司股东。

本案中,剑南春公司的改制方案和《员工持股信托计划实施办法》经过了地方政府的批准,并取得了公司职工代表大会的同意,参与改制的员工达1500余人。案涉《民事信托合同》具备信托合同成立的基本要素,具有明确的信托目的——便于员工通过员工持股方式分享公司发展红利、激发员工工作积极性及筹集公司发展所需部分资金,有独立的信托财产——现有员工解除国有企业员工身份的安置费和自筹资金,信托合同的主体要素亦齐备——委托人包括剑南春公司和参与改制的公司员工,受托人为剑南春公司工会,受益人为参与改制的公司员工。该《民事信托合同》不存在《信托法》第11条规定的无效情形。

本案中,各方争议的核心是任某是否剑南春公司的股东,股权信托关系及信托股权回购行为是否有效。

首先,任某诉求的核心是要求剑南春公司恢复其股东权利,理由为其对剑南春公司存在实际出资,系剑南春公司实际股东。根据《公司法》第32条第2款"记载于股东名册的股东,可以依股东名册主张行使股东权利"及《最高人民法院关于适用〈公司法〉若干问题的规定(三)》第24条第1款"有限责任公司的实际出资人与名义出资人订立合同,约定由实际出资人出资并享有投资权益,以名义出资人为名义股东,实际出资人与名义股东对该合同效力发生争议的,如无合同法第52条规定的情形,①人民法院应当认

① 原《合同法》第52条规定:有下列情形之一的,合同无效:(1)一方以欺诈、胁迫的手段订立合同,损害国家利益;(2)恶意串通,损害国家、集体或者第三人利益;(3)以合法形式掩盖非法目的;(4)损害社会公共利益;(5)违反法律、行政法规的强制性规定。(现分散规定在《民法典》第144条、第146条、第153条、第154条、第155条)

定该合同有效”,第3款“实际出资人未经公司其他股东半数以上同意,请求公司变更股东、签发出资证明书、记载于股东名册、记载于公司章程并办理公司登记机关登记的,人民法院不予支持”之规定,要成为公司股东,需取得完整股东资格和股东权利,必须符合法定的实质要件和形式要件。实质要件为出资,形式要件即对股东出资的记载和证明,即公司章程记载、股东名册记载、工商登记。本案中,《民事信托合同》约定了任某等员工自愿以受益人身份与作为委托人的剑南春公司和作为受托人的剑南春公司工会依法设立民事信托,以核定的原国企职工安置费和员工自行筹集的部分资金作为信托财产,通过剑南春公司工会,认购并持有转制重组后的剑南春公司的部分股权,并由剑南春公司工会代表员工以法人股东身份行使股东权利、参与剑南春公司分配并按份共享信托收益。因此,剑南春公司工会是记载于股东名册的股东,任某仅系基于其出资,经由民事信托的法律关系,通过被告剑南春公司工会对被告剑南春公司形成的享受受益权份额的实质权利人,并非记载于剑南春公司章程、股东名册或工商登记的股东。任某也未提交证据证明,其请求剑南春公司恢复其股东身份取得了公司其他过半数股东的同意。故其请求缺乏依据。

其次,关于回购行为的效力。在任某因劳动合同期满未续签而离开公司情况下,作为管理员工信托持股的剑南春公司工会,定价并回购任某出资及相关受益权份额的行为,符合案涉《员工持股信托计划实施办法》《民事信托合同》《出资证明》中相关内容的规定。任某已按照约定领取了出资回购款并交回《出资证明》,后又与剑南春公司工会签订了《一次性补偿协议》并领取了补偿款。任某在实施上述行为过程中未体现出非真实意思表示的行为。任某在对其参与职工信托持股计划知情、实际领取回购款及补偿款之后又要求恢复股东身份的行为,有违诚实信用原则。故此回购行为有效,在回购行为有效的情况下,任某原持有股份相应的股东身份不能得以恢复。

类似的案件还有很多,比如在张某某诉安徽兴铜投资有限责任公司一案①中,法院认定,本案上诉人作为子公司职工,与子公司工会属信托关系,职工是委托人,子公司工会作为受托人以自己的名义享有并行使股东权利,职工可以通过子公司工会表达自己的意见,并通过其与子公司工会之间的约定请求子公司工会转交相应的投资利益,但职工不是公司股东,与公司之间没有直接的法律关系,不能直接向公司主张股东权利。因此,公司工会代公司职工持有股份,双方形成信托法律关系,但职工非公司股东,不享有股东权利,也无权直接向公司主张股东权利。

---

① 安徽省铜陵市中级人民法院民事判决书,(2018)皖07民终772号。

2. 根据信托结构是否存在风险分层、利益分层以及受托人对股权的利用程度不同，股权信托可分为结构化股权信托与非结构化股权信托

(1)结构化股权信托，是指受益人存在风险分层，优先受益人与劣后受益人享有的信托收益、承担的风险存在不同的股权信托。此类股权信托中，信托公司根据投资者不同的风险偏好向委托人(投资者)提供两种不同的受益权份额——优先受益权和劣后受益权。优先受益人承担的风险较低、收益也较低，劣后受益人承担的风险较高、收益也较高。受托人在管理受托股权过程中，应优先保障优先受益人的利益，劣后受益人虽然不能获得优先保护，但其对信托计划的参与权较大，劣后受益人通常为项目公司的股东或关联人，其对信托项目的了解程度远高于优先受益人并可对信托计划施加更大的影响。结构化股权信托属于被动管理型信托，受托人对股权的利用程度较低，其设立目的主要是为了融资，即有融资需求的公司或者个人可以购买劣后受益权份额，用自己交付的信托股权充当担保吸引优先级投资人投资。优先受益人多系纯粹的出资人，其收益多相当于其作为投资方从融资方获得的利息。优先受益人的优先体现在其获利在先、担责在后的特点上，具体为：第一，信托计划运行获取的收益，应优先满足优先受益人的预期收益；第二，信托计划运行中若发生亏损，首先损失的是劣后受益人的财产，优先受益人的财产可以得到保障；亏损到达信托合同约定的临界点时，为了防止风险扩大维护优先受益人的利益，信托公司可以终止信托计划。除结构化股权信托本身提供的保障措施外，某些结构化股权信托还存在劣后受益人为吸引优先受益人出资，愿意承担信托计划实际收益与信托合同约定收益的差额补足义务，《全国法院民商事审判工作会议纪要》(以下简称《九民纪要》)将其认定为差额补足协议，优先受益人以此为理由要求劣后受益人补足差额时可以得到支持。

(2)非结构化股权信托，是指受益人不存在风险分层，各受益人享有的信托收益率、承担的风险均相同的股权信托。此信托模式下，受托人对股权的利用程度较高，承担的义务较严格。委托人对信托计划的了解主要来自受托人对信托项目的推介，其对项目的了解程度远低于结构化信托中的劣后受益人。委托人可以交付货币购买项目公司股权或直接将持有的项目公司股权交给信托公司，由后者作为专业经营管理者来行使股权，帮助受益人获取最大利益。非结构化股权信托在员工持股场合下有较多应用，即员工通过加入信托持股计划，将其所持有的分散的股权集中至信托公司，后者基于自己的商业经验来集中行使其持有的员工股权，并实现持股员工利益的最大化。

三、其他民事信托

除遗嘱信托、股权信托外，民事信托还有监护信托、家庭信托、著作权信托等。

所谓监护信托，是指委托人通过与受托人签订信托合同方式将财产委托给受托人，受托人依照委托人意愿对受托事务进行管理和处分。根据监护对象之不同,监护信托可分为未成年人监护信托、禁治产人监护信托。监护信托的委托人一般是被监护人或被监护人的法定代理人。比如,父母为患有孤独症的子女设立监护信托,将患病子女的监护权和相关财产的管理权委托给受托人,受托人按信托合同约定提供子女监护(包括看护、医疗、康复、教育等)和资产管理服务。未成年人监护信托,是指由受托人作为未成年的监护人承担未成年人的养育责任,并对相关信托财产进行管理,保障未成年人应有的经济利益和健康成长。禁治产人,是指因存在精神障碍或残疾、不能有效管理自己财产,被法院宣告为无民事行为能力的人。对禁治产人的监护主要是对其财产的保护,以确保相关财产不被其浪费挥霍。

家庭信托,从其起源上来看,主要是一种民事信托,其目的主要是实现家庭财富的代际传承。但在现代社会,家庭信托越来越多地融合了民事信托与商事信托的特征,故作为民事信托中一类的家庭信托,主要是指那些以家庭财富传承和满足家族成员民事需要为主要目的的家庭信托,或者说是家庭信托中的民事信托部分。

著作权信托,是指著作权人将其享有的著作权中的部分或全部权利委托给受托人,并由受托人以自己的名义行使的信托。比如,在中国音像著作权集体管理协会(以下简称音集协)诉成都乐乐熊餐饮娱乐有限公司一案中,[①]根据法院查明的事实,音集协以信托方式取得了诉争音像节目作品的放映权和复制权,故其有权在上述权利遭到侵害时以自己的名义诉讼。该案中的信托实质上为著作权信托。

另外,根据我国信托法规定,受托人非以信托机构形式从事信托投资活动的,非营业信托,但可能构成民事信托,民事信托中的受托人对委托人的信息披露义务主要应遵循信托合同的约定,委托人不能援引营业信托的规范要求受托人履行信息披露义务。比如,在张某某诉张某、杨某某一案中[②],二审法院审理认定,争议各方之间构成民事信托关系。张某某出于对张某、杨某某的信任将其财产交给张某、杨某某,由张某、杨某某以其名义,为张某某利益进行管理或处分。由于张某、杨某某并未以信托机构形式从事上述活动,故本案应为民事信托纠纷,张某某主张张某、杨某某应按照相关行政法规、规章对信托机构的要求对其履行信息披露义务,与民事信托法律关系相悖,法院不予支持。

---

① 四川省成都市中级人民法院民事判决书,(2017)川01民终12827号。

② 陕西省西安市中级人民法院民事判决书,(2019)陕01民终12474号。

案例4-3:一份百年遗嘱背后的财富传承故事①

19世纪末,美国密歇根州的铁匠威灵顿·波特凭借自己的经商头脑和才智,经过多年打拼,有了自己的伐木公司、铁矿公司和运输船队。到了20世纪初,他成为一名亿万富翁。威灵顿共有6个子女和7个孙辈,随着年岁渐长,他感到自己管理这份庞大的家业已力不从心,就想从儿孙中物色一个人来管理家族产业。但是,仗着家里有钱,儿孙们都无心接班且一事无成。威灵顿想,如果将这份家业留给他们,那么用不了多久他们就会把这份家业给败光。

于是,威灵顿将所有资产变现,共计1.1亿美元,并订立遗嘱,将这笔巨款交给律师保管,在遗嘱中明确规定:自己死后,除了给每个儿孙留下一万美元的生活费和创业基金外,其他所有财产全部冻结,直到自己死后100年,他的后人才能继承全部遗产。1911年5月,威灵顿撒手人寰,律师在继承人面前宣读了老人这份匪夷所思、出乎意料的遗嘱安排。

几十年过后,威灵顿的曾孙们一个个出生了,老威灵顿的后代一直都在努力地打拼,他们身上并没有沾上富家子弟好逸恶劳的坏习惯,而是继承了祖父(曾祖父)艰苦朴素、努力奋斗的精神,并取得了不错的成就。威灵顿的15个曾孙中,有9个成了亿万富翁,其他6个虽然没有那么多财富,但有的成了医生,有的成了科学家,有的成了律师,都有不错的业绩。

2011年5月,威灵顿去世100周年。一天,负责处理威灵顿遗嘱的律师事务所的律师找到了威灵顿的曾孙们,告诉他们,根据威灵顿先生的遗嘱,他们可以继承威灵顿的这份遗产,请他们商量一下,看如何分配遗产。另外,律师还告诉他们,威灵顿先生当时留下的遗产经过100年,所产生的利息远远超过了本金,达到了5亿美元。

曾孙们听到这个消息,感到非常震惊。大家聚在一起,不禁感慨万千。他们觉得,当年曾祖父如果把这笔遗产分给儿孙,说不定早就被他们挥霍掉了。从这个意义上说,曾祖父留给他们的是一笔宝贵的精神财富,这笔财富让他们终身受益。曾孙们经过商量,最后一致决定,用这5亿美元以威灵顿的名义设立一个基金,专门用来帮助社会上那些自己创业的年轻人,让威灵顿的创业精神世代传下去。

---

① 李良旭:《一份百年遗嘱》,载《南国都市报》2011年7月25日。

第五章　公益信托

第一节　公益信托概述

信托制度作为一种极具弹性的财产管理与运行方式,应用范围十分广泛,家产管理、遗产处置、商事交易均可为之,委托人也可以将信托目的确定为公共利益或者慈善,利用信托制度参与各类社会公共事务。从制度起源的角度,信托与公益有着很强的互动关系,某种程度上可以认为是公益慈善活动催生了信托。[①] 如今,在两大法系的部分国家,公益信托凭借其特有的制度优势已经渗透社会生活的方方面面,成为公益事业制度的一个重要的、不可替代的组成部分。

一、公益信托的概念界定

《信托法》对"公益信托"未作定义,但2016年通过的《慈善法》第44条参考《信托法》中"信托"的定义对"慈善信托"进行了界定:本法所称慈善信托,是指委托人基于慈善目的,依法将其财产委托给受托人,由受托人按照委托人意愿以受托人名义进行管理和处分,开展慈善活动的行为。

(一)英美法系和大陆法系对公益信托的界定

1. 英美法系主要国家对慈善信托(Charitable Trust)的界定

慈善信托肇端于15世纪初期的英国,不过在英国《2006年慈善法》颁布之前,英国一直没有在有关慈善信托的成文法制度和司法审判中对"慈善""慈善目的""公共利益"等基本概念进行明确定义,包括被后世视作现代公益慈善信托制度开端的英国《1601年慈善用益法》(Statute of Charitable Uses 1601)也没有关于前述概念的清晰界定。该法仅在"序言"部分以列举方式通过描述"慈善目的"的范围为公益性善举提供

---

① 信托的前身——用益制度(Use)发端的主要原因之一就是满足民众捐赠宗教组织的公益需求。虔诚的基督教徒为了规避宗教组织不得直接受让土地等不动产的禁止性规定,通过用益制度将土地转移给他人,由他人为教会的利益进行管理,所得收益全部归于教会。

了一个易于适应社会变迁的活动框架。当时的法律界普遍认为,一个人寻求施惠于同胞的方式的数量和多样性是没有限制的,一个简单的定义根本不可能包罗万象。① 这种情况一直持续到2006年。英国《2006年慈善法》首次明确"慈善"的法律涵义,将慈善描述成一个组织或者信托从事的为公共利益服务的具有慈善目的的公益性事业,同时以列举的方式规定了13种慈善目的并配有兜底条款。

美国对于英国慈善信托制度的承袭深受英国《1601年慈善用益法》的影响,长期以来,在关于"慈善"等基本概念的界定方面与英国如出一辙,鲜有针对"慈善目的"的精准表述,更多是从列举慈善目的的角度界定"慈善"的含义。《信托法第二次重述》[Restatement (Second) of Trusts]曾经尝试用抽象的方式定义慈善信托,②但其对于描述性概念中的"慈善目的"仍然无法明确。进入21世纪,《统一信托法典》(Uniform Trust Code)和《信托法第三次重述》[Restatement (Third) of Trusts]相继问世后,"慈善目的"才有了较为清晰的呈现,即扶贫救困、文化教育、卫生健康、政府和社会公共目的、宗教以及其他有利于社会利益实现的目的。③

从英美两国关于慈善信托的法律界定看,无论是成文法的明文规定还是法院的自由裁量,外在表现出利他、利于公共利益的"慈善目的"是至为关键的要素。

2. 大陆法系国家对公益信托的界定

公益信托在英美法系上的专用术语是"Charitable Trust",大陆法系国家在引入信托法律制度时,对相关术语进行了本土化翻译。最先在立法中采用"公益信托"表述的是日本1922年《信托法》,此后,韩国等大陆法系国家的信托法均沿用这种表达方式。在立法定义上,这些国家的做法大同小异。如日本《信托法》第66条规定以祭祀、宗教、慈善事业、学术、技艺和其他公益为目的的信托,应作为公益信托。韩国《信托法》几乎完全照搬日本,其第66条将以学术、宗教、祭祀、慈善、艺术等公益为目的的信托定义为公益信托。

考察大陆法系国家的信托立法,可以看出,它们关于公益信托的理解与英美法系的"Charitable Trust"具有对应关系,但在制度移植时将"慈善目的"调整为更加直观的"公益目的"。在定义方式上采用的是"信托目的中心论",通过列举几种主要的"有名"公益信托,辅之以"目的公益性"的概括性规定界定公益信托的含义。

---

① 参见何宝玉:《信托法原理与判例》,中国法制出版社2013年版,第67页。

② A charitable trust is a fiduciary relationship with respect to property arising as a result of a manifestation of an intention to create it, and subjecting the person by whom the person is to hold to equitable duties to deal with the property for a charitable purpose.

③ 美国《国内税收法典》(Internal Revenue Code)第501(c)(3)条规定,符合免税要求的慈善目的包括扶贫、发展教育、促进宗教、推进科技发展、减轻政府负担、通过特定手段增进社会福祉。

（二）概念之辨：公益信托还是慈善信托

在《慈善法》颁行之前，国内关于“Charitable Trust”的讨论都是以《信托法》为依据，大量参考了日本、韩国信托立法，在术语上采用“公益信托”的表述范式。2016 年《慈善法》以专章形式规定慈善信托之后，中国法语境下，在公益慈善领域即并存有“慈善信托”和“公益信托”两个不同的法律术语，并由此产生了一些理解上的分歧，源自英美法系的“Charitable Trust”对应的究竟是“公益信托”还是“慈善信托”？

在西文中，“charitable”来自“charity”，指的是对他人的爱或者对需求的慷慨施舍，与汉语的“慈善”意思接近，传达了扶贫济弱的思想。现代社会“charity”的意思有所变化，除了救济和施舍的基本含义，还可以指施舍物和救济金、慈善机构和救济基金，也有慈善与博爱、宽厚与仁慈的意思。法律意义上的使用可以更加宽泛，包含对社会有利的其他目的。① 与大陆法系依据信托目的划分公益信托与私益信托不同，“Charitable Trust”在英国法上的对应概念是“Non-charitable Trust”，而不是“Private Trust”（私益信托）。“Private Trust”对应的是另一个术语——“Public Trust”（公共信托），②“Charitable Trust”只是“Public Trust”的一种常见类型。

诞生于英国的“Charitable Trust”经过数百年的发展演变，在内涵上已经越发强调公益性要件，大陆法系国家在法律制度移植时，综合考察了英美法系对于“慈善目的”的描述与限定，直接将慈善目的嵌入公共利益原则，同时采用“公益信托”一词突出“公益性”，在术语的选择上更加清晰、直白，也更能揭示出这种信托的核心要素和本质要求。③ 同为大陆法系的中国在进行信托立法时也沿用了这种表达方式。

客观而论，“慈善”和“公益”都是很难清晰界定的基础性概念。在公益慈善法制领域，绝大多数国家选择将“慈善”一词在“公益”层面使用。从这个角度说，“公益信托”和“慈善信托”都可以作为与“Charitable Trust”匹配的术语表达。

（三）中国法语境下公益信托与慈善信托的关系

环顾域外，与“Charitable Trust”相关的规范既可以出现在慈善法体系中，也可以规定于信托法体系中，像我国这样使用两种术语分别在信托法和慈善法中对与公益慈善有关的信托加以调整的情况较为少见，极易使人对“公益信托”与“慈善信托”的关系产生困惑。

仅就法条文义而言，“公益信托”和“慈善信托”是两种不同类型的信托。《慈善法》第 44 条规定，“本法所称慈善信托属于公益信托”。据此，慈善信托只是公益信托中的

---

① 参见夏雨：《比较法视野下的慈善信托》，中国社会科学出版社 2017 年版，第 17 页。

② “Public Trust”被界定为“为公共目的设立的慈善信托，或者是为公共目的设立的非慈善性质的信托”。

③ 参见徐卫：《公益信托制度重塑论》，法律出版社 2020 年版，第 19 页。

一类,公益信托的法律位阶更高。相较于《慈善法》二审稿时的表述——"慈善信托即公益信托",正式通过的《慈善法》表明立法者认为"公益"是比"慈善"更加宽泛的概念。同时,《慈善法》第50条就"慈善信托"专章未尽之处特别规定,"慈善信托的设立、信托财产的管理、信托当事人、信托的终止和清算等事项,本章未规定的,适用本法其他有关规定;本法未规定的,适用《信托法》的有关规定",此规定确立了《慈善法》中有关慈善信托的规定是《信托法》之特别法,间接表明"慈善信托"属于"公益信托"但又区别于"公益信托"。

尽管《慈善法》相对于《信托法》的改进使慈善信托具有了一些不同于公益信托的特点,但从实质意义和整体解释的角度,《信托法》中的"公益信托"与《慈善法》中的"慈善信托"并无本质差异。首先,在概念界定上,《慈善法》从"慈善活动"角度,《信托法》从"公共利益目的"角度分别描述了"慈善信托"和"公益信托"可能涉及的领域范畴。[①]两相对比,"慈善信托"的慈善行为类型与"公益信托"的公益目的仅在表述上有所不同,这种细微的差异在现实中基本不会产生不同的调整后果。其次,受《慈善法》调整的慈善行为不是广义的慈善行为,而是更加强调为了"公共"利益之现代观念下的慈善行为。从法律规定上看,《慈善法》要求最终取得慈善信托利益的人(受领人)不能和委托人有利害关系。结合《慈善法》的调整对象和一系列规则,基本可以排除无中介的捐赠或施惠于人的行为。正是在这个意义上,本书更倾向于使用"公益信托"的概念。

二、公益信托的特征阐释

(一)信托目的的公益性

公益信托最大的特征在于其信托目的的公益性。这里的公益性可以理解为举办增进公众利益的事业,强调所有社会主体的共同参与和所有参与方的共同利益,而非捐赠人的单方面施舍给予或资源的单向流动移转。随着经济和社会的发展,公益信托的目的已经突破了宗教、济贫、教育等传统慈善的范畴,逐渐被用于科技、文化、艺术、体育、环境保护、医疗卫生、促进男女平等等更符合社会需要、更契合公众观念的现代公益慈善事业。当今社会,相关国家对于公益性目的的理解和法律规定日渐趋同。在我国,无论是《信托法》还是《慈善法》,都开列了公益慈善行为的清单并配有兜底性条款,以适应未来中国社会发展的需要。

① 参见《慈善法》第3条、第44条;《信托法》第60条。

（二）委托人与“受益人”[①]不存在利害关系

公益信托没有通常意义上的受益人，最终能从信托实施中实际获得利益的人（受领人）只是基于“公益性”的反射性效果而享受信托利益的人，其不享有作为权利上的信托利益，[②]对于信托财产没有请求权，一般也不能强制执行公益信托。国内一些研究依据信托的一般原理推论出“公益信托的受益人具有不确定性”的特点，认为公益信托在设立时不存在特定化的受益人或者受益人范围。从现行法的规定看，《信托法》和《慈善法》对此均没有明确要求，《慈善法》仅是强调禁止委托人向和其有利害关系的“受益人”进行利益输送。[③] 本书认为，公益信托的“公共性”能够排除信托关系中的私人连接点因素，整体社会效果上可促进公共利益即可。“受益人”或“受益人”范围的不确定性可以理解成是对“公共性”的一个佐证，但不足以影响公益信托的成立。

（三）专门机构持续监管

因为信托目的的公益性，且在操作层面缺乏能够强制执行信托的人，所以公益信托必须更广泛地服从监管机构的监督，不仅在设立阶段需要接受主管部门的审查（许可或备案），而且成立后的运作阶段同样要接受主管部门的监管。我国《信托法》明确要求公益信托的设立、确定受托人等应当经公益事业管理机构的批准，同时规定信托监察人为公益信托的必设机构，专职负责强制执行信托和监督信托的实施。[④]《慈善法》则将慈善信托的主管部门明确为县级以上民政部门。[⑤] 需要注意的是，《慈善法》调整了此前《信托法》仅针对行为施加控制的监管方式，重点强化对组织机构的监管，相应地，对公益信托设立、存续和终止各个环节的行为控制有所放松。不过，由于《慈善法》确定了慈善组织和信托公司都可以作为公益信托的受托人，综合《慈善信托管理办法》第 47 条、第 49 条和《民政部、中国银行业监督管理委员会关于做好慈善信托备案有关工作的通知》（以下简称民发〔2016〕151 号文）第 3 项的规定，可以认为公益信托事实上有两个监管机构。民政部门和银行业监督管理机构根据各自法定管理职责，对公益信托受托人应当履行的受托职责、管理公益信托及其收益的情况、履行的信息公开和告知义务以及其他与公益相关的活动进行监督检查。

---

① 公益信托的“受益人”无论在权利享有还是在法律地位上都与非公益信托中的受益人存在显著差异，尽管《信托法》和《慈善法》都承认公益慈善信托中受益人的存在，但是严格来说，公益信托中的“受益人”并非真正意义上的受益人，为了避免歧义和混淆，本书倾向于使用“受益人”或“受领人”一词。

② 参见徐卫：《公益信托制度重塑论》，法律出版社 2020 年版，第 23 页。

③ 参见《慈善法》第 40 条第 1 款、第 58 条。

④ 参见《信托法》第 62 条、第 64 条、第 65 条。

⑤ 参见《慈善法》第 6 条。

(四)理论上可以永久存续

设立公益信托的宗旨是实现和促进公共利益。从维护社会公益性的角度,此类信托存续的时间越长,越能够发挥其在公益慈善事业上的效用。反映在法律制度设计上,各国通常允许并鼓励公益信托的无限期存续,即可以例外地不适用“禁止永续规则”。即便在原来的公益信托因为信托目的之不利因素而有无效或者终止之虞时,也可以依据“力求近似原则”将信托财产转移至与原公益信托目的最相近似的公益信托或公益法人,尽最大努力去保护和实现信托财产的公益性,从而保持公益信托的存续。[①] 在我国,虽然《信托法》没有关于“禁止永续规则”的规定,但是《信托法》《慈善法》《慈善信托管理办法》都允许在公益信托发生终止事由的前提下适用“力求近似原则”。[②] 由此推出,公益信托不适用“禁止永续规则”,在理论上可以永久存续。

(五)具有税收优惠地位

公益信托因为具有促进社会公共利益和公益慈善事务的功效,各国政府对公益信托的发展多持鼓励和支持的态度,相关政策扶持主要体现在税收优惠方面,无论在公益信托设立阶段,还是运作阶段普遍都可以享有税收减免的优惠地位。我国也不例外,从公益慈善法的立法精神看,国家鼓励发展公益信托,并将备案作为给予慈善信托税收优惠的条件。《慈善法》和《慈善信托管理办法》已经针对公益慈善信托规定了原则性的税收优惠政策,但是尚未真正建立与信托配套的税收制度。由于公益信托的税收减免措施不够清晰,目前与公益信托相关的税收优惠政策还无法落到实处。

三、公益信托的制度价值与优势

当今社会,人性对公益慈善的内在需求使参与公益慈善活动已经成为社会生活根深蒂固的一部分。除了传统意义上“一对一”“一对多”的救助和捐赠以外,以公益信托和公益法人为代表的需要通过组织中介的新型公益慈善模式开始涌现。在这些常见的运行模式中,将信托作为公益慈善事业的组织方式有着突出的比较优势。

(一)公益信托相对传统捐赠的比较优势

在“施惠于人”的传统观念下,“一对一”“一对多”的直接赠与包含了强烈的道德意味、感情色彩和道义精神,能够对民众产生较大的吸引力,但是缺乏中介的组织一般无法形成高效、可持续、稳定的公益机制,难以达成“授人以渔”的长期性功效。[③] 正因如此,那些施与方与受助方之间情感色彩和个人联系非常密切的传统捐赠行为虽然属于

---

① 参见余嘉勉:《慈善信托治理机制法律研究》,法律出版社 2021 年版,第 55 页。

② 参见《信托法》第 72 条、《慈善法》第 50 条、《慈善信托办理办法》第 43 条。

③ 参见赵廉慧:《中国慈善信托法基本原理》,中国社会科学出版社 2020 年版,第 8 页、第 9 页、第34 页。

广义的慈善,但不是公益慈善法制关注的全部或重点。以我国为例,直接针对受助方的捐赠行为不属于《慈善法》的调整范围,而应适用《民法典》合同编赠与合同的相关规定。相较于资源单向度流动转移的捐赠行为,信托财产独立性的特殊机构给公益财产带来的保护远大于直接赠与。

(二)公益信托相对公益法人[①]的比较优势

公益信托和公益法人都是从事公益慈善事业的组织形态,两种制度发挥着几乎同样的社会功效,犹如车之两轮。[②] 不过,二者的区别也很明显,公益信托在设立、营运和财产安全方面更具比较优势。

1. 公益信托设立便捷

其一,公益信托的设立程序简便,只要向民政部门办理备案,无须"公益事业管理机构"的前置审查批准。设立公益法人则要获得业务主管单位同意,存在一定的准入门槛。[③]

其二,法律没有针对公益信托原始资金的最低限额要求,而公益法人在出资财产数额和财产形态上都要满足法定条件。[④]

其三,公益信托不用设置专门的内部机构,可以较低的成本充分利用受托人的办公场所和从业人员实施公益慈善事业。公益法人因为独立的法人人格,必须具备法人所应当齐备的固定住所、内部组织、常设机构和工作人员,为此不得不花费并维持较高的运营成本。

2. 公益信托营运灵活

其一,公益信托没有存续期间的限制,既可以进行长期或永久性公益慈善活动,也可以从事短期公益慈善行为,期限的长短由委托人在信托设立时根据自己的意思灵活掌握。公益法人则不同,成立后的公益法人不得任意解散,在存续方面较公益信托缺乏必要的弹性。

其二,公益信托由受托人依据信托文件确定的公益目的进行信托财产上的完全处分,不受委托人交付财产原始资金数额的限制,特别在信托财产的规模较小,不足以负担组织运用成本时,公益信托的基本财产也可以使用。[⑤] 公益法人为了确保其永续性,

---

① 这里的公益法人主要指以从事公益慈善事业为目的的基金会,根据《民法典》"总则编"的规定和《基金会管理条例》的界定,基金会是一种非营利性法人,依据大陆法系关于法人的立法和学理分类,属于财团法人。

② 参见赖源河、王志诚:《现代信托法论》,中国政法大学出版社 2002 年版,第 211 页。

③ 参见《基金会管理条例》第 9 条第 5 项、《中共中央办公厅、国务院办公厅关于改革社会组织管理制度促进社会组织健康有序发展的意见》第 5 条"依法做好社会组织登记审查"。

④ 参见《基金会管理条例》第 8 条。

⑤ 参见赵廉慧:《中国慈善信托法基本原理》,中国社会科学出版社 2020 年版,第 38 页。

通常有原始资金的最低门槛要求,且原则上不得处分公益法人的基本财产,个别国家还对公益法人每年开展公益慈善活动的支出比例设有法定标准。这些欠缺弹性的规定意味着公益法人的规模要足够大,否则将因为收益短缺而难以为继。

其三,公益信托成立后,如果发生信托设立时无法预见的情形,那么可以根据信托目的变更信托文件中的条款。公益法人则不能进行这样的变通调整,因为公益法人成立后必须严格按照章程规定的宗旨从事公益慈善活动,如果无法继续原有公益目的便只能申请注销该法人。

3. 公益信托财产安全

依据信托法原理,信托财产具有独立性,一旦公益信托成立,信托当事人的任何财产纠纷甚至破产都不会影响信托财产的存在和使用,有利于保障公益财产的安全。捐赠给公益法人的财产就没有这种独立性,由于捐赠财产的所有权在公益法人名下,其债权人可以追索公益法人名下的所有财产。

此外,公益信托的受托人通常是在投资和管理财产方面具有专业优势的组织机构,信义义务的高标准约束和受托人对外承担个人责任的双重职业压力,促使受托人不得不尽心尽力地对信托财产进行专业化管理,"自觉"实现公益信托财产的安全与增值。[①]公益法人的管理人责任不同于公益信托受托人的责任,在从事公益慈善活动过程中,除非管理人有过错,否则无须对外承担法律责任。

4. 公益信托公信度高

与公益法人的自管自用体制相比,公益信托监管的实效性在直观层面优于公益法人,透明度和公信力明显更高。

一方面,公益信托的受托人虽然可以对信托财产进行相对自由的管理和处分,但是这些行为必须符合信托目的,同时要接受委托人、信托监察人等内部监督机制的制约,同时还有来自公益事业管理机构的外部监督。如果出现受托人违反信义义务或者难以履职的情况,那么委托人可以依法更换受托人而不会影响公益信托的存续和公益目的的最终实现。

另一方面,公益法人也有内外部监督之分,不过多元的监督主体因为某些原因实践中运作得并不理想。监督机构怠于行使职权、监事职位形同虚设;决策机构与监督机构相互勾结、侵吞捐赠财产;设立人长期把持、操控公益法人并实施违法违规行为等负面消息,不仅损害捐赠人的利益、伤害民众的善行情感,而且使公益法人的公信形象严重贬损。[②]

---

① 参见徐卫:《公益信托制度重塑论》,法律出版社 2020 年版,第 56 页。

② 参见赵磊:《公益信托法律制度研究》,法律出版社 2008 年版,第 53 页。

本书认为,从实证的角度很难笼统地说某一组织形态定然优于另一种组织形态,还要根据当事人意欲从事公益慈善事业的具体情况来选择适合的组织形式。如果应用得当,公益信托可与公益法人相辅相成。

案例5-1:盖茨基金慈善信托案

【案情介绍】

1997年,微软公司创始人比尔·盖茨及其夫人共同创立比尔和梅琳达·盖茨基金会(Bill & Melinda Gates Foundation),总部位于美国西雅图。2006年,盖茨基金会分成两个实体结构,分别为比尔和梅林达·盖茨基金会(Bill & Melinda Gates Foundation,以下简称盖茨基金)和比尔和梅琳达盖茨信托(Bill & Melinda Gates Foundation Trust,以下简称盖茨信托)。这两个实体本质上都是具有免税资格的私人基金会(private foundation),结构方面采取的都是信托形式。盖茨信托的受托人是盖茨夫妇,其主要收入来自盖茨夫妇和"股神"沃伦·巴菲特的现金和股票捐赠,盖茨信托的首要任务是对这部分资产进行投资管理,主要目标就是赚钱,同时负有向盖茨基金分配投资收益的义务。盖茨基金的受托人由盖茨夫妇和巴菲特共同担任,是一个单纯的慈善项目运营机构,可以接受来自社会各界的慈善捐赠,并拥有对盖茨信托所管理资产的索要权,但其本身不持有投资资产。简言之,盖茨基金以花钱为主,旨在实现盖茨基金的慈善目标。

盖茨基金会的目标和使命是长期致力于减少全球范围内的不平等现象。在经济欠发达国家和地区,盖茨基金会侧重于促进卫生和教育领域的平等,避免人们因此陷入赤贫。在中国,盖茨基金会也取得了突出的成绩,其先后与我国政府及国家卫生健康委员会、国务院扶贫办、中国疾控中心、国家免疫规划专家咨询委员会、中国商务部等相关部门展开全方位的深入合作,在扶贫减贫、卫生改善、扩大国家免疫规划、农业发展、医药产品监管体系等方面均有较大贡献。

目前,盖茨基金会已经成为全球规模最大的慈善基金会,截至2020年年末,该基金会在全球135个国家(地区)的捐助资金累计高达548亿美元。

【案件解析】

私人基金会是美国税法对于公益信托的分类,它是指以私人财富为公益目的设立的可以永久存续的非营利组织。按照免税类型的不同,私人基金会在纵向分为私人运营型基金会(Private operating foundation)、私人豁免运营型基金会(Exempt operating foundation)和私人非运营型基金会(Private nonoperating foundation)。从横向按照法律实体划分,私人基金会有法人型基金会(Corporation)和信托型基金会(Trust)两种组织形式。就本案而言,盖茨信托是一种"私人非运营信托型基金会",通过"非运营"的设计,盖茨夫妇和巴菲特可以取得捐赠的最大免税处理;通过"信托"的设计,可以保证基金会能够一以贯之地实践"减少不平等现象的事业"的愿景和使命。盖茨基金则是一种"私人运营法人型基金会",通过"运营"的设计,能够使盖茨信托对盖茨基金的款项划拨用于满足盖茨基金会的年度捐赠要求;通过"法人"的设计,使盖茨基金拥有灵活应对环境变化的能力。盖茨基金会的这种"双层信托(基金)"运作模式较好地将慈善项目实施工作与基金财产的投资管理分开,已成为国际社会在设立公益慈善信托时实施方的重要参考方案。

在我国,基金会通常被定性为非营利性法人,在理论上属于财团法人,这与美国法上的私人基金会存在本质差异。公开资料显示,自《慈善法》颁行以来,我国家族企业开展公益慈善事业选择设立基金会的数量明显高于设立公益慈善信托,这些企业家在进行财富管理设计时,或基于家族精神和价值观的传承,或出于公益慈善的目的,那么,是什么原因导致国内更多地选择基金会模式而不是信托呢?本书认为,就我国法律框架下的基金会与公益慈善信托而言,二者形成了某种竞争关系。相较于发展比较充分的基金会,公益慈善信托没有那么多的限制。比如,公益信托的原始财产没有法律限制;公益信托无须取得法人资格;只要符合信托财产的使用方向,受托人可以根据实际情况较为灵活地管理和处分信托财产;公益信托财产的管理者为受托人,由信托公司和慈善组织担任受托人无须聘用大量专门人员,可以节约行政和人力成本;在公益财产使用效率和保值增值方面,公益慈善信托远超一般的基金会;从税收的角度,信托本身不是法人主体,不用缴纳营业税和所得税,节税功能更加明显。正因为公益慈善信托具有前述制度优势,国外的很多企业家或者富豪更倾向于信托模式,这样做的好处是有利于增强公益财产和慈善活动的延续性。

国内公益慈善信托的设立仍然面临较大难题。首先,公司股权能否作为公益信托管理的财产始终存在法律上的障碍。其次,《慈善法》第46条事实上排除了自然人成为慈善信托的受托人,不利于公益慈善事业的发展。我国公益慈善法没有明确委托人是否可以成为受托人或者唯一受托人。如果严格遵照《信托法》对"信托"的界定和国内流行的信托观念,就本案而言,恐难以得出公益信托成立的结论。最后,《慈善法》《慈善信托管理办法》和税法关于公益慈善信托税收优惠的原则性表述无法产生积极的激励效应,税收优惠的落地问题成为制约中国公益慈善信托发展的障碍。

第二节　公益信托的设立与备案

公益信托的成立在内容上首先要具备信托设立的一般要件，还必须满足法律关于公益信托的特殊规定。① 这些特殊规定主要体现在设立方式、公益目的、国家意志的介入和监管等方面。

一、设立公益信托的主要方式

根据信托目的是否由委托人的意志决定，可以将信托分为意定信托和非意定信托。一般认为，公益信托属于意定信托，产生方式有依合同设立、依遗嘱设立、依宣言设立三种。

(一)依合同设立

在英美法系上，信托制度的出现早于合同制度，所以合同一直以来都不被认为是信托成立的必要环节。当以合同方式设立公益信托时，委托人的意思表示是否符合相关法律规定是信托成立的关键，至于委托人与受托人间是否存在合意则在所不问。大陆法系是在合同法律制度已经有了较为成熟的发展之后才引入信托制度，因此有关国家的信托发展主要以信托合同为基础，信托合同也被认为是信托设立、运行和管理的直接依据。公益慈善领域的信托设立更是强调采用合同形式，即公益信托的设立须经委托人和受托人达成合意。这里合意的形式具有多样性，既可以由一个或多个委托人与受托人签订合同，也可以类似购买信托单位的方式加入募集型公益信托。例如，我国《慈善信托管理办法》第 38 条规定，根据信托文件约定或者经原委托人同意，可以增加新的委托人、增加信托财产、变更信托受益人范围及选定程序和方法等，这也是一种合意的形式。

关于公益信托合同的法定形式，很多国家并未对公益信托的设立文件直接设定要式要求，强制委托人采用书面形式。② 由于我国恢复开展信托活动的时间不长，民众和各类组织机构对信托制度和信托规范尚不熟悉。从这一实际情况出发，《信托法》第 8

① 综合《信托法》《慈善法》《慈善信托管理办法》的相关规定，在我国设立公益信托应当满足信托目的、信托当事人、信托财产、设立形式、信托文件等方面的具体要求。

② 英美各国对于公益信托的设立尽管没有强制规定必须采取要式主义，但是要以公益信托的名义从事活动并享有各项税收优惠，就必须采用书面形式。大陆法系国家也是潜在的要式主义，对公益信托实行严格的设立审批制度，实际上隐含了书面形式的要求。

条规定委托人与受托人设立信托的合意必须采用书面形式。相应地,采取信托合同形式设立公益信托的,形成合意的意思表示的手段应为书面形式。

关于公益信托合同的生效时间,根据其是诺成合同还是实践合同,大陆法系国家的立法规定不尽相同。本书认为,从稳定合同秩序和维护社会诚信的角度,结合当前中国信托发展的实际情况,将信托合同定性为诺成合同更为妥当。我国《信托法》规定,以合同方式设立信托的,信托合同签订时信托成立。也就是说,我国法律将信托合同规定为诺成合同,信托合同的成立不以转移信托财产为要件。

关于公益信托合同的具体内容,英美法系依据"三个确定性"原则,信托文件必须载明信托目的、信托财产和信托当事人等重要内容。大陆法系有关国家则是使用列举的方式对公益信托文件的必要条款进行规定。我国《慈善法》对包括信托合同在内的信托文件应当载明的事项亦有详细列举。《慈善信托管理办法》在《信托法》的基础上进一步增加了以下记载事项:(1)公益信托名称;(2)如设置监察人,监察人的姓名或者名称、住所;(3)"受益人"选定的程序和方法;(4)信托财产管理方法;(5)年度公益慈善支出的比例或数额;(6)信息披露的内容和方式;(7)信托报酬收取标准和方法。①

(二)依遗嘱设立

以遗嘱形式设立信托在世界范围内已经非常普遍,尤其在公益慈善领域,遗嘱信托有着不可忽视的地位。英美法系国家许多拥有巨额财富的商业成功人士都已立下遗嘱,明确表示身故后会将名下遗产设立公益信托。大陆法系国家也在各自的信托法中明文规定信托可以根据遗嘱办理。②

从我国现有的法律规定看,立法者允许以遗嘱方式设立公益信托。在法律性质上,遗嘱为单方法律行为,一般于立遗嘱人死亡时生效。所以依遗嘱设立公益信托并非预约成立信托合同,而是以遗嘱方式直接发生信托法律关系,不需要受托人就管理、处分信托财产作出承诺,遗嘱信托的生效时间为委托人(立遗嘱人)死亡的时间。结合《信托法》第 13 条第 2 款内容对第 8 条"受托人承诺信托时,信托成立"的规定进行整体解释,可以认为信托法在本质上无意违背民法法理,遗嘱信托不会因为缺少受托人的承诺而无效。③

既然遗嘱信托的成立全凭委托人个人意志,就有可能出现遗嘱未指定受托人,也没有设定选任受托人的方式,或者被指定的人拒绝担任或不能胜任的情形。就普通信托而言,若遗嘱指定的人拒绝担任受托人,或者无能力担任受托人的,由受益人选任受托

---

① 参见《信托法》第 9 条、《慈善信托管理办法》第 14 条。

② 参见日本《信托法》第 3 条、韩国《信托法》第 3 条。

③ 参见赵廉慧:《中国慈善信托法基本原理》,中国社会科学出版社 2020 年版,第 64 页。

人即可。[1] 但是公益信托有所不同,其没有具体确定的受益人,由受益人选任受托人不具有可行性。对此,各国法律普遍作出补救性规定。一种是法院直接任命,当受托人职位空缺而设立该信托的法律文书没有规定实际可行的指定受托人的方法时,(州)最高法院可以指定一名新受托人。[2] 另一种是利害关系人申请法院选任。大陆法系国家的信托法均有类似规定,依遗嘱被指定为受托人的,不为或不能接受信托时,利害关系人可以向法院申请选任新受托人。[3] 在日本和韩国,利害关系人指的是委托人的遗嘱执行人、继承人。

我国《信托法》第13条第2款的规定显然不适用公益信托。如果采用遗嘱方式设立公益信托,遗嘱指定的人拒绝或者无能力担任受托人的,我国法律没有明确规定。有学者建议参考大陆法系相关国家的做法,规定法院的介入权,即当出现被指定的人没有表示接受的意思,或者拒绝接受指定,或者遗嘱中没有指定受托人等受托人没有确定的情形,由法院依利害关系人、信托监察人、公益目的事业主管机关的申请选任受托人。[4]

(三)依宣言设立

1. 两大法系不同的立法态度

采用信托宣言设立公益信托在普通法系是广为接受的一种方式。英美国家不仅在立法上承认当事人可以公益目的设立宣言信托,实践中利用信托宣言方式从事公益慈善活动的情况也很多。

相比之下,大陆法系国家对能否以宣言方式设立公益信托的态度相对保守和谨慎。起初多数国家并不承认宣言信托的合法地位,后来越来越多的研究主张,多元化的公益信托设立方式有益于社会大众选择适合自己的方式参与公益慈善事业。考虑到宣言信托的灵活性及其制度优势,一些国家基于实务上的需要开始承认以信托宣言方式设定公益信托,并在立法上附加较多的限制性规定。例如,日本在2006年修订《信托法》时增加了由委托人自己担任受托人的宣言信托,但也采取了一系列防止滥用宣言信托的措施,[5]对以信托宣言方式设立公益信托持肯定的态度。

---

① 也有观点认为受益人并非信托关系的第一阶段,既不享有权利也不承担义务,不应由受益人直接决定谁为委托人。参见赵磊:《公益信托法律制度研究》,法律出版社2008年版,第131页。

② [美]戴维·达德利·菲尔德:《纽约州民法典草案》,田甜译,中国大百科全书出版社2007年版,第187页。

③ 参见日本《信托法》第49条、韩国《信托法》第17条。

④ 参见金锦萍:《公益信托与慈善信托专论》,社会科学文献出版社2020年版,第64页。

⑤ 参见日本《信托法》第3条第3款。

2. 中国应否在公益慈善领域引入宣言信托制度

综观我国现行立法,《信托法》和《慈善信托管理办法》仅认可合同、遗嘱、法律和行政法规规定的其他书面文件三种设立方式,没有明确委托人是否可以成为受托人或者唯一受托人。而根据《信托法》对“信托”的界定,委托人需要将信托财产“委托给”受托人,这意味着在信托设立时必须进行财产的处分。按照一般理解,委托人通常不能和自己签订合同,所以相当一部分学者认为我国尚未承认以信托宣言方式设立公益信托。

未来是否应允许以宣言方式设立公益信托,目前存在两种声音。反对者担心依宣言行为设立公益信托,委托人和受托人同为一人且不用转移信托财产,很难尽到严格的财产管理责任,存在委托人滥用公益信托进行利益输送或规避债务,减少其责任财产的风险。在那些对公益信托给予大量税收优惠的国家,甚至会出现假借公益信托之名牟取私利的情况。支持者则认为信托宣言在设立公益信托方面具有不可忽略的优势,可以避免委托人与受托人因为缺乏信任产生的代理成本,也可使公益信托的管理更具效率、获得更加多样的发展。

实践中,我国已经出现了公益信托的委托人自己成为受托人的情况,毕竟现行法律从来没有禁止宣言信托的存在。诚如学者所言,不管立法和监管是否允许宣言信托,当事人都可以通过信托的灵活设计达到设立类似宣言公益信托的目的。这就好比存在和承认一人公司的论证逻辑:既然当事人可以轻而易举地找到他人象征性地以一元钱的投入成为共同委托人,设立以自己作为受托人的公益信托,为什么不直接承认以信托宣言方式设立公益信托呢?[①] 在我国大力发展公益慈善事业的背景下,肯定以信托宣言方式设定公益信托,同时对宣言公益信托施加严格监管,辅之以防止宣言信托被滥用的规则,应当是更为可取的选择。

二、设立公益信托的实质要件

公益性反映公益信托的本质属性,是公益信托核心价值的体现。如何准确理解一个信托计划是否满足公益信托的公益性要求?一般要从目的的公益性、效果的公益性和完全的公益性三个方面综合研判。[②]

(一)信托计划具有法律规定的公益目的

1. 域外公益信托目的的法律列举

公益信托是以公益为目的的信托,公益目的是设立公益信托最基本的实质性要件。

---

① 参见赵廉慧:《中国慈善信托法基本原理》,中国社会科学出版社 2020 年版,第 70 页。

② 参见全国人大常委会法制工作委员会编:《中华人民共和国信托法释义》,法律出版社 2002 年版,第 151 ~ 152 页。何宝玉:《信托法原理研究》(第 2 版),中国政法大学出版社 2015 年版,第 328 页。周小明:《信托制度:法理与实务》,中国法制出版社 2012 年版,第 352 页。

但是“公益”的概念具有较大不确定性，何为“公益目的”通常很难给出抽象的定义，绝大多数国家倾向于通过法律加以列举，因此设立公益信托必须具有法律规定的公益目的。

英国早在1601年便开始在成文法中对慈善目的进行指引，起初这些目的仅是根据实际情况的零散列举，[①]此后经过200多年的司法实践，马克莱顿勋爵（Lord MacNaughton）于1891年的“所得税特别目的专员诉彭塞尔”一案（Income Tax Special Purposes Commissioners vs. Pemsel）对慈善目的作出四重分类，包括救济贫困、促进教育、发展宗教及其他有利于社会的目的，开启了现代意义上公益慈善目的的分类方法，并在随后的司法实践中得到广泛认同。[②] 英国《2006年慈善法》以此为基础再次以成文法的形式进一步规范了英国法意义上的慈善目的。[③]

美国对于慈善目的的认识传承自英国，同时也有所发展。《信托法第三次重述》通过总结各州的信托法，将慈善目的分成六类，即救济贫穷、促进教育、发展宗教、增进健康、政府及社会目的、其他有利于社会利益实现的目的。尽管美国法上的“法律重述”不是严格意义上的法律，没有法律约束力，但其仍然对司法实践产生了一定影响。

在大陆法系国家中日本最早进行信托立法，也最先确立公益信托制度，其他诸如韩国等深受日本的影响，信托法列举的公益信托“有名”目的范围相似度较高，主要包括慈善、宗教、学术、祭祀、文化、艺术、技艺等类型。[④]

通过比较不难发现，不同国家由于法律制度和文化传统的差异，对于公益目的的列举会有一些不同，例如，英国将提高皇家军队的防御能力认为具有慈善目的、日本则把祭祀归入公益信托的目的范围。随着社会经济的发展，公益慈善的内涵虽然会发生变化，但无论如何，设立公益信托首先需要具备法律确认的公益目的。

2. 中国公益信托目的的列举式安排

在中国，设立公益信托需要具备《信托法》和《慈善法》所列举的公益目的。《信托法》强调公益信托的设立必须具有“公益目的”，但是没有给公益目的下抽象的定义，而是遵循国际社会的通行做法，通过列举加兜底条款的方式明确规定公益事业的类型。

---

① 英国《1601年慈善用益法》序言部分对慈善目的进行列举，大致分为救济贫困、建立和完善公共设施两大类。此外，还有一些诸如维持感化院、帮助贫困少女结婚、重新安置罪犯等信托也被该法赋予了公益性。

② 何宝玉：《信托法原理与判例》，中国法制出版社2013年版，第312页。

③ 英国《2006年慈善法》列举了13个慈善目的种类：（1）防止和救济贫困；（2）发展教育；（3）促进宗教事业；（4）发展健康事业或挽救生命；（5）促进公民素质或社区发展；（6）促进艺术、文化、传统或科学的发展；（7）发展业务体育运动；（8）发展人权、解决冲突、调和、促进宗教的发展、民族和谐、平等或者多样化；（9）环境保护的发展和提高；（10）救济年幼、老迈、疾病、残疾、经济困难或者其他弱势群体；（11）为了动物的利益；（12）促进王室军队的效力；（13）提高警察、消防、营救及医疗服务。

④ 参见日本《信托法》第66条、韩国《信托法》第65条。

《慈善法》则突出以大致类似于《信托法》列举的公益目的从事的行为为“慈善活动”,并细化了个别公益目的条目。

具体来说,《信托法》第60条规定的公益事业类型有:救济贫困;救助灾民;扶助残疾人;发展教育、科技、文化、艺术、体育事业;发展医疗卫生事业;发展环境保护事业,维护生态环境;发展其他社会公益事业。《慈善法》第3条规定的公益活动包括:扶贫、济困;扶老、救孤、恤病、助残、优抚;救助自然灾害、事故灾难和公共卫生事件等突发事件造成的损害;促进教育、科学、文化、卫生、体育等事业的发展;防治污染和其他公害,保护和改善生态环境;符合本法规定的其他公益活动。

形式上,两份公益目的清单存在表述上的细微差异,但都反映出传统的扶贫济困和救灾是现阶段中国公益慈善事业的重点。一些国外接受度较高的公益目的,例如,发展宗教事业、培养社区意识、促进男女平等没有被明文写入法条。尽管两部法律都有兜底条款的设置,但是从鼓励人们从事和参与公益慈善事业的角度,未来的法律修改仍有必要尽可能丰富公益目的清单,满足人们越发多元化的义行善举需求。

(二)信托计划服务于社会公共利益

一个信托计划的目的如果仅属于法律认可的公益目的的种类,还不能被直接认定为法律意义上的公益信托。因为除了信托设立者的主观意图要满足目的公益性的条件外,所设立的信托必须能够产生有利于社会公共利益的效果,即理论研究者所说的“效果公益性”,这是公益性的第二个要求。

“公共利益”是一个非常宽泛的概念,从各国的立法规定看,基本上都没有对公共利益进行精确定义,而只采取了抽象概括式的方式加以规定。相应地,判断一个信托计划是否符合公共利益的要求就变得不那么容易。信托制度的源头英国判例法对公共利益的要求发展出了一整套相对完整的适用规则,英国慈善委员会又通过公共利益指南文件就该问题进行了详细的阐述和解释:[①]将“有益性”和“公众性”作为能否满足公共利益效果的判定维度,并重点考量公益信托在实施过程中是否可以切实产生使社会公众受益的机会,即使据此受益的可能仅是一小部分人群。

在我国,《信托法》和《慈善法》都没有明确“效果公益性”的要求,但是公共利益是一个信托计划获得公益地位的根本,主管机构(民政部门)在进行信托设立审查时应当将其作为重要的考量因素。

首先,从实质上判断信托计划涉及的事业或活动具体实施后能否增进社会公众或者部分社会公众的福祉。在有益性方面,应当允许不同类型的公益事业或活动具有不

① See Guidance: Public Benefit: rule for charities, https://www.gov.uk/guidance/public-benefit-rules-for-charities, Published 14 February 2014.

同程度的公共利益效果,但是任何一项事业或活动给社会公众带来的积极影响必须大于其可能造成的消极后果,呈现绝对“正值”。[①] 例如,在英国,某信托计划的目的是保护动物,坚决反对用动物进行医学实验。表面上看,该信托计划确实符合“促进动物福利”的法律列举,对动物保护有积极的推动作用,但是若一概反对用动物做医学实验,势必会阻碍人类医学事业的发展与进步,进而不会对全社会产生实质性的社会利益效果。

其次,从形式上判断最终取得信托利益的人(“受益人”)是否特定。对于公众性的认定,应当视不同信托计划的目的而有所区别,委托人可以在信托文件中设置“受益人”的范围、条件和选择方法,但是必须确保信托计划所涉的事业或活动是开放的,没有达到使“受益人”特定化的程度。换言之,信托计划的“受益人”是不确定的、至少构成社会公众的一部分。在实践中,“受益人”的数量是否足够多是一个相对显性的判断指标,但如果最终只有少数人能从信托计划的实施中实际获得利益也不影响公共利益的判断。在某种意义上,只要确保委托人和“受益人”、受托人和“受益人”之间不存在个人利害关系的纽带,无论实际受领信托利益之人的数量多寡,效果公益性都应得到确认。

例如,一家员工数量上万人的公司出资 5000 万元设立一项教育信托,用于资助公司员工子女的大学教育费用。虽然该公司员工子女众多,每年进入各类高校学习的员工子女也不少(潜在的“受益人”),不过由于潜在“受益人”的范围限于本公司员工的子女,这种特质依赖于“受益人”与委托人之间的私人关系,所以即便信托计划面向的是一项有益于教育的活动,也不能认为该教育信托具有公共利益效果而成为公益信托。一个相反的例子是,某委托人出资 100 万元设立一项教育信托,每年资助某千余人口行政村范围内学生的大学教育费用,资助对象需要满足品学兼优(国内“985”或“211”高校)但家庭贫困(年收入 2 万元以下)的条件。经过遴选,最终符合条件的“受益人”数量是不确定的,哪怕最后只有一位“受益人”,只要委托人与“受益人”之间不存在某种私人关系,那么该教育信托就具有公共利益的效果,可以构成公益信托。

(三)信托计划具备完全的公益性

完全公益性是公益性的第三个要求,又称绝对公益性,它要求信托计划的目的必须完全彻底地属于公益的,不能含有任何非公益目的。如果一项公益信托包含多个信托目的,那么每个目的都必须具有公益性,一旦信托计划的目的含有非公益性因素,或者委托人在信托文件中对信托目的的表述含混不清,都有可能导致公益信托无法成立。这意味着,设立公益信托需要具备排他的公益性,委托人不能将公益目的与私益目的相

---

① 参见文杰:《基层慈善视域下慈善信托法律制度研究》,中国社会科学出版社 2020 年版,第 52 页。

混合。[1] 之所以有此要求,根本原因在于防止误用和滥用公益信托制度。目前各国政府对公益信托的设立和运营都给予了非常可观的税收优惠,如果允许将公益信托财产用于非公益目的,难免会使公益信托沦为某些别有用心之人逃避法律、偷税漏税的工具。为此,在英美信托法的司法实践中,信托计划的完全公益性一直受到非常严格的检视。我国公益慈善法制对此也有一些相关的原则性要求。例如,《信托法》第 63 条规定,公益信托的信托财产及其收益,不得用于非公益目的。《慈善法》第 105 条第 2 项规定"慈善信托的受托人不得'将信托财产及其收益用于非慈善目的'"。此外,原中国银监会办公厅在汶川地震后发布的《关于鼓励信托公司开展公益信托业务支持灾后重建工作的通知》和《北京市慈善信托管理办法》亦对所谓的完全公益性有相应规定。[2]

需要注意的是,"完全公益性"对公益目的的排他性要求存在例外情况:

其一,信托计划的辅助性目的为非公益目的。"完全公益性"不排除在公益信托的实施过程中,受托人将信托财产用于从属产生的非公益目的,但是该非公益目的必须附属于主要公益目的而不具有独立性,且有助于主要公益目的的实现。比如,为了更好地管理公益信托,激励各方主体从事公益慈善事业,有效达成公益目的,公益信托财产可以支付包括受托人报酬在内的管理费用。[3] 再如,运营型(事业型)公益信托将合理收取的营业收入用于支付该项事业管理人员和员工的薪资福利,一般也不影响公益信托的地位。但如果委托人能从信托财产中取回本金甚至获得一定投资回报,那么不属于公益信托。

其二,公益目的的实现附带促进非公益目的的达成。如果在公益目的实现过程中附带生成了非公益效果,那么不会导致公益信托不成立。例如,委托人设立公益信托创办(英国)皇家外科学院,该学校的办学宗旨是"促进外科技术及科学的研究与实践"。尽管信托计划的公益目的将附带地(incidental)对实习医生产生职业上的利益,但是此种非公益因素只是执行公益目的的一个副产品,并不影响以设立皇家外科学院为目的的信托计划的公益性。[4]

其三,将可分的部分公益信托财产用于非公益目的。从实务的角度,信托财产中的部分分别用于公益和非公益目的的情况并不罕见。英美国家从推动社会公益事业发展

---

① 如果一项信托计划既有公益目的也有非公益目的,那么委托人可以确定分别用于公益目的和非公益目的的信托财产的数额或比例,并指定用于公益目的的那部分信托财产成立公益信托。

② 参见《关于鼓励信托公司开展公益信托业务支持灾后重建工作的通知》第 6 条;《北京市慈善信托管理办法》第 13 条第 2 项。

③ 原中国银监会办公厅《关于鼓励信托公司开展公益信托业务支持灾后重建工作的通知》第 3 条规定:"受托人管理费和信托监察人报酬,每年度合计不得高于公益信托财产总额的千分之八",明确承认信托公司作为受托人有权收取信托报酬和管理费用。

④ See Royal College of Surgeons of England v. National Provincial Bank Ltd([1952] UKHL J0403 - 1).

的角度,允许那些把公益性质和非公益性质结合起来在时间上呈现连续性的复合型信托取得法律上的公益地位,并在设立管理和税收待遇方面会设置更加复杂的法律规范。[①] 我国公益慈善法律法规目前尚未涉及利益分割信托的公益性问题,但是在《慈善法》出台之前,实践中已经不乏"准公益信托"项目,[②]理论研究者对此也保持着更加宽容的态度。

三、设立公益信托形式要件

(一)公益信托的设立模式比较

公益信托由于广泛涉及社会公共利益、国家税收政策等重大问题,各国在设立公益信托的程序性要件方面一般都有比非公益信托更加严格的监管规制。基于不同的历史文化渊源,两大法系对公益信托设立的程序要求各有侧重、宽严不一,形成了两种具有代表性的设立模式。

1. 英美法系的准则主义

公益信托设立的准则主义,又称登记主义,是指申请人设立公益信托只要符合法律规定的设立条件,向登记机关申请设立登记即可成立,无须经过特定机关批准,对信托文件进行实质内容的判定。

英国是最早实行公益信托登记制度的国家,这项制度可以追溯至 18 世纪末期,但直到《1960 年慈善法》的颁布英国才建立起强制注册体系,将慈善委员会确立为负责慈善信托注册登记的专门机构并延续至今。[③] 根据《2006 年慈善法》的规定,除依法豁免登记的慈善信托外,[④]设立其他慈善信托均需在规定的时间内向慈善委员会登记备案,由慈善委员会对受托人提交的信托文件和其他有关材料进行实质审查,形成予以登记、对申请材料提出修改建议、不予登记三种结论性意见。美国的情况稍有不同,虽然大多数州都规定慈善信托必须进行登记,但是美国没有类似于英国慈善委员会这样的统一机构设置,负责慈善信托和慈善组织登记的是各州的总检察长(Attorney General)。1954 年,美国"全国州检察长协会"(National Association of Attorneys General)通过了

① 参见赵廉慧:《中国慈善信托法基本原理》,中国社会科学出版社 2020 年版,第 56 页、第 60 页。

② 在 2008 年之前,国内推出过一些"公益信托"产品,被业界称为"准公益信托"或者"混合型信托"。这种信托产品的本质是把社会公益慈善事业与集合资金信托计划的投资理财功能相结合,购买此类产品的委托人仍是投资者的身份,仅在受益超过约定部分之时才进行捐赠。也就是说,委托人能够收回投资本金,还能获得一定的收益,剩余部分才被用于特定的公益用途。

③ 参见解锟:《英国慈善信托制度研究》,法律出版社 2011 年版,第 123 页。

④ 英国《2006 年慈善法》列举了几种可以豁免登记的情况:(1)《1960 年慈善法》规定享有豁免待遇的慈善组织;(2)委员会的令状永久或暂时豁免的那些年毛收入低于 10 万英镑的慈善组织;(3)州秘书规定的那些永久或暂时年毛收入不超过 10 万英镑的慈善组织;(4)任何年毛收入不超过 5000 英镑的慈善组织。

《统一慈善信托受托人监督法》。依据该法,慈善信托受托人必须就州检察长规定的事项,在受让信托财产之日起6个月内向州检察长申请登记,并附上信托文件的复印本。受理申请材料后,检察长可以进行必要的调查,对登记事项进行实质审查。另外,美国、加拿大等国家的公益信托为了取得税收减免资格,必须在税务部门登记,税务部门在公益目的的认定方面也享有相对广泛的职权。

总的来说,英美法系公益信托的设立在程序上的要求是注册登记,立法采纳了准则主义,即登记与否不影响公益信托的成立,没有登记只能说明受托人没有尽职违反了信托义务,可能导致其承担某种责任,但是公益信托本身并不因此而无效。

在这种制度背景下,准则主义的社会效果更加明显:[①]一是满足监管需要,公益信托的设立登记可以使主管机构明确监督对象,了解公益信托项目的基本情况。二是向社会公示,增加公益信托财产的透明度,方便社会公众进行监督。三是获得证明力。一方面,通过登记可以确定公益信托财产的范围,使其独立性获得明确的法律保障。另一方面,任何履行了登记程序的公益信托都可以依法享有税收减免等优惠措施。

2. 大陆法系的许可主义

公益信托的许可主义,是指申请人设立公益信托必须由有关国家机关(公益事业管理机构)进行实质审查,获得批准后才能成立。

审批许可主义是大陆法系国家设立公益信托的惯例,日本《信托法》、韩国《信托法》对此均有规定,[②]一般由特定目的事业主管机关具体负责批准(许可)事宜。在许可主义之下,公益事业管理机构的许可是公益信托生效的必要条件。作此规定的原因有三点:其一,弥补公益信托内部监督的不足。公益信托攸关公共利益,“受益人”多为一般社会公众,在法律上只有反射利益,难以对受托人管理、处分公益信托财产的行为实施有效监督。委托人在主客观方面也无法像非公益信托那样监督受托人执行信托的情况,所以必须实行严格的审批制度对公益信托的设立和受托人的任职资格进行实质审查。[③] 其二,防止假借公益慈善之名从事为私人牟利的行为。公益信托有利于促进公益事业的发展,各国普遍规定了一系列配套的税收优惠政策。因此有必要加强对公益信托的管理,确保此类信托名副其实,以免有人打着公益信托的幌子一面享受着优惠政策,一面实际上牟取个人私利。其三,遵循设立公益法人的既有规则。在日本、韩国的民法中,设立公益法人采行的是审批制,而公益法人与公益信托都是从事公益慈善事业的法律组织,出于遵循先例的考虑,这些大陆法系国家对公益信托的设立也采取了审批

① 参见何宝玉:《信托法原理研究》(第2版),中国法制出版社2015年版,第487~488页。

② 参见日本《信托法》第258条、韩国《信托法》第66条。

③ 参见赵磊:《公益信托法律制度研究》,法律出版社2008年版,第140页;陈长明:《我国公益信托事业的法制化研究》,东北师范大学出版社2018年版,第66页。

许可主义。

（二）中国公益信托的设立模式

1.《信托法》采取审批制度

与其他大陆法系国家一样，我国在2001年引入公益信托制度之时采取了许可主义立场，实行的是严格的审批制度。

我国《信托法》第62条规定，公益信托的设立和确定其受托人，应当经有关公益事业的管理机构（公益信托主管机关）批准，同时明文禁止未经公益事业管理机构批准就以公益信托名义进行活动的行为。因此，经过特定的公益事业管理机构批准是我国在《慈善法》实施之前设立公益信托必备的形式要件。不经过有关主管机关的批准，则不能设立公益信托。另外，依据《信托法》第62条的规定，公益事业管理机构应当审批的内容有两项：一是公益信托的设立事项。主要审查公益信托的设立是否符合《信托法》第二章关于信托设立的一般规定，以及第六章关于设立公益信托的特别规定；二是受托人事项。主要审查受托人是否具备《信托法》规定的受托人资格，以及是否具备管理公益信托财产的能力和条件。因受托人在公益信托活动中占据着举足轻重的地位，故为确保公益信托目的的实现，有必要在受托人环节严格把关。

由于《信托法》上公益信托的设立严重缺乏可操作性的程序，多年来公益信托制度在我国并没有得到充分运用。据统计，从2001年《信托法》生效至2016年《慈善法》出台之前，实践中出现的标准化公益信托只有10项。[①] 本书认为，我国公益信托无法被激活的原因有以下方面：

首先，没有专门设立对公益信托进行审批的机构。按照《信托法》的规定，公益信托的主管机关是“有关公益事业的管理机构”，而“公益事业管理机构”究竟是指何种机构，《信托法》没有明确。实践中，“有关公益事业”一般要依据公益信托涉及的公益目的来判断，所以公益事业的目的主管机关便成为设立公益信托的审批机构。[②] 在公益目的单一且性质比较明确的场合，审批机构不难确定。但是很多公益信托项目的目的可能比较概括，或者具有多个特定目的，此时要确定谁是拥有审批权的目的事业主管机关会发生困难。

其次，有些新型公益目的在现实中缺少对应的公益事业管理机构。较之比较法上成熟的公益目的清单，我国《信托法》对于信托目的的列举显得比较单一，以济贫、救灾、教育等相对传统的公益慈善领域为主，主要涉及民政、教育、文化、科技、卫生、环保等行政主管部门。即便《信托法》第60条有一个“发展其他公益事业”的兜底条款，但

① 参见中国信托业协会编著：《慈善信托研究》，中国金融出版社2016年版，第111～112页。

② 参见张永：《慈善信托的解释论与立法论》，中国法制出版社2019年版，第18页。

仍然无法满足民间公益慈善活动更加复杂和综合的目的,这也在一定程度上阻碍了公益信托的设立。

最后,在《信托法》上,设立公益信托的审批过程欠缺可操作性的规定,加之相关行政许可和监督办法迟迟没有出台,有关公益事业管理机构因为无章可循而变得无据可批,公益信托的设立充满着不确定性。

2.《慈善法》采取备案制度

为了解决过往公益信托发展中的最大"瓶颈",针对《信托法》第 62 条,2016 年《慈善法》作出重大改革,确立了公益信托的备案制度。

依据《慈善法》第 45 条第 1 款的规定,慈善信托的受托人应当在慈善信托文件签订之日起 7 日内,将相关文件向受托人所在地县级以上人民政府民政部门备案。《慈善信托管理办法》第 15 条第 1 款重申了这一要求。相对于《慈善法》的原则性的规定,民政部和原中国银监会在《慈善法》正式实行之前下发的"民发〔2016〕151 号文",对慈善信托备案的管辖机关、备案所需提交的书面材料等作出过具体规定。此后不久,民政部发布的《慈善组织认定办法》与公益信托的备案制度也有一定关联性。

综合前述规定,我国公益信托备案制度的基本法律框架已经初步形成。

第一,备案申请人和受理机关。根据《慈善法》的规定,备案申请人为慈善信托的受托人,备案的管辖机关为受托人所在地县级以上人民政府民政部门。信托公司担任慈善信托受托人的,由其登记注册地设区市的民政部门履行备案职责;慈善组织担任公益信托受托人的,由其登记的民政部门履行备案职责。

第二,备案申请时效和材料要求。受托人应在信托文件签订之日起 7 日内进行备案,并提交相关书面材料。依据"民发〔2016〕151 号文",必备的书面材料包括六类,分别是:备案申请书;委托人身份证明(复印件);担任受托人的信托公司的金融许可证或慈善组织的社会组织法人登记证书(复印件);信托合同、遗嘱或者法律、行政法规规定的其他书面信托文件;开立公益信托专用资金账户证明、商业银行资金保管协议;其他材料。①

第三,备案审查方式。"民发〔2016〕151 号文"要求"所填报备案信息的真实、准确、完整以及所提供备案书面材料的完整、合法、有效"由委托人和受托人承诺保证。② 这意味着,民政部门不对受托人提交资料的真实性作实质性审查,只对备案申请的合法性、适当性和协调性进行形式审查。与英美法系的登记主义相比,我国对设立慈善信托

① 参见《民政部、中国银行业监督管理委员会关于做好慈善信托备案有关工作的通知》(民发〔2016〕151 号)第 2 项"明确程序和要求"。

② 参见《民政部、中国银行业监督管理委员会关于做好慈善信托备案有关工作的通知》(民发〔2016〕151 号)附件 1 中"慈善信托备案申请书"和"慈善信托重新备案申请书"的格式要求。

的审查更显宽松。

第四,备案时效。“民发〔2016〕151 号文”对慈善信托采取清单式管理模式,明确规定书面审查的具体事项,并且统一了备案文书的样式。《慈善信托管理办法》第 21 条规定:备案申请符合《慈善法》、《信托法》和《慈善信托管理办法》规定的,民政部门应当在收到备案申请材料之日起 7 日内出具备案回执;不符合规定,应当在收到备案申请材料之日起 7 日内一次性书面告知理由和需要补正的相关材料。

第五,备案与税收优惠的联动。《慈善法》特别强调未将相关文件报民政部门备案的,慈善信托不享受税收优惠;《慈善信托管理办法》再次重申了这一立法态度。[①] 不过,有学者指出《慈善法》虽然确立了备案和税收优惠的联动关系,体现出行政审批权的削弱和国家对公益慈善事业的大力支持,但是二者如何关联却没有明确。[②] 即对慈善信托设立、存续的哪个环节和哪个主体进行征税,如何给予税收优惠等具体操作层面的问题都缺少配套规定。

3.《慈善法》关于备案制度的未尽事宜

值得肯定的是,《慈善法》和《慈善信托管理办法》对慈善信托备案的规定很大程度上放松了慈善信托设立的行政干预,无疑将对我国公益慈善信托的发展起到重要的促进作用。

与此同时也应当看到,备案制度本身的操作性还需要提升。比如,备案制的含义与法律属性、备案的具体条件与程序、备案的法律效果、审查机关的审查义务等问题都需要进一步的厘清。

此外,不少研究指出备案制的形式审查与慈善信托的税收待遇存在逻辑上的矛盾。《慈善法》确立的备案制度虽然体现了“宽准入”和监管的后置,更有利于慈善信托的设立和公益慈善事业的健康发展,但是“民政部门备案”本身的程序或实体要求是否能够支持“享受税收优惠”的正当性,不无疑问。[③] 或许正是基于上述原因,实践中各地民政部门以及地方性管理办法并没有按照简单的备案程序来操作,对于慈善信托的备案有向行政许可演变的迹象。[④]

再有,在“慈善信托属于公益信托”的范畴界定之下,如果承认《信托法》和《慈善法》确立了既有联系又相区别的双轨制,那么似乎没有理由拒绝当事人选择依据《信托法》设立慈善信托,但是《慈善法》的备案制度与《信托法》有关监管主体、设立程序的衔

---

① 参见《慈善法》第 45 条第 2 款、《慈善信托管理办法》第 15 条第 2 款。

② 参见赵廉慧:《中国慈善信托法基本原理》,中国社会科学出版社 2020 年版,第 75 页。

③ 参见徐卫:《公益信托制度重塑论》,法律出版社 2020 年版,第 203 页。

④ 参见金锦萍:《公益信托与慈善信托专论》,社会科学文献出版社 2020 年版,第 101 页。

接和平衡尚未达成,容易催生法律适用的两难困境。①

案例5-2:“孟想非凡·慈善先行信托”案

【案情介绍】

2016年6月19日,“孟想非凡·慈善先行信托”成立暨捐赠仪式在北京举行,孟非成为“第一个吃螃蟹的人”,中国国际信托公司(以下简称中信信托)完成了国内首单“慈善先行信托”的试水。

该信托计划由知名主持人孟非(委托人)设立,受托人是中信信托,首期善款用于资助云南贫困地区的学生完成大学学业。受托人将依照委托人的意愿进行受托管理,每年从信托财产中优先分配100万元信托利益用于慈善捐赠。在首个为期4年的捐赠周期内,委托人选定中国光华科技基金会作为捐赠执行人,以每人每年1万元的标准发放给受捐赠人,资助100名云南大学贫困新生至本科毕业。

【案件解析】

慈善先行信托(Charitable Lead Trust, CLT),也称公益先行信托,起源于美国,在美国法上是一种可以既追求公益目的也兼顾非公益目的的复合型信托。这种类型的信托通常由委托人先行设立公益信托,在一定期限内把信托财产的一定比例或者一定数额以公益目的支付给特定的“受益人”,“受益人”就该信托财产运用管理所产生的收益享有优先受益权,直至受益期间届满或者公益信托的存续期间终了。之后,再由委托人或者委托人指定的人(委托人的配偶、子女等非公益受益人)受领剩余信托财产。②

除美国外,在成文法上明确规定公益先行信托的国家并不多,有些国家存在法律解释的空间,如英国、澳大利亚;有些国家则直接不予认可,如日本。我国法律对于公益先行信托持有何种态度?根据《信托法》第63条、《慈善信托管理办法》第23条和《关于鼓励信托公司开展公益信托业务支持灾后重建工作的通知》第6条的规定,公益在我国必须是纯粹的,设立公益信托要符合“完全公益性”的要求。就法律条文而言,立法者尚未对包括公益先行信托在内的混合型信托作出明确规定,解释上似乎存在一定的法律和政策空间。依据《信托法》第54条和第72条,信托终止时信托财产归属于信托文件规定的人,而在公益信托终止时没有信托财产权利归属人的,应当按照“力求近似原则”处理信托财产的归属。综合上述规定,我国公益慈善法制实际上并未排斥行为人设立公益先行信托,在信托终止时,信托财产可以归属于信托文件规定的信托财产归属人。

---

① 参见刘佳:《经济法视野下的公益信托制度研究》,法律出版社2022年版,第86页。

② 参见[日]能见善久:《现代信托法》,赵廉慧译,中国法制出版社2011年版,第324页。

从扩宽公益慈善活动的范围、促进公益慈善事业蓬勃发展的角度，本书认为应当允许公益先行信托的存在，与此同时，还需要解决公益先行信托的税收问题。因为公益先行信托最核心的问题就是如何实施税收优惠，同时防范行为人滥用此种信托逃避税负。现阶段我国法律对此缺乏系统性规范，在比较法上，美国税法关于委托人能否享受税收优惠，以及在多大程度上获得税优待遇有较为详细的规定。一方面，公益先行信托中的收益顺序条款不具有独立于所得税的经济效果，公益先行信托不能免予缴纳所得税；另一方面，公益先行信托的委托人（捐出人）有资格享有赠与税和遗产税的优惠，扣减金额等同于转移给税法认定的组织的先行利益。

回到本案，严格来说，“孟想非凡·慈善先行信托”虽然被称为“慈善先行信托”，但是从信托计划的实际运行看，该信托项目采用的是“私益信托 + 公益捐赠”的模式，某种意义上，其并不受我国公益慈善信托相关法律规范的直接约束。在税收方面，作为捐赠执行人的中国光华科技基金会将根据收到善款的情况依次向委托人开具捐赠票据，委托人事实上可以获得公益性捐赠税前扣减的优惠待遇。

第三节　公益信托财产的投资管理

信托财产作为信托的基本要素有着极其重要的意义，公益信托也不例外。根据《信托法》和《慈善信托管理办法》等相关法律制度的规定，设立公益信托必须有确定的信托财产，并且该信托财产必须是委托人合法所有的财产。[①] 从国内的实践情况看，用于设立公益信托的财产主要包括资金、艺术品、股权、金融产品、信托受益权等类型。在公益信托的起源地英国，不动产则是最主要的信托财产。

一、公益信托财产投资管理的基本逻辑

公益信托虽然事关社会公共利益，但其本身并不排斥对信托财产进行投资。毕竟，充分利用投资等方式实现公益财产的保增值，将投资收益再回归于公益慈善项目，一直是高效使用捐赠财产和促进公益慈善事业可持续发展的重要途径。特别在运营型（事业型）公益信托中，为了避免公益信托财产的贬值威胁到公益所支持“事业”的可持续性，事实上也会要求受托人积极运营信托财产，确保信托财产能够保增值。对于公益信托而言，核心问题并非信托财产可否用于投资，而在于投资风险能否限定在可控范围

① 参见《信托法》第 7 条、《慈善信托管理办法》第 12 条。

内。对于可能出现的投资异化以及违背公益的情况,可以通过建立一种能够使公益宗旨与营利手段和谐共生的运作机制加以解决。

根据投资属性的强弱,信托可以分为投资性较强的信托和投资性偏弱的信托。公益信托就属于典型的投资性偏弱的信托。这种偏弱的投资属性意味着信托财产的投资增值既不是公益信托的核心要求,也不是公益信托的根本目的。[①] 公益信托的公益目的决定了出于公益资金增值而运用公益信托财产必然要有更多的限制。且从捐出人的角度,在信托文件中对公益信托施加投资方面的控制也是委托人的普遍愿望。鉴于此,公益慈善法制对公益信托受托人的规制较之投资性更强的非公益信托有所差异具有逻辑上的合理性。

二、公益信托财产投资管理的基本要求

(一)公益信托财产投资管理规定

与一般财产的投资管理相比,公益信托财产的投资管理更强调安全性。如果没有法律的授权、信托文件的约定或者委托人的同意,那么受托人原则上只能从事安全和低风险的投资活动。

原中国银监会办公厅在《关于鼓励信托公司开展公益信托业务支持灾后重建工作的通知》中指出,信托公司管理的公益信托财产及其收益,只能投资于流动性好、变现能力强的国债、政策性金融债及中国银监会允许投资的其他低风险金融产品。《慈善信托管理办法》第30条进一步规定,慈善信托财产运用应当遵循合法、安全、有效的原则,可以运用于银行存款、政府债券、中央银行票据、金融债券和货币市场基金等以现金管理为主的低风险资产,但委托人和信托公司另有约定的除外。此规定包含两层意思:一是公益信托财产的投资管理原则上应运用于风险较低、安全性较高的金融产品,如银行存款、政府债券、中央银行票据、金融债券和货币市场基金等;二是作为一种例外情况,公益信托财产可以开展《慈善信托管理办法》规定的低风险外的投资活动,但是要由信托公司担任受托人,且委托人与信托公司须在信托文件中就公益信托财产的投资管理作出明确约定。换言之,对于由慈善组织担任受托人的公益信托,信托财产只能开展低风险、高安全性的投资活动。如果委托人需要受托人对公益信托财产进行更加积极的投资管理运作,那么须委托信托公司作为受托人,或者由信托公司和慈善组织共同担任受托人。[②]

---

① 参见徐卫:《公益信托制度重塑论》,法律出版社2020年版,第262页。

② 在公益慈善信托实务中,由慈善组织单独作为受托人的案例较为少见,数量上远低于信托公司单独担任受托人的情况。

（二）慈善组织财产投资管理规定

在世界范围内慈善机构一直都是从事公益慈善事业最主要的组织，《慈善法》第8条也明确规定，慈善组织（基金会、社会团体、社会服务机构）可以成为公益信托的受托人。慈善组织管理的财产通常由两部分组成：一部分是慈善组织的创始财产。这部分财产作为慈善组织的固有财产，可以使其取得非营利法人资格。对于固有财产，按照设立该机构的章程和法律进行管理和运用，通常不涉及公益信托财产的投资管理问题；另一部分是慈善组织成立后接受社会捐赠取得的财产。这部分财产独立于慈善组织的固有财产，要按照捐赠人的意愿和法律的规定管理和处分。

我国公益慈善立法对慈善组织的投资管理有如下规定：[①]其一，慈善组织应当以面向社会开展慈善活动为宗旨，充分、高效运用慈善财产，在确保年度慈善活动支出符合法定要求和捐赠财产及时足额拨付的前提下，可以开展投资活动。其二，慈善组织为实现财产保值、增值进行投资的，应当遵循合法、安全、有效的原则，投资取得的收益应当全部用于慈善目的。其三，慈善组织的重大投资方案应当经决策机构组成人员的2/3以上同意。

依据《慈善组织保值增值投资活动管理暂行办法》第3条的规定，慈善组织可以开展的投资活动包括下列情形：（1）直接购买银行、信托、证券、基金、期货、保险资产管理机构、金融资产投资公司等金融机构发行的资产管理产品；（2）通过发起设立、并购、参股等方式直接进行股权投资；（3）将财产委托给受金融监督管理部门监管的机构进行投资。慈善组织在投资资产管理产品时，应当审慎选择，购买与本组织风险识别能力和风险承担能力相匹配的产品。慈善组织直接进行股权投资的，被投资方的经营范围应当与慈善组织的宗旨和业务范围相关。慈善组织开展委托投资的，应当选择中国境内有资质从事投资管理业务且管理审慎、信誉较高的机构。

（三）公益信托财产的保管制度及规定

信托财产的独立性和信托目的的公益性，是公益信托得以发挥其应有创造性和灵活性的基础。为了增强公益信托财产的独立性和安全性，使其能够独立于受托人个人的破产风险，将公益信托财产在物理形态上归于受托人之外的独立主体——保管人具有重要意义。

我国现行《信托法》《慈善法》等公益慈善领域的基础性法律中虽然尚未建立公益信托财产的保管人制度，但部分规范性文件中对之已有初步规定。例如，原中国银监会在《关于鼓励信托公益开展公益信托业务支持灾后重建的工作中的通知》中首次确认了公益信托也要开设信托财产专户，要求作为受托人的证券公司必须在商业银行开立

① 《慈善法》第54条、《慈善组织保值增值投资活动管理暂行办法》第4条、第6条。

公益信托财产专户,并可以向社会公布该专户账号。[①] 民政部和原中国银监会 2016 年发布的“民发〔2016〕151 号文”则规定,作为备案申请材料的重要内容,委托人需要出具开立公益信托专用资金账户证明、商业银行资金保管协议。部分地方性管理办法对此也有要求。如《北京市慈善信托管理办法》第 12 条规定:受托人对不同的慈善信托,应当在商业银行分别开立慈善信托资金专户,并对不同信托的财产分别管理、分别记账。

结合中国公益慈善信托的发展现状,有无必要统一要求所有公益慈善信托都必须设置保管人制度尚需要进一步研究,尤其是考虑到部分公益慈善信托的存续期间较短、信托目的简单且易于执行、受托人是慈善机构而非信托公司、信托财产系非资金财产,强制要求其设立保管人可能会增加其设立成本,甚至阻碍我国公益慈善事业的正常发展。

三、公益信托财产投资管理的限制

(一)管理和处分公益信托财产的原则

管理和处分公益信托财产需要遵循两个原则:一是信托财产的完全公益性,即公益信托财产及其收益应当全部用于公益目的;二是受托人管理和处分公益信托财产,应当按照公益信托目的,恪尽职守,履行诚信、谨慎管理的义务。

1. 信托财产的完全公益性

用于设立信托的全部财产必须完全彻底地用于公益目的,这是各国公益慈善法制对公益信托的普遍要求。这一点在我国公益慈善法中也有具体体现:

首先,《信托法》第 63 条规定,公益信托的信托财产及其收益,不得用于非公益目的。该法第 59 条、第 60 条和第 64 条的措辞也都在一定程度上强调完全的公益性。

其次,原中国银监会办公厅发布的《关于鼓励信托公益开展公益信托业务支持灾后重建工作的通知》第 6 条规定,信托公司管理的公益信托财产及其收益应当:(1)全部用于公益事业;(2)不得用于非公益目的;(3)不得为自己或他人牟取私利;(4)只能投资于流动性好、变现能力强的国债、政策性金融债及中国银监会允许投资的其他低风险金融产品。此规定也体现了完全公益性原则。

最后,受托人取得适当的报酬和管理费用并不会对公益信托的公益性质造成影响。但受托人在对公益信托财产进行支出时,应当遵照信托文件的约定,特别是要严格执行信托文件中约定的年度公益慈善活动支出数额或比例。[②]

---

① 原中国银监会办公厅《关于鼓励信托公益开展公益信托业务支持灾后重建的工作中的通知》第 4 条第 2 款。

② 《北京市慈善信托管理办法》第 13 条第 4 项。

2. 受托人管理公益信托财产的义务

公益信托成立后,由受托人管理和处分公益信托财产,并将信托财产用于信托文件确定的公益目的。我国公益慈善法对受托人管理公益信托财产的义务有明确要求。

一是忠实管理。公益信托成立后,信托文件是受托人管理公益信托财产的基本依据,一旦受托人选择接受信托,就负有相应的依照信托文件管理信托事务的义务。《慈善法》第 48 条第 1 款对慈善信托受托人的义务有原则性规定,即受托人对慈善信托财产的管理负有忠实义务。

二是谨慎管理。谨慎管理信托财产是公益慈善法对受托人的一项基本要求,我国对此已有抽象的原则性规定。《慈善法》要求受托人对信托财产"谨慎管理",《信托法》的表述则是"受托人管理信托财产,必须恪尽职守,履行诚实、信用、谨慎、有效管理的义务"。[①] 对于谨慎管理的判断标准,现有法律缺少可操作性的参考因素。一般认为,受托人系基于委托人的信任取得公益信托财产的管理处分权,受托人应当秉持较管理自己财产或处理自身事务更高程度的注意和技能来管理公益信托财产,并体现出其所处行业及从业人员的职业技能和谨慎标准。

三是分别管理。出于对公益信托财产安全性的考虑,受托人必须将信托财产与其固有财产分别管理。受托人同时接受两项以上公益信托的,还必须将不同公益信托的信托财产分别管理,根据《慈善信托管理办法》第 27 条的规定,实行分别管理,必须分别记账。通过准确记录公益信托财产的账目,避免信托财产与其他财产相混同。在实践中,受托人也可以参酌公益信托财产的不同类型采取切实可行的办法标明信托财产的性质,使其更易于区别于受托人的固有财产和其他财产。

四是亲自管理。委托人基于信任指定受托人,相信受托人能够遵照委托人的意愿实现公益信托目的。所以委托人必须亲自管理公益信托财产、处理公益信托事务,不得随意委托他人代为管理和处分,这是各国公益慈善法普遍坚持的原则。进入 21 世纪,经济和社会的快速发展对公益信托财产的投资管理提出了更高要求。面对日趋复杂化和多样化的公益信托事务,继续坚持完全由受托人亲自管理公益信托财产的原则未必是最有效率的安排。为此,各国公益慈善法制逐渐放宽受托人必须亲自管理的限制,允许受托人在特殊情况下将某些信托事务委托给他人处理。[②] 在我国,《信托法》和《慈善信托管理办法》均规定受托人应当自己处理公益信托事务,但信托文件另有规定或者有不得已事由的,可以委托他人代为处理。[③] 受托人依法将公益信托事务委托他人代理

---

① 《慈善法》第 48 条第 1 款、《信托法》第 25 条第 2 款。

② 参见邢成、和晋予:《慈善信托理论与实务》,经济管理出版社 2020 年版,第 115 ~116 页。

③ 《信托法》第 30 条、《慈善信托管理办法》第 29 条第 1 款。

的,应当对他人处理公益信托事务的行为承担责任。受托人因依法将公益信托事务委托他人代理而向他人支付的报酬,在其信托报酬中列支。

(二)公益信托财产投资运用的范围

1. 成熟资本市场不作严格限制

在成熟的资本市场,受托人市场相对诚信且发达,信托制度环境更加完善,不对公益信托财产的投资范围施加过多的限制,有利于受托人根据市场情况、公益信托的类型和公益目的等灵活选择投资策略。

现阶段,英美国家很少会对公益信托的投资范围进行严格限定。在英国,除非信托文件有特别约定,否则受托人的投资权利和义务适用《2001 年受托人法》的规定。《2001 年受托人法》要求公益信托的受托人管理信托事务必须保持合理的谨慎,并允许受托人可以如同财产的绝对所有者那样实施任何投资行为。美国法没有直接规定公益信托财产的投资范围,根据《信托法第二次重述》的规定,受托人享有信托条款以特定文字赋予他的权利,以及对实现信托目的是必要的或者适当的权利。受托人在符合商业谨慎的情况下寻求获得回报,无论是通过收益的方式,还是通过财产增值的方式,信托目的将得到最佳的实现。① 该规定在很大程度上体现了美国法对公益信托受托人的投资权限持有的宽松立场。

2. 我国应否适当限制公益信托财产的投资范围

我国的资本市场和信托制度都需要进一步完善,受托人的投资能力和资产管理水平还有较大的提升空间,在此情况下,过于宽松的投资范围有可能影响公益信托财产的安全。所以在我国公益慈善法的背景下,除非信托文件或者法律有授权,受托人通常不享有自由裁量权和投资权,只能将公益信托财产投向法律规定的相对安全的投资标的。

目前,我国公益慈善法对公益信托财产投资运用的限制尚未形成完整且清晰的规范体系。一方面,《慈善信托管理办法》和《北京市慈善信托管理办法》都强调除非合同另有约定,公益信托财产的投资运用原则上应限于银行存款、政府债券、中央银行票据、金融债券和货币市场基金等以现金管理为主的低风险资产。② 另一方面,《北京市慈善信托管理办法》和《慈善组织保值增值投资活动管理暂行办法》从反面列举了受托人和慈善组织不得从事的投资活动,主要有以下三种类型:③(1)把信托财产用于风险比较大的投资活动。如买卖股票、购买商品及金融衍生品类产品、投资人身保险产品、提供担保、借款给非金融机构和个人、进行可能使公益信托承担无限责任的投资。(2)违背

① 参见徐卫:《公益信托制度重塑论》,法律出版社 2020 年版,第 273 页。

② 《慈善信托管理办法》第 30 条、《北京市慈善信托管理办法》第 13 条第 3 项。

③ 《北京市慈善信托管理办法》第 14 条、《慈善组织保值增值投资活动管理暂行办法》第 7 条。

忠实义务对信托财产进行投资管理。如为自己或他人牟取私利。(3)从事违反法律和信托目的的投资活动。如违背公益信托目的的投资、违背慈善组织宗旨、可能损害组织信誉的投资、不符合国家产业政策的投资、非法集资等国家法律法规和信托文件禁止的其他行为和活动。

第四节 公益信托的变更和终止

信托制度具有长期财产管理的功能,以公益和慈善为目的的公益信托尤为如此。相比非公益信托,公益信托的存续期间通常更加久远。为了确保信托目的的实现,公益信托必须具备足以适应未来变化的机制,要么信托当事人事先约定或者事后终止或变更公益信托,要么在法律规定条件出现时变更或者终止信托。

一、公益信托的变更

(一)对公益信托内容的变更

在我国公益慈善法的语境下,公益信托的变更原因是多方面的。《信托法》第 69 条初步确立了公益信托内容变更的基本规则,其要求公益信托成立后,如果发生设立信托时不能预见的情形,那么公益事业管理机构可以根据信托目的,变更信托文件中的有关条款。对比该法第 21 条非公益信托变更的规定,第 69 条没有特别强调对公益信托财产管理方法的变更。据此,只要不涉及变更信托目的,公益信托所有信托条款的变更均应属于可变更的内容。

《慈善信托管理办法》第 38 条对此作了更加详细的列举,即根据信托文件约定或者经原委托人同意,慈善信托可以变更的事项包括:增加新的委托人、增加信托财产、变更"受益人"范围及"受益人"选定的程序和方法,以及国务院民政部门和国务院银行保险业监督管理机构规定的其他情形。在前述变更事项发生后,慈善信托的受托人应当在变更之日起 7 日内向设立慈善信托的原备案的民政部门申请备案,并提交发生变更的相关书面材料。如果当月发生两起或两起以上变更事项的,那么可以在下月 10 日前一并申请变更备案。[①]

(二)对公益信托受托人的变更

鉴于公益信托比较特殊的信托关系结构,受托人在变更、解任、职责终止等方面有

① 参见《慈善信托管理办法》第 19 条。

一些特殊要求,不能直接适用信托法关于非公益信托受托人的一般规则。

1. 受托人变更的事由

《慈善法》第 47 条规定,如果慈善信托的受托人违反信托义务或者难以履行职责的,应允许委托人对受托人进行变更。《慈善信托管理办法》第 37 条进一步规定,慈善信托的受托人违反信托文件义务或者出现依法解散、法定资格丧失、被依法撤销、被宣告破产或者其他难以履行职责的情形时,委托人可以变更受托人。综合来看,导致受托人变更的原因主要有违反信托义务、依法解散、法定资格丧失、被依法撤销、被宣告破产几种情况。关于受托人辞任和被解任能否成为受托人变更的事由,现行公益慈善立法没有明确规定,理论研究者对此多持肯定态度。从《信托法》第 39 条受托人职责终止的情形来看,本书也赞成将受托人辞任和被解任作为受托人变更的事由。

首先,受托人辞任所致变更。公益信托依法设立后,受托人极有可能因为一些事由而辞去任职。公益信托由于关乎社会公共利益,受托人的辞任较非公益信托更显严格。除了要遵照非公益信托受托人辞任的基本规定,获得委托人的同意外,还必须经由公益事业管理机构的批准。[①] 基于公益信托的特殊性质,如此规定有两点理由:一是公益信托的"受益人"在公益信托设立之时往往难以确定,由"受益人"对受托人辞任表达意见,作出同意与否的决定缺乏可行性;二是公益信托受托人的特殊性使其可以享受税收优惠等国家政策。为了维护社会公共利益,确保公益慈善事业的有序进行,设立公益信托时受托人的确定要经过公益事业管理机构的批准。出于同样的考虑,从对公益信托管理连续性的角度,受托人辞去职务也应有公益事业管理机构的介入。

其次,受托人解任所致变更。所谓受托人解任,是指公益信托受托人的行为具有严重违反信托义务或者难以履行职责等情事,由特定主体解除其受托人资格。[②] 在我国,有权解任受托人的特定主体包括公益信托委托人和公益事业主管机构。根据慈善法的相关规定,委托人在两种情况下可以解除受托人的职务:第一种是受托人违反信托文件义务;第二种是受托人出现依法解散、法定资格丧失、依法被撤销、被宣告破产或者其他难以履行信托职责的情形。[③] 比起《信托法》第 23 条的内容,慈善法给委托人解任受托人提供了更大的便利。除此之外,与大多国家将受托人的解任权归于特定机构的做法类似,《信托法》也允许公益事业管理机构可以直接依法变更受托人。

2. 新受托人的产生和备案

受托人职责的终止并不会导致公益信托的终止,因为将有新的受托人产生。关于

---

① 《信托法》第 38 条、第 66 条。

② 参见赵磊:《公益信托法律制度研究》,法律出版社 2008 年版,第 161 页。

③ 《慈善信托管理办法》第 37 条、《北京市慈善信托管理办法》第 19 条。

新受托人的产生方式，目前有三种不同的做法：一是由委托人重新选任新受托人。依据信托法原理，受托人资格的取得基于委托人的高度信任，其继任者同样应该是深受委托人信赖之人。所以无论是公益信托还是非公益信托，在受托人出现变更、解任、职责终止、破产等情况时，由委托人重新指定新受托人有其合理性。二是由信托文件规定。一般认为，信托文件的内容是对委托人意思自治的充分体现，如果信托文件已经明确在受托人变更之时新受托人的人选或者选任方式，应该尊重委托人的意见。英国《1925 年受托人法》对此有过规定，对于信托设立文件没有提名或者提名的人不能或不愿意担任新受托人的，该法允许继续留任的受托人或者当时存在的受托人可以采取书面形式指定其他人成为新受托人，或者直接取代之的规定则缺少合理性。三是由特定机构（公益事业管理机构）选任，日本、韩国等大陆法系国家采用这种方式。此种做法因为缺乏对委托人意思的考虑，被一些国内学者认为不尽合理。

我国公益慈善立法综合了前述做法。根据《信托法》第 40 条、第 42 条的规定，可以认为，公益信托的受托人发生变更时，首先应当依照信托文件的规定选任新受托人；信托文件未规定或者规定不明的，由委托人指定新受托人；委托人不指定或者无能力指定时，由于公益信托不存在特定的受益人，故本应由受益人完成的新受托人选任可以转由公益信托监察人行使；公益信托未设置监察人时，则可以效仿其他大陆法系国家的做法，由公益事业主管机关（民政部门）根据利害关系人的申请或者依职权选任新受托人；共同受托人之一职责终止的，公益信托财产由其他受托人管理和处分。原受托人处理公益信托事务的权利和义务由新受托人或留任受托人承继。

鉴于受托人在公益信托关系结构中的核心地位，新受托人产生后要向公益事业主管机关履行法律规定的登记程序。根据我国慈善法的相关规定，受托人变更之后，应当自变更之日起 7 日内，将变更情况报原备案的民政部门重新备案。①

二、公益信托的终止

（一）公益信托的终止事由

公益信托的终止，是指因法定或者约定的事由出现，使已经合法成立的公益信托关系归于消灭。② 由于我国《信托法》和《慈善法》没有特别规定公益慈善信托的终止事由，所以依据《慈善法》第 50 条的指引和《信托法》第 59 条的立法精神，公益信托的终止原因可以适用《信托法》第 53 条关于非公益信托终止的一般规定。即公益信托的终止事由包括：信托文件规定的终止事由发生、信托的存续违反信托目的、信托目的已经

① 《慈善法》第 47 条、《北京市慈善信托管理办法》第 21 条。

② 参见周小明：《信托制度：法理与实务》，中国法制出版社 2012 年版，第 327 页。

实现或者不能实现、信托当事人协商同意、信托被撤销、信托被解除。《慈善信托管理办法》第40条对此进行了高度一致的列举。相比之下,《北京市慈善信托管理办法》的规定(第24条)比较保守,仅将信托文件规定的终止事由出现、信托目的已经实现或者不能实现、信托被依法撤销三种情形作为终止慈善信托的事由。

针对我国公益慈善法制关于公益信托终止事由的规定,有观点认为,公益信托有别于非公益信托,其终止事由应当与非公益信托有所区别,而《信托法》第53条规定的信托终止情形未能考虑这种特殊性,所罗列的终止事由是否都可以作为公益信托终止的原因,值得讨论。

1. 信托文件规定的终止事由出现

如果信托文件规定了公益信托的终止事由,那么一旦出现此类事由,公益信托即告终止。这些终止事由可以分成两类:一是一定期限的经过。理论上,公益信托可以永续存在,《信托法》也没有对信托的存续期限设置上限,但在实践中,公益信托当事人通常会就信托的存续期限作出限定。只要期限届满,公益信托即可终止。二是其他特定事由的出现。信托文件可以规定公益信托终止的条件,比如,委托人根据《信托法》第52条但书部分的内容约定公益信托因受托人的辞任而终止,一旦信托文件中已经明确的终止条件成就,公益信托可以终止。

2. 信托的存续违反信托目的

信托目的是委托人设立公益信托所欲达成的公益目的,也是公益信托成立和存续的必要条件。如果公益信托的存续有违信托设立时确定的公益目的,那么公益信托应当依法终止。

3. 信托目的已经实现或者不能实现

委托人为了特定的公益目的设立公益信托,如果目的已经实现,公益信托就没有继续存在的必要,应当终止。例如,防治某一乙类传染病的公益信托运行了一段时间后,此种疾病已有办法攻克或者相关致病病毒已经消失,应当认为信托的目的已经实现,该公益信托有必要终止。

如果发生信托文件规定的公益信托目的不能实现的情况,那么公益信托也应当终止。例如,委托人设立一项公益信托,目的是为某所大学的贫困学生提供奖助金,后来这所大学被国家教育主管部门撤销,终止办学资格,该公益信托的存续便失去应有之意,应当终止。

另外,在美国法上,如果公益信托财产的规模太小,已经不足以负担管理成本,影响信托的有效运作和信托目的的实现时,委托人可以依据《统一信托法典》的规定通过简易程序对小型公益信托进行变更或者直接终止这项信托计划。[①]

4. 信托当事人协商同意

在非公益信托中，信托当事人可以通过合意终止信托，但在公益信托中，原则上不应允许委托人和受托人协商一致而终止信托。一方面，因为公益信托可以采用遗嘱的方式设立，如果信托成立后委托人死亡，根本无法与受托人等信托当事人进行协商。[②]另一方面，根据《信托法》第 54 条的规定，公益信托的委托人和受托人可以据此经过协商，同意终止信托并取回信托财产，这显然不符合"完全公益性"基本要求。故有学者指出，如果法律禁止委托人通过终止公益信托而取回剩余财产，可以准许委托人与受托人合意终止公益信托，再依据《信托法》第 72 条，在公益事业管理机构的监督下适用力求近似原则，把剩余财产用于与原来的信托目的相近似的公益目的。[③]

在公益信托中，客观上也不能通过委托人与受益人的合意终止信托。因为作为利害关系人的受益人在公益信托关系结构中是缺位的，能够从公益信托中取得信托利益的人（"受益人"）又是不特定的社会一般公众，几乎无法实现委托人和"受益人"之间的协商一致。即便可以设置信托监察人替代"受益人"行使监督受托人的职权，也必须依法维护"受益人"的合法权益。而与受托人协商终止公益信托存在损害"受益人"利益的可能性，明显不属于信托监察人的职责所在。

5. 信托被解除

信托被解除，是指在信托存续期间，委托人依据法律或者信托文件的规定行使解除权，使信托关系归于消灭，信托终止。依据《信托法》第 50 条、第 51 条的规定，非公益信托在三种情况下可以被依法解除：一是自益信托场合。公益信托属于典型的他益信托，故不适用此情形。二是受益人对委托人有重大侵权行为或者经受益人同意时，委托人可以解除信托。对于公益信托而言，其受益人是不确定的，委托人客观上无法征得受益人的同意而终止信托，即使存在从信托实施中实际获得利益的人（"受益人"）对委托人实施重大侵权行为的情形，公益信托基于公益目的而设立的宗旨决定了其也不可能因为个别"受益人"的错误行为而被解除。三是信托文件规定的其他情形。如果信托文件中明确了委托人解除公益信托的其他情形，应当尊重委托人的意愿，当其他情形出现时，公益信托终止。由于这种情况与公益信托终止的第一项事由重合，本书认为，可以作为"信托文件规定的终止事由出现"的一种情形，不宜单列。

---

① 参见［美］玛丽恩·R. 费莱蒙特－史密斯：《非营利组织的治理：联邦与州的法律与规制》，金锦萍译，社会科学文献出版社 2016 年版，第 169 页。

② 参见文杰：《基层慈善视域下慈善信托法律制度研究》，中国社会科学出版社 2020 年版，第 164 页。

③ 参见赵廉慧：《中国慈善信托法基本原理》，中国社会科学出版社 2020 年版，第 197～198 页、第 200 页。

6. 信托被撤销

在信托法上,公益信托被撤销存在两种情形:一种情形是把撤销行为解读为依据《信托法》第 12 条的撤销。[①] 学术界对于这种撤销能否导致公益信托的终止存在不同看法。部分学者认为,信托被撤销并非公益信托的终止事由,把它作为非公益信托的终止原因本身是立法者的失误。因为《信托法》第 12 条规定的撤销主要功能在于保护委托人的债权人,属于因法律行为(信托行为)事前存在设立瑕疵而被撤销,是对欠缺法定条件的信托行为的撤销,将产生信托无效的法律后果。[②] 另一种情形属于公益事业主管机构撤销许可。现行公益慈善立法并没有明确行政机关撤销公益信托的相关内容,《慈善法》也没有撤销慈善信托备案的说法,故公益事业主管机构能否依职权撤销公益信托不无疑问。

经由前文分析,非公益信托的终止事由不能全部适用于公益信托。在中国法语境下,公益信托终止的事由可以包括以下几种:(1)信托文件规定的终止事由发生;(2)公益信托的存续违反信托目的;(3)公益信托目的已经实现或者不能实现;(4)公益信托被公益事业管理机构依法撤销。

(二)公益信托的终止程序

1. 公益信托终止的报告

《信托法》第 70 条规定,公益信托终止的,受托人应当于终止事由发生之日起 15 日内,将终止事由和终止日期报告公益事业管理机构。由于《信托法》关于"公益事业管理机构"的规定很模糊,受托人依据《信托法》报告的公益事业管理机构可能包括民政部门、教育部门、环保部门、文化部门、卫生部门、科技部门等主管机构。《慈善法》对此虽然未作具体规定,但是依据该法第 50 条,慈善信托的终止和清算等事项也应当适用《信托法》的有关规定,即受托人应当在慈善信托终止事由发生之日起 15 日内报告。

值得注意的是,《慈善法》第 45 条已经将民政部门明确为慈善信托的主要监管机构,从《慈善信托管理办法》第 41 条的规定看,受托人报告的对象已不再是"公益事业管理机构",而统一为民政部门;报告的内容也从终止事由、终止日期扩大到剩余信托财产处分方案和其他有关情况。因此在解释论上,如果受托人根据《慈善法》第 50 条的指引向《信托法》规定的"公益事业管理机构"报告,此时的公益事业管理机构应理解为慈善信托的备案机关——民政部门。

---

① 参见全国人大常委会法制工作委员会编:《中华人民共和国信托法释义》,法律出版社 2002 年版,第 141 页。

② 参见周小明:《信托制度:法理与实务》,中国法制出版社 2012 年版,第 333 页。

2. 公益信托终止的清算

根据《信托法》《慈善法》《慈善信托管理办法》的规定，公益信托终止的，必须依法进行清算，受托人应当制作处理信托事务的清算报告，对其履职情况进行总结，并就公益信托财产管理运用中产生的债权债务作出客观说明。

不同于非公益信托终止的程序性规定，我国法律对公益信托终止的清算提出了比较复杂的程序要求。首先，由受托人在信托终止事由发生之日起 30 日内作出清算报告。其次，依据《慈善法》第 49 条第 1 款和《慈善信托管理办法》第 42 条的规定，如果公益信托设置了信托监察人，清算报告必须获得信托监察人的认可；如果没有确定信托监察人，受托人只需将清算报告向民政部门报告。最后，对于设置有信托监察人的公益信托，清算报告在经信托监察人认可后，还要报告民政部门。

3. 公益信托终止的法律后果

公益信托终止的主要法律后果是剩余财产的归属，《信托法》和《慈善信托管理办法》对此都有明确规定。公益信托终止，信托财产权利原则上应归属于信托文件规定的人。如果信托文件没有事先确定信托财产权利归属人，或者信托财产权利归属人是不特定的社会公众的，那么经公益事业管理机构批准（此时的公益事业管理机构在慈善法的架构下指的是备案的民政部门），受托人应当将信托财产用于与原公益目的相近似的目的，或者将信托财产转移给具有近似目的的其他公益慈善组织或者其他公益慈善信托。[①] 这就是所谓的“力求近似原则”。

案例 5－3：鲁冠球三农扶志基金慈善信托案[②]

【案情介绍】

为纪念父亲鲁冠球，2018 年 6 月 27 日委托人鲁某鼎把自己持有的万向三农集团有限公司（以下简称万向三农）6 亿元出资额对应的全部股权作为信托财产设立“鲁冠球三农扶志基金慈善信托”，此慈善信托的宗旨是让农村发展、让农业现代化、让农民富裕，以影响力投资、以奋斗者为荣、量力而行做实事，信托财产和收益全部用于扶贫、济困、扶老、救孤、恤病、助残、优抚、救灾等慈善活动，促进教育、科技、文化、卫生、体育、环保等事业发展。根据《鲁冠球三农扶志基金宪章》《鲁冠球三农扶志基金章程》《鲁冠球三农扶志基金慈善信托合同》等信托文件的约定，“鲁冠球三农扶志基金慈善信托”实行董事会决策、受托人管理、监察人监督的治理结构。（见图 5－1）在该结构之下，鲁某

① 《信托法》第 72 条、《慈善信托管理办法》第 43 条。

② 参见鲁冠球三农扶志基金官网，http://www.lgqtrust.com/about/structure.html，最后访问时间：2023 年 5 月 13 日。

鼎保留了对“鲁冠球三农扶志基金”的实际控制权,基金董事会保持着对万向三农的实际决策权,形成了“鲁冠球三农扶志基金慈善信托”长期稳定的运行机制和比较完备的内部治理机制。①

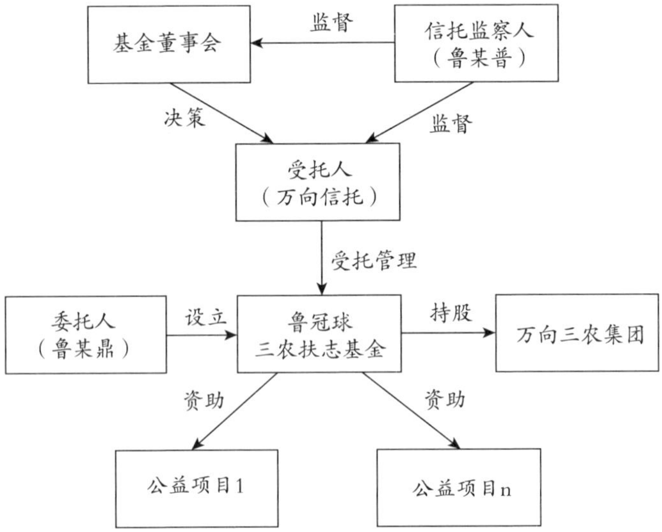

图5-1 “鲁冠球三农扶志基金慈善信托”治理结构示意

“鲁冠球三农扶志基金慈善信托”设立后,通过万向三农间接持有、控股或参股多家公司,包括3家上市公司和9家非上市公司,截至2020年6月末,其持有的资产(含现金、股权和金融资产)净值高达141.79亿元。“鲁冠球三农扶志基金慈善信托”成为迄今为止我国信托财产规模最大的永久存续的股权慈善信托,也是首个资产规模超过百万亿的慈善信托。目前,鲁冠球三农扶志基金的慈善活动主要包括两类:对外资助和影响力投资。对外资助方面,积极开展助农、助学、帮扶各类弱势群体、扶助欠发达村镇的多个公益慈善项目。包括:旨在为扶助孤儿成长、特困生读书、残疾儿童生活、孤寡老人养老的“四个一万工程”,已经覆盖全国21个省(自治区、直辖市)的222个县(区),资助人数超过47,000人,资助金额接近3亿元;支持“十万人留学中国计划”的开展;支持浙江省农业技术推广项目,奖励全省优秀的农技工作者;扶助萧山区生活困难群众;资助杭州、萧山、淳安等地中小学助教助学;扶持经济落后村镇发展,帮助当地进行基础设施建设;启动生态系统和生物多样性恢复公益项目,探索生态恢复和恢复后可持续管理模式,助力乡村振兴,等等。影响力投资方面,特别注重以产业扶志方式,带动就业增

① 参见中国慈善联合会慈善信托委员会:《中国慈善信托发展报告2020》,中国社会出版社2021年版,第129~133页。

加、农民增收、环境改善,以经营的思维做慈善。

【案件解析】

依据我国《信托法》第14条的规定,一切能够依法转让的财产都可以作为信托财产设立信托,当然也可以设立公益慈善信托。从法律性质上看,“鲁冠球三农扶志基金慈善信托”是一只以股权作为信托财产的公益信托,其灵活、持续的运作模式非常适合家族慈善的长期运行,对于我国公益慈善事业的健康发展具有极其重要的意义。

1. 股权类公益信托财产登记面临制度障碍

受政策和法律限制,我国现阶段的公益慈善信托主要表现为现金型,以股权作为信托财产的公益信托发展较为缓慢,“鲁冠球三农扶志基金慈善信托”的出现一定程度上丰富了我国公益慈善信托的财产类型。

根据《信托法》第10条的规定,就股权等法律规定应当办理登记手续的财产设立信托,应当办理信托登记。但是现实中,受制于《信托法》中的信托财产登记制度,以现金以外的其他财产设立公益信托面临不小的制度障碍。其一,我国目前尚未建立信托财产统一登记制度,相关登记部门拒绝把信托文件作为信托财产的登记依据,由此导致以非货币财产设立公益信托的设想较难落地,一定程度上限缩了设立公益信托的财产范围。《慈善信托管理办法》第28条尽管对于非资金信托有所涉及,但是没有进一步言明包括股权信托在内的非资金信托应当如何“委托第三方进行保管”。[①] 其二,公司股权有上市公司股权、非上市公司股权之分,其财产转移的法律手续各有不同。委托人以公司股权设立公益信托后,公益信托相应成为公司的新股东,公司应当按照《公司法》和相关登记管理规定办理股权变更登记手续。具体来说,以上市公司股权和非上市公司股权作为信托财产的公益信托,应当按照《中国证券登记结算有限公司证券登记规则》《证券非交易过户实施细则(适用于继承、捐赠等情形)》《非上市公众公司股份登记存管业务实施细则(试行)》等业务规定,在中国证券登记结算有限责任公司办理股权过户登记。以有限责任公司股权设立公益信托的,依据《公司法》、《市场主体登记管理条例》及其实施细则的要求,股东向股东以外的主体转让股权,应当经其他股东过半数同意,自股权变更之日起30日内向市场监管部门申请办理变更登记。

2. 以公司股权设立公益信托面临税收难题

2016年4月,财政部和国家税务总局联合发布《关于公益股权捐赠企业所得税政策问题的通知》(以下简称《公益股权捐赠通知》),根据《公益股权捐赠通知》的规定,企业向公益性社会团体实施的股权捐赠视同转让股权,股权转让收入额以企业所捐赠股权取得时的历史成本确定。企业实施股权捐赠后,以其股权历史成本为依据确定捐赠

---

① 参见金锦萍:《公益信托与慈善信托专论》,社会科学文献出版社2020年版,第127页。

额,并依此按照企业所得税法有关规定在所得税前予以扣除。公益性社会团体接受股权捐赠后,应按照捐赠企业提供的股权历史成本开具捐赠票据。

《公益股权捐赠通知》出台开创了国内股权捐赠的先河,但是以股权作为信托财产的公益信托是否可以比照该规范性文件的有关内容处理税收事宜,值得思考。首先,《公益股权捐赠通知》明确提出"前款所称的股权,是指企业持有的其他企业的股权、上市公司股票等"。其次,这里的股权捐赠行为只能是"企业向境内公益性社会团体实施的捐赠"。最后,《公益股权捐赠通知》所称"公益性社会团体"是指注册在中国境内,以发展公益事业为宗旨、且不以营利为目的,并经确定为具有接受捐赠税前扣除资格的基金会、慈善组织等公益性社会团体。综合前述条款的文义限定,以公司股权直接设立公益慈善信托的情形似乎很难参照《公益股权捐赠通知》执行,因此将股权作为信托财产的公益慈善信托的税收优惠问题仍然有待立法明确。

3. 以公益慈善信托为载体开展家族慈善

随着国内财富人群的快速增长,公益慈善已经成为家族财富传承的标配,加上《慈善法》《慈善信托管理办法》和相关地方性管理办法的助推,中国的公益慈善事业正迎来蓬勃发展的阶段。

与此同时,财富人群的公益慈善理念在悄然发生变化。从早期通过企业、个人进行"一对一"或者"一对多"的直接赠与,到借助更加专业、精准、系统的组织中介,使财富发挥更大的公益和慈善效用,公益慈善正逐渐成为一种可持续、可传承的家族财富。个性化的信托架构能够结合捐出人或委托人的需求,实现委托财产隔离和资产的保值增值,同时保证公益慈善财产的长效性与稳定性。"鲁冠球三农扶志基金慈善信托"通过引入家族成员的参与机制,以创新的内部治理结构为未来以公司股权作为信托财产的公益慈善信托提供了有益的实践范例。

第三编　营业信托

第六章　营业信托的主要类型

第一节　营业信托分类概述

一、监管视角下营业信托的分类

我国《信托法》并未规定营业信托与民事信托的区分界限。有观点认为"营业信托是个人或法人以财产增值为目的,委托营业性信托机构进行财产经营而设立的信托。非营业信托即民事信托,是个人为抚养、扶养、赡养、处理遗产等目的,委托受托人以非营利业务进行财产的管理而设立的信托。"①此观点下,营业信托具备 2 个特征:"财产增值目的(A) + 营业性信托机构(B)",非营业信托(民事信托)也具备 2 个特征:"抚养、处理遗产等目的(X) + 非营利业务(Y)"。但现实中的信托可能是复杂的,比如国内近年来兴起的家庭信托,大多同时具备上述 4 个特征,即家庭信托 = A + B + X + Y。此时,按照上述观点就很难界定家庭信托的性质。有学者认为最简单的判断方式就是以受托人是否为营利性的法人机构作为第一层区分,然后再根据信托目的加以区分,凡受托人是非营利性法人机构的,均为非营业信托,其中多数为民事信托;反之,受托人为营利性法人机构的均为营业信托,其中多数为商事信托。营业信托与非营业信托中,均包括部分以公益为目的信托,即公益信托。②

我国监管视角下的营业信托分类经历了一个不断探索的过程,体现了监管机关对信托分类理解的变化。

2014 年,中国人民银行发布了由中国信托业协会起草的《信托业务分类及编码》(JR/T 0106—2014),从九个维度对信托业务进行了分类,分别是:(1)根据信托设立时委托人交付信托机构的财产形态而进行的分类,即资金信托、财产信托[不动产信托、动产信托、有价证券信托、债权信托、股权信托、知识产权信托、其他财产(权)信托];

① 全国人大常委会法制工作委员会编:《中华人民共和国信托法释义》,法律出版社 2002 年版,第 51 页。

② 参见赵廉慧:《信托法解释论》,中国法制出版社 2015 年版,第 49 ~ 50 页。

(2)根据同一信托中委托人的数量而进行的分类,即单一信托、集合信托;(3)根据信托目的的不同而进行的分类,即私益信托(自益信托、他益信托)、公益信托、目的信托;(4)根据信托设立的方式不同而进行的分类,即合同信托、遗嘱信托、其他书面信托;(5)根据委托人的类型不同而进行的分类,即机构信托(银信理财合作信托、信贷资产证券化信托、企业年金信托、其他机构信托)、个人信托、机构和个人信托;(6)根据信托机构受托职责不同而进行的分类,即主动管理信托、被动管理信托;(7)根据信托财产的运用方式不同而进行的分类,即融资信托、投资信托(房地产投资信托、证券投资信托、私人股权投资信托、其他投资信托)、事务管理信托;(8)根据受益人取得信托财产收益的特征而进行的分类,即固定收益信托、浮动收益信托;(9)根据信托财产运用的区域不同而进行的分类,即境内运用信托、境外运用信托。①

2017年,中国银监会下发的《信托业务监管分类试点工作实施方案》(信托函〔2017〕29号)以及《信托业务监管分类说明(试行)》,将信托公司的信托业务分为八大类:债权信托、股权信托、同业信托、标品信托、资产证券化、财产权信托、公益(慈善)信托、事务信托。其中:(1)债权信托,是指信托公司依据信托文件的约定,将信托资金直接或间接投资运用于非公开市场交易的债权性资产的信托业务,根据其运用方式分为两类,即信托贷款类、其他类。(2)股权信托,是指信托公司依据信托文件的约定,将信托资金直接或间接投资于非公开市场交易的股权性资产等的信托业务,根据其运用方式分为两类:股权投资类、其他投资类。(3)同业信托,是指依据信托文件的约定,信托资金来源或运用于金融同业的信托业务,具体分为:金融机构被动管理类、投资非标同业类。(4)标品信托,是指信托公司依据信托文件的约定,将信托资金直接或间接投资于公开市场发行交易的金融产品的信托业务。(5)资产证券化,是指信托公司作为受托人按照信托文件等的约定,以资产支持证券的形式发行受益凭证,以进行结构性融资活动为特定目的的信托业务。(6)财产权信托,是指信托公司依据信托文件的约定,以依法可以流转的非资金形式的财产或财产权设立信托,对信托财产进行管理和处分的信托业务。(7)公益(慈善)信托,是指信托公司根据《信托法》《慈善法》的规定,以公益(慈善)为目的的开展的信托业务。(8)事务信托,是指信托公司依据委托人的指令,对来源于非金融机构的信托资金进行管理和处分的信托业务。

2018年,《资管新规》将信托业务中的资金信托界定资产管理产品,并将资产管理产品按照投资性质的不同,分为固定收益类产品、权益类产品、商品及金融衍生品类产品和混合类产品。

2023年3月20日,中国银保监会发布的《关于规范信托公司信托业务分类的通

① 参见《信托业务分类及编码》(JR/T 0106—2014)。

知》,以信托目的、信托成立方式、信托财产管理内容之不同,将信托业务分为三大类,依次为:资产服务信托、资产管理信托、公益慈善信托。

二、金融视角下营业信托的分类①

我国引入信托法的主要动因并非基于发展民事信托需要,而是为了满足金融市场发展的需求。金融视角下,信托的资产管理和资产服务具体可分为四类:投资银行业务、资产管理业务、财富管理业务、服务信托业务。

(一)投资银行业务

投资银行业务,是指信托公司向买方客户(社会投资者,委托人/受益人)发行信托产品募集所需资金,通过创设债权、股权等融资工具和交易结果,向卖方客户提供融资。投资银行是与商业银行相对的概念。商业银行主要进行的是间接金融,间接金融是指资金供求双方不直接发生债权债务关系,而是由金融机构以债务人和债权人身份介入其中进行资金融通,例如储户将货币存入银行并与银行形成债权债务关系,银行通过发放贷款与贷款商业主体之间形成关于贷款的债权债务关系,储户与贷款商业主体之间不具有债权债务关系。投资银行从事的是直接金融服务,主要是撮合交易,即将资金端和资产端直接进行匹配,资金端和资产端形成直接的债权债务或其他法律关系。理论上,投资银行可以为卖方服务(提供资金筹措、风险管理、贸易融资等解决方案),也可以为买方服务(寻找投资标的等),当其为买方服务时会与资产管理业务的概念产生交集。实务中,投资银行业务一般是指卖方投资银行业务,例如为资金需求方提供股票发行、债券发行、并购重组、财务顾问等服务。

信托公司从事的具有投资银行业务性质的信托服务是向投资者发行信托产品募集所需资金,通过创设债务、股权等融资工具和交易结构,向卖方客户(资金需求方)提供融资,典型形式是集合资金信托计划。

按照投资标的的不同,信托投行业务包括债权投资信托、股权投资信托、资产流动化信托。其中,债权投资信托是将信托资金投资于非公开市场交易的债权性资产;股权投资信托是将信托资金投资于非公开市场交易的股权型资产;资产流动化信托则是以可产生稳定现金流的基础资产设立信托并将信托受益权拆分并向投资者转让,以转让款满足融资需求。

债权投资信托与股权融资信托均具有资产管理的性质,因此有观点认为狭义的信托投行业务不包括债权投资信托、股权投资信托,而应仅包括:信贷资产证券化业务、企

① 本部分主要参见王道远、周萍、翁两民、贺洋:《信托的逻辑:中国信托公司做什么》,中信出版集团2019年版。

业资产证券化业务、资产支持票据业务、房地产信托投资基金业务。[①]

(二)资产管理业务

资产管理业务,是指信托公司为满足买方客户的投资需求,按照约定的投资范围和投资策略,将客户交付的信托资金配置到各类金融产品中。如上文所述,信托投行业务中的债权投资信托、股权投资信托具有资产管理的性质,与资产管理业务存在重叠,本节中的资产管理业务与投资银行业务中的资产管理的区别为:前者强调资金的集合运作和组合投资,后者强调的是通过创设金融产品运用资金。

金融视角下的资产管理业务不涉及金融产品的创设,投资标的都是市场上已经存在的,可以是证券、基金份额、信托受益权等金融产品,也可以是股权、实物等非金融产品。资产管理业务的特征是:集合投资、专业管理、分散风险。相比于投资银行业务,资产管理业务首先考量客户有什么投资需求,然后构造出产品,设定投资范围、投资策略,通过组合投资,形成按照特定策略构造的资产包。

资产管理业务在实务中的核心是基于信义关系创设组合投资工具,统称为信托投资基金。信托投资基金的形态可以分为:封闭式与开放式,公募与私募,直接配置型与间接配置型,固定收益类、权益类、商品及金融商品衍生品类、混合类,标准化资产投资基金与非标准化资产投资基金。

封闭式信托投资基金在宣告成立后进行封闭,在一定时期内不再接受新的投资,开放式信托投资基金在的发行基金单位总额不固定,可视投资者的需求追加发行,投资者也可以根据自身决策要求赎回基金份额或者再买入基金份额。公募信托投资基金面向不特定社会公众发行,"公开发行"的认定标准可参照《证券法》之规定。私募信托投资基金面向合格投资者通过非公开方式发行。直接配置型信托投资基金是信托公司接受委托人委托,对其资金实施管理运用,将信托资金投资于证券市场产品,获取投资收益,信托公司履行受托人管理职责、获取佣金的信托业务,这里的"直接"强调受托人在资产配置中的主动角色。间接配置型信托投资基金是指信托公司不直接将基金资产投资于证券产品,而是投资于其他基金(主要表现为FOF模式)或者直接将基金资产委托给其他基金经理来管理,形成部分投资决策权限的外溢(主要表现为MOM模式)。"固定收益类、权益类、商品及金融商品衍生品类、混合类"是按照投资标的的不同进行的分类,具体将在本章第三节中阐述。标准化资产投资基金与非标准化资产投资基金的区别是投资标的属于标准化产品还是非标准化产品,标准化产品主要指:银行间市场的标准化产品(利率债、企业债、信贷资产支持证券、ABN、非公开发行的债务融资工具)、交易所市场的标准化产品(深交所、上交所、北交所的股票、公开或非公开发行的公司债、

① 参见王宁:《信托业务操作实务与图解》,法律出版社2019年版,第209页。

专项资产支持计划）。

（三）财富管理业务

财务管理业务，是指信托公司根据高净值客户的需求，以客户经理、投资经理、财税顾问、法律顾问为专业团队，以金融同业为合作伙伴，提供资产配置、财富传承、事务管理等一系列服务，为客户量身打造解决方案。财富管理的业务逻辑是由高净值客户产生需求，客户把资产交付给信托公司，信托公司进行综合管理以满足客户的多维度需求，打造综合服务。

财富管理业务的特点是：客户为积累大额财富的机构和个人，通常为个人；服务内容体现了个性化和综合化；管理对象是客户的“财富”，包括金融资产、非金融资产、有形资产、无形资产；外在表现为一揽子产品和服务的集合，使信托公司成为财富的“管家”；由于通常是长期财产安排，甚至是代际传承，因此具有很长的服务期限；从管理方的能力角度，要求信托经理具有广泛的视野，能牵头组织全方位服务；管理流程不再以项目为中心，而是以客户为中心，以信托项下账户构建与账户管理为基础，建立独立的账户管理、交易管理、风险管理等流程。

财富管理业务在我国的主要实践方式是：家庭信托、保险金信托、专户理财等。具体将在本章第三节中详细展开。

（四）服务信托业务

服务信托业务，是以信托财产独立性为前提，以资产账户和权益账户为载体，以信托资产安全持有为基础，由信托公司为客户提供开户/建账/会计、财产保管/登记、交易、执行监督、结算/清算、估值、权益登记/分配、信息披露、业绩归因、合同保管等托管运营类金融服务的信托业务。

服务信托业务的核心内容是托管，其本质是为客户需求提供事务管理类的服务。根据信托目的的不同，服务信托可以分为两大类：一是为金融活动提供服务的业务，如证券投资服务信托、资产流动化信托和结算清算服务信托等；二是为非金融活动提供服务的业务，如消费信托、土地流转信托、员工持股信托、遗嘱信托、企业年金受托业务信托、股权信托、为慈善与公益项目信托。在上述两类信托中，服务信托均可以提供开户/建账/会计、财产保管/登记、执行监督等服务，具体视项目需求而定。

第二节　资产服务信托

一、概述

《信托法》第 3 条规定：委托人、受托人、受益人（以下统称信托当事人）在境内进行民事、营业、公益信托活动,适用本法。据此,信托分为民事信托、营业信托、公益信托三类。而中国银保监会《关于规范信托公司信托业务分类的通知》(2023 年)将信托公司的营业信托分为“资产服务信托、资产管理信托和公益慈善信托”三类。这两种分类之间是否存在冲突?营业信托与公益慈善信托之间是否存在冲突?

在公益慈善信托中,根据受托人的不同,通常存在三种情形:以慈善组织为受托人、以信托公司为受托人、以慈善组织和信托公司作为共同受托人。以信托公司作为受托人为例,虽然委托人是基于公益/慈善目的,但信托公司设立该信托项目属于营利行为,是信托公司根据委托人的意愿(公益/慈善)对信托财产进行管理和运作,包括资金拨付、资金使用监管以及项目实施效果评估等事宜,于信托公司而言属于营业信托的范畴。因此,将信托公司的营业信托分为三类“资产服务信托、资产管理信托、公益慈善信托”与《信托法》第 3 条并不冲突。

资产服务信托,是指信托公司依据信托法律关系、接受委托人委托并根据委托人需求为其量身定制财富规划和代际传承、托管、破产隔离和风险处置等专业信托服务。信托公司应当将符合上述特征的信托业务归入资产服务信托,按照服务内容和特点分为财富管理服务信托、行政管理服务信托、资产证券化服务信托、风险处置服务信托及其他资产服务信托共五类。

资产服务信托业务不涉及向投资者募集资金的行为,不适用规范资产管理业务的《资管新规》。信托公司开展资产服务信托业务,应确保信托目的合法合规,提供具有实质内容的受托服务,不得为各类违法违规活动提供通道服务,不得主动负债,不得通过财产权信托受益权拆分转让等方式为委托人融资需求募集资金(依据金融管理部门颁布规定开展的资产证券化业务除外),原则上不得以受托资金发放信托贷款。信托公司确实基于委托人合法信托目的受托发放贷款的,应当参照《商业银行委托贷款管理办法》(以下简称《委托贷款办法》)进行审查和管理,其信托受益权转让时,受益人资质和资金来源应当持续符合《委托贷款办法》要求。[①]

二、财富管理服务信托

(一)家庭信托

家庭信托,是指信托公司接受单一自然人委托,或者接受单一自然人及其亲属共同委托,以家庭财富的保护、传承和管理为主要信托目的,提供财产规划、风险隔离、资产配置、子女教育、家族治理、公益慈善事业等定制化事务管理和金融服务。《关于规范信

① 《关于规范信托公司信托业务分类的通知》(银保监规〔2023〕1 号)附件 1《信托公司信托业务具体分类要求》。

托公司信托业务分类的通知》(2023年)规定:(1)家庭信托初始设立时实收信托财产金额应当不低于1000万元。(2)家庭信托的受益人应当为委托人或者其亲属,但委托人不得为唯一受益人。(3)家庭信托涉及公益慈善安排的,受益人除了信托公司外,可以包括公益慈善信托或者慈善组织。(4)单纯以追求信托财产保值增值为主要信托目的、具有专户理财性质的信托业务不属于家庭信托。有观点认为,监管部门为家庭信托划定实收信托的金额,是出于方便识别的考虑,但从本质上看,设定金额标准并无充分的理由,只要具有家庭财富的保护、传承、管理的目的,提供定制化综合服务的,均属于家庭信托,[①]该观点有合理性。

在市场上有众多律师事务所提供家庭信托业务相关服务,但律师提供的并非信托服务本身,而是根据信托公司或自然人当事人的委托,为信托公司开展的境内家庭信托业务提供的包括但不限于方案设计与审查、法律尽职调查、法律文件起草与审核、法律意见书出具等以非诉业务为主的法律服务,或者为自然人当事人提供信托结构设计、信托合同起草相关的法律咨询服务。

家庭信托不受《资管新规》的约束,因此在项目设计和运行构成中存在较大的灵活性。根据家庭信托设立时,信托公司接受的委托人交付的信托财产形态的不同,家庭信托可以分为现金类家庭信托、非现金类家庭信托和混合类家庭信托。家庭信托主要具有财富传承、风险隔离、财富保值增值、财产管理、财产保密等功能:

(1)财富传承

主要通过受益权安排,将信托财产按照受益权安排分配给指定的受益人,而非按照继承制度承继财产。

(2)风险隔离

信托财产在信托项目成立后成为信托公司的财产,根据我国《信托法》第12条、第15条、第17条以及《九民纪要》第95条及相关判例,除了"特定情形"外,该信托财产具有独立性,不会成为公司清算财产也不会成为遗产,不得被强制执行,具有风险隔离作用。

"特定情形"主要指该信托的财产或目的违法。具体包括:①信托的财产来源不合法,包括财产系非法所得或者非法转移夫妻共同财产等;②设立信托是为了非法避债;③委托人权力保留过大,使信托财产和委托人个人名下的资产没有区别,本质仍是委托人的资产,不具有信托的实质;[②]④信托财产本身应负担的税款;⑤受托人处理信托事

---

① 参见王道远、周萍、翁两民、贺洋:《信托的逻辑:中国信托公司做什么》,中信出版集团2019年版,第162页。

② 参见新加坡高等法院(2022)SGHC278号判决书。在该案中,新加坡高等法院认为信托财产仍属于某公司创始人张某的控制下,本质上仍属于张某的个人资产,据此判定该信托财产可被债权诉讼强制执行。

务所生债务,债权人要求清偿该债务等。

(3)财富保值增值

通过信托公司的专业运营,实现财富的保值增值,但单纯以追求信托财产保值增值为主要信托目的、具有专户理财性质的信托业务不属于家庭信托。

(4)财产管理

信托财产在存续期内,由信托公司按照信托合同约定,向受益人分配财产。通过该方式,避免该财产因由家族管理而导致无法按照委托人意愿分配给受益人。

(5)财产保密

信托公司基于信托合同对财产进行保密与控制,不向第三方披露,起到财产保密的功能。

(二)家庭服务信托

家庭服务信托由符合相关条件的信托公司作为受托人,接受单一自然人委托,或者接受单一自然人及其家庭成员共同委托,提供风险隔离、财富保护和分配等服务。《关于规范信托公司信托业务分类的通知》(2023 年)规定:(1)家庭服务信托初始设立时实收信托应当不低于 100 万元,期限不低于 5 年,(2)家庭服务信托的投资范围限于以同业存款、标准化债权类资产和上市交易股票为最终投资标的的信托计划、银行理财产品以及其他公募资产管理产品。①

由《关于规范信托公司信托业务分类的通知》(2023 年)规定的家庭服务信托的概念可知,家庭服务信托属于单一信托。此外,由于家庭服务信托业务不属于资产管理业务,不适用《资管新规》对委托人应当是合格投资者的要求。家庭服务信托既可以是自益信托,也可以是他益信托,而资产管理信托原则上应为自益信托。

家庭服务信托是目前市场上"家庭信托"产品中的一种。随着我国居民财富迅速积累,社会财富管理需求持续释放,家庭服务信托面临着良好的发展机遇。大量不满足家庭信托初始资金门槛(1000 万元)的准家庭信托,将以家庭服务信托的形式出现。在大城市,不少家庭的资金超过这一门槛,意味着信托公司的家庭服务信托业务存在巨大的发展空间。

(三)保险金信托

保险金信托,是指信托公司接受单一自然人委托,或者接受单一自然人及其家庭成员共同委托,以人身保险合同的相关权利和对应利益以及后续支付保费所需资金作为信托财产设立信托。当保险合同约定的给付条件发生时,保险公司按照保险约定将对应资金划付至对应信托专户,由信托公司按照信托文件管理。

---

① 《关于规范信托公司信托业务分类的通知》(银保监规〔2023〕1 号)第 1 条。

保险金信托是一种结合“保险”与“信托”的金融服务商品，主要目的在借由信托与保险制度的结合，提升受益人的权利保障，避免作为保险受益人的子女存在未成年或精神或智力疾患的情况下，因监护人盗用或管理不善致使保险金无法落实保障遗族的目的，或者保险受益人虽具有完全民事行为能力但可能挥霍保险金时，通过信托制度按照信托委托人的意愿向子女分配保险金权益，以确保保险受益人的生活得到保障。其制度优势除了利于保险受益人利益的保护之外，还有如下几点：第一，利于合理避税。这一点在英美等国的保险金信托产品中体现得很充分，在美国，民众广泛采用保险金信托的模式来合法避税。第二，利于实现风险或债务的隔离。保险金信托成立后，保险金依约成为信托财产，这些财产独立于受托人和委托人的固有财产，当委托人或受托人被债权人追索或陷入破产清算状态时，保险金信托财产依法可避免被追索或列入清算财产。第三，利于实现保险金的保增值。保险事故发生后，保险人支付的保险金进入信托机构账户，作为受托人的信托机构通常具有较为丰富的投资理财经验，其通过专业人员的管理运用，可望获得较高的投资收益。同时，保险金信托具有的给付灵活、手续简便、私密性高等优点，也更利于家族财富传承目标的实现。①

（四）特殊需要信托

特殊需要信托，是指信托公司接受单一自然人委托，或者接受单一自然人及其亲属共同委托，以满足和服务特定受益人的生活需求为主要信托目的，管理处分信托财产。特殊需要信托是信托的特别表现形式，“特殊”在于受益人多为心智障碍者、失能失智老年人和其他生活不能自理的人，除需要提供信托的专业财务管理支持外，还需要提供终身监护和托养照护，特殊需要信托正是以满足和服务上述特殊需要人群的生活需求为主要信托目的的一种特别的信托制度安排。②

2020 年，深圳市《关于促进身心障碍者信托发展的指导意见》针对身心障碍者信托关系建立、设立基本流程、监督管理、信托终止财产处理与争议解决作出了详细规定。2021 年，《上海市残疾人事业发展“十四五”规划》，提出对弱监护、无监护等缺乏完全民事行为能力的残疾人探索建立财产信托制度。

在特殊需要信托的结构安排中，受托人作为独立于老残特殊家庭利害关系人的第三方机构，能够客观、理性地严格履行忠实、尽责的信义义务，充分发挥两个方面的核心优势：一是利用自身专业的资产管理能力，管理、分配及处置好用于服务特殊需要人群的信托财产；二是充分发挥基于机构优势的事务管理能力和资源整合能力，选任并与专

---

① 参见任自力、曹文泽：《保险金信托的法律构造》，载《法学》2019 年第 7 期。

② 参见何锦璇、李颖芝：《特殊需要信托：财务规划比较研究》，姚江涛、袁田译，法律出版社 2021 年版，译者序。

业的托养照护机构进行合作,为特殊需要人群提供日常生活、医疗、护理等方面的受托服务,并协助适时监督。特殊需要人群范围比较广泛,包括但不限于患有孤独症孩童、失能失智老人以及其他缺乏生活自理能力的残障人士群体。近年来,国内信托机构在此方面已有部分积极探索。①

(五)遗嘱信托

遗嘱信托,是指单一委托人(立遗嘱人)为实现对遗产的计划,以预先在遗嘱中设立信托条款的方式,在遗嘱及相关信托文件中明确遗产的管理规划,包括遗产的管理、分配、运用及给付等,并于遗嘱生效后,由信托公司依据遗嘱中信托条款的内容,管理处分信托财产。

遗嘱信托的受托人可以是信托公司或自然人。由信托公司而非自然人作为受托人设立遗嘱信托的优点是可避免受托自然人个人死亡等情形致遗嘱信托的执行障碍。②

遗嘱信托在我国《信托法》和《民法典》中均有规定。其中,《信托法》第 13 条规定"设立遗嘱信托,应当遵守继承法关于遗嘱的规定。遗嘱指定的人拒绝或者无能力担任受托人的,由受益人另行选任受托人;受益人为无民事行为能力人或者限制民事行为能力人的,依法由其监护人代行选任。遗嘱对选任受托人另有规定的,从其规定"。《民法典》第 1133 条规定"……自然人可以依法设立遗嘱信托。"

在遗嘱信托中,委托人应当预先以遗嘱方式,将财产的规划内容,包括交付信托后遗产的管理、分配、运用及给付等,订立在遗嘱中,待遗嘱生效时,再将信托财产转移给受托人,由受托人依据信托的内容,管理处分信托的遗产。③ 遗嘱信托包括三方当事人:一是委托人即被继承人;二是受托人即遗嘱执行人;三是受益人即继承人。

(六)其他个人财富管理信托

其他个人财富管理信托,是指信托公司作为受托人,接受单一自然人委托,提供财

① 比如,2019 年,万向信托参考日本监护制度支持信托,结合我国国情和法律制度,落地了境内首单监护支援信托;光大信托根据深圳市残疾人联合会和深圳市地方金融监督管理局发布的《关于促进身心障碍者信托发展的指导意见》,于 2021 年落地境内首单身心障碍服务信托,创设"财产管理 + 公益"的信托服务,打造"弱有众扶"的帮扶体系;2021 年,中航信托发布了"航殊恒爱 · 特殊需要信托"服务产品,联合保险机构、照护机构共同探索特殊需要信托的综合服务体系;此外,紫金信托和万向信托还通过特殊需要慈善信托开展针对孤独症和残障儿童的慈善信托帮扶救助。参见袁田:《特殊需要信托纾解老残家庭困境》,载《中国金融》2023 年第 4 期。

② 例如,2018 年 12 月,北京信托设立了全国首单以信托公司为受托人的遗嘱信托。该遗嘱信托项下,委托人先在北京信托设立一个期限 100 年的家庭信托,同时将持有的房产、股权、车辆等非现金财产设立遗嘱,明确身故后根据公证遗嘱及家庭信托合同约定,将相关财产与收益作为遗嘱信托财产由北京信托管理,向父母、兄弟姐妹与子女分配信托收益,满足养老医疗、生活、学习等需求。北京信托除担任受托人外,还作为遗嘱执行人,履行将遗嘱中明确的财产完整装入信托的职责。参见中国信托业协会:《中国信托行业研究报告(2020)》,社会科学文献出版社 2020 年版。

③ 参见杨立新:《我国继承制度的完善与规则适用》,载《中国法学》2020 年第 4 期。

产保护和管理服务。委托人应当以其合法所有的财产设立财富管理信托，不得非法汇集他人财产设立财富管理信托。其他个人财富管理信托的信托受益权不得拆分转让。比如，浙江信托于2023年4月落地了国内首单“其他个人财富管理信托”，其具体方式为：为客户独立开户建账，提供“一站式”账户管理、多元资产配置等服务，该信托以自然人作为信托委托人，以财产保护、财产管理为目的，受益方式可灵活选择。

“其他个人财富管理信托”与下文“法人及非法人组织财富管理信托”的区别主要在于委托人是个人还是法人或其他组织，二者的资产规模门槛也有不同。值得注意的是，个人财富管理的目的是“提供财产保护和管理服务”，其中的“财产管理服务”也具有资产管理功能，存在异化为资产管理信托的风险。

（七）法人及非法人组织财富管理信托

法人及非法人组织财富管理信托，是指信托公司作为受托人，接受单一法人或非法人组织委托，提供综合财务规划、特定资产管理、薪酬福利管理等信托服务。除以薪酬福利管理为信托目的外，法人及非法人组织财富管理信托应当为自益信托。法人及非法人组织财富管理信托受益权不得拆分转让。法人及非法人组织财富管理信托委托人交付的财产价值不低于1000万元，高于其他个人财产管理信托600万元的资产门槛。

法人或非法人组织应当以合法所有的财产设立财富管理信托。单个资产管理产品管理人以资产管理产品资金委托信托公司提供专户受托服务，仅限于配置银行存款、标准化债权类资产、上市公司股票、公募证券投资基金以及符合信托监管规定的衍生品。信托公司为资产管理产品管理人提供的受托服务不得与《资管新规》相冲突。信托公司可以依据人力资源和社会保障部关于年金基金管理的规定，为年金基金提供专户受托服务。除上述情形外，委托人不得以资产管理产品财产、资产服务信托财产或者以其他方式汇集他人财产设立财富管理信托，也不得通过向资产管理产品直接或间接转让财富管理信托受益权等方式帮助资产管理产品管理人以资产管理产品财产变相设立财富管理信托。

目前信托公司开展的薪酬递延支付信托、薪酬福利信托即为典型的法人及非法人组织财富管理信托，但信托公司从事此类业务目前数量不多，尚未形成规模。以“薪酬递延支付信托”为例，我国大量金融机构均建立有绩效薪酬延付机制，该机制中存在一种通过信托加以实施的方式，即由公司作为委托人，将根据内部薪酬绩效延付方案递延支付的员工绩效薪酬委托信托公司设立信托，并指定符合薪酬绩效延付方案的公司员工作为受益人，信托存续期间，信托财产由信托公司进行管理运用，并根据薪酬管理委员会的指令，在特定时间或条件满足后向受益人员工支付信托利益。其优点是：延付方案系信托文件组成部分，对用人单位、信托公司均有较强约束力，可保证薪酬延期支付的公信力；投资灵活性较高，按照信托法律法规进行投资，投资范畴可得到有效扩大；内部管理效率提升,用人单位繁杂行政事务外包给专业信托公司,后者通过专业的薪酬福利系统实现权益归属与计算,有助于提升用人单位的人力管理效率;薪酬资金安全性较高,信托资金与用人单位固有资金严格隔离,不受用人单位经营影响等。

三、行政管理服务信托

行政管理服务信托,是指信托公司作为独立第三方提供运营托管、账户管理、交易执行、份额登记、会计估值、资金清算、风险管理、执行监督、信息披露等行政管理服务的信托业务。按照信托财产和服务类型分为5个业务品种:

(一)预付类资金服务信托

预付类资金服务信托,是指信托公司提供预付类资金的信托财产保管、权益登记、支付结算、执行监督、信息披露、清算分配等行政管理服务,帮助委托人实现预付类资金财产独立、风险隔离、资金安全的信托目的。

预付式消费往往出现在居住、餐饮、健身、美容美发、教育培训等领域。但在预付式消费中,往往存在若干风险,例如,商家在破产或转行后捐款跑路的风险;费用缺乏第三方监管而被挪用的风险;消费者未在该商家获取相应的商品或服务时无法退款的风险。近年来,信托机制在预付式消费、分享经济、物业维修基金等领域可以发挥的财产独立和破产隔离制度优势、日渐为民众所接受,部分信托公司并已开始探索设立信托对教育领域预付资金房地产领域预付资金进行监管,并提供预付资金管理和支付结算等服务。

(二)资管产品服务信托

资管产品服务信托,是指信托公司接受资管产品管理人委托,为单个资管产品提供运营托管、账户管理、交易执行、份额登记、会计估值、资金清算、风险管理、执行监督、信息披露等行政管理服务,不参与资管产品资金筹集、投资建议、投资决策、投资合作机构遴选等资产管理活动。资管产品服务信托为资管产品提供行政管理服务,不得与《资管新规》相冲突。

资管产品,是指银行、信托、证券、基金、期货、保险资产管理机构、金融资产投资公司等金融机构接受投资者委托,对受托的投资者财产进行投资和管理的金融服务(产品)。相应地,资管产品服务信托就是为上述包括银行理财、券商资管、保险资管等产品提供各类行政管理服务。

实践中,有的资管产品已经有信托公司介入(如阳光私募基金中信托公司作为受托人),此时信托公司无法作为第三方提供上述行政管理服务;有的资管产品并不具有将该类行政管理服务委托给信托公司的需求,因此,哪些资管产品将实际使用资管产品服务信托服务还有待于市场发展后进行观察。

(三)担保品服务信托

担保品服务信托，是指信托公司代表债权人利益，受托管理担保物权，提供担保物集中管理和处置、担保权利集中行使等服务。因配套制度的缺乏，担保品信托在我国实践中尚未见公开报道的案例。

(四)企业(职业)年金服务信托

企业年金，是指企业及其职工在依法参加基本养老保险的基础上，自主建立的补充养老保险制度。职业年金，是指机关事业单位及其工作人员在参加机关事业单位基本养老保险的基础上，建立的补充养老保险制度。企业年金/职业年金与基本养老保险金、商业养老保险金一起，共同构成了我国的养老保险“三支柱”。

企业(职业)年金服务信托，是指信托公司依据人力资源和社会保障部有关规定，受托管理企业(职业)年金基金。企业(职业)年金服务信托的主要业务内容为：受托管理、账户管理、托管以及投资管理。

《企业年金办法》(2018年)第5条规定，企业和职工建立企业年金，应当确定企业年金受托人，由企业代表委托人与受托人签订受托管理合同。受托人既可以是符合国家规定的法人受托机构，也可以是企业按照国家有关规定成立的企业年金理事会。第27条规定，受托人应当委托具有企业年金管理资格的账户管理人、投资管理人和托管人，负责企业年金基金的账户管理、投资运营和托管。此外，《企业年金基金管理办法》(2015年修订)第6条规定，同一企业年金计划中，法人受托机构具备账户管理或者投资管理业务资格的，可以兼任账户管理人或者投资管理人。《机关事业单位职业年金办法》第12条规定，职业年金基金应当委托具有资格的投资运营机构作为投资管理人，负责职业年金基金的投资运营。根据这些规定，在企业(职业)年金服务信托中，信托公司既可以担任受托人，也可以兼任账户管理人或投资管理人。

(五)其他行政管理服务信托

其他行政管理服务信托，是指信托公司作为受托人管理其他特定资产，提供财产保管、执行监督、清算分配、信息披露等行政管理服务。涉及以财产权信托受益权转让、发行等方式变相为委托人融资的信托业务，不属于行政管理服务信托。

这里的“其他”属于兜底型表述，为信托公司的行政管理服务信托产品提供了丰富的空间，不具有资产管理属性的各类资金，理论上均可作为本信托项下的资金。例如，商品房预售资金的存管服务、生态赔偿金的管理服务、工程资金支付服务等。

四、资产证券化服务信托

资产证券化服务信托，是指信托公司作为受托人，以资产证券化基础资产设立特定目的载体，为依法开展的资产证券化业务提供基础资产受托服务。此类信托的实质是信托公司在资产证券化过程中履行流转、结算、监督、分配等管理人职责并获取报酬的行为。信托公司的职责主要包括:将专项计划的认购资金用于购买基础资产,管理专项计划资产、分配专项计划利益,按约出具管理人报告,保证资产支持证券(信托受益权)持有人对专项计划资产与收益等的充分知情权与监督权、按约向受益人分配信托收益等。

按照基础资产类型和服务对象的不同,资产证券化服务信托可分为四类:

(一)信贷资产证券化服务信托

信贷资产证券化服务信托,是指信托公司作为受托人,为按照《信贷资产证券化试点管理办法》(2005 年)开展的信贷资产证券化业务提供基础资产受托服务。

信贷资产证券化(Credit Asset Securitization),是指在中国境内由银行业金融机构作为发起机构(具体包括商业银行、政策性银行、信托投资公司、财务公司、城市信用社、农村信用社、金融租赁公司、汽车金融公司、消费金融公司等),将信贷资产信托给受托机构,由受托机构以资产支持证券(Asset - Backed Securities, ABS)的形式向投资机构发行受益证券,以该财产所产生的现金支付资产支持证券收益的结构性融资活动。受托机构应当分别委托贷款服务机构、资金保管机构、证券登记托管机构及其他为证券化交易提供服务的机构履行相应职责。受托机构以信托财产为限向投资机构承担支付资产支持证券收益的义务。资产支持证券由特定目的信托受托机构发行,代表特定目的信托的受益权份额。

(二)企业资产证券化服务信托

企业资产证券化服务信托,是指信托公司作为受托人,为按照《证券公司及基金管理公司子公司资产证券化业务管理规定》(2014 年)开展的企业资产证券化业务(又称"企业 ABS")提供基础资产受托服务。

这里的"基础资产",是指符合法律法规规定,权属明确,可以产生独立、可预测的现金流且可特定化的财产权利或者财产。基础资产既可以是单项财产权利或者财产,也可以是多项财产权利或者财产构成的资产组合。这里的"财产权利或者财产",其交易基础应当真实,交易对价应当公允,现金流应当持续、稳定。基础资产可以是企业应收款、租赁债权、信贷资产、信托受益权等财产权利,基础设施、商业物业等不动产财产或不动产收益权以及中国证监会认可的其他财产或财产权利。

信托机构作为企业资产证券化服务信托的管理人时,应当履行以下职责:对相关交易主体和基础资产进行全面的尽职调查,可聘请具有从事证券期货相关业务资格的会计师事务所、资产评估机构等相关中介机构出具专业意见;在专项计划存续期间,督促原始权益人以及为专项计划提供服务的有关机构,履行法律规定及合同约定的义务;办理资产支持证券发行事宜;按照约定及时将募集资金支付给原始权益人;为资产支持证券投资者的利益管理专项计划资产;建立相对封闭、独立的基础资产现金流归集机制,切实防范专项计划资产与其他资产混同以及被侵占、挪用等风险;监督、检查特定原始权益人持续经营情况和基础资产现金流状况,出现重大异常情况的,管理人应当采取必要措施维护专项计划资产安全;按照约定向资产支持证券投资者分配收益;履行信息披露义务;负责专项计划的终止清算等。

(三)非金融企业资产支持票据服务信托

非金融企业资产支持票据服务信托,是指信托公司作为受托人,为按照《银行间债券市场非金融企业资产支持票据指引》(2012 年)开展的非金融企业资产支持票据业务提供基础资产受托服务。

资产支持票据(Asset - backed Notes,ABN),是指非金融企业(发起机构)为实现融资目的,采用结构化方式,通过发行载体发行的,由基础资产所产生的现金流作为收益支持的,按约定以还本付息等方式支付收益的证券化融资工具,发行载体可以为特定目的信托等。

信托公司是资产支持票据的主要发行载体。资产支持票据服务信托的主要交易结构是:信托公司作为受托人、发债体和管理机构,设立特定目的信托,由非金融企业作为委托人和发起机构,将基础资产装入特定信托,由信托公司发行资产支持票据,一般由银行作为主承销商,向资产支持票据投资人销售资产支持票据,投资人向银行支付认购资金,同时委托银行作为资金包换银行收取该资产的相关收入等款项,将票据本息划付入上海清算所,由上海清算所向投资人支付资产支持票据的票据本息。

(四)其他资产证券化服务信托

其他资产证券化服务信托,是指信托公司作为受托人,为其他依据金融监管部门有关规定开展的资产证券化业务提供受托服务。资产证券化业务处在迅速发展中,“其他资产证券化服务信托”的定义,为不属于上述三种类型的资产化产品提供服务信托进行了兜底型规定,便于信托公司在开展业务时进行准确类型划分。

五、风险处置服务信托

风险处置服务信托,是指信托公司作为受托人,为企业风险处置提供受托服务,设立以向债权人偿债为目的的信托,提高风险处置效率。

风险处置服务信托的核心作用是利于实现企业资产的有效风险隔离和高效风险处置。比如,在破产重整中引入信托工具,可利用信托财产的独立性,将信托财产与破产企业其他财产隔离开来,并以信托财产收益权清偿债权人的债权,进而充分保护债权人利益。按照风险处置方式不同,风险处置信托可分为两类。

（一）企业市场化重组服务信托

企业市场化重组服务信托,是指信托公司作为受托人,为面临债务危机、拟进行债务重组或股权重组的企业风险处置提供受托服务,设立以向企业债权人偿债为目的的信托。在此情形下,信托公司可以参与企业的资产重组,助力企业提升资产质量和规模效益,挖掘重组标的的闲置低效资产价值,同时防范化解债务风险。[①]

（二）企业破产服务信托

企业破产服务信托,是指信托公司作为受托人,为依照《企业破产法》实施破产重整、和解或者清算的企业风险处置提供受托服务,设立以向企业债权人偿债为目的的信托。国内实践中,以破产重整服务信托为主。

破产重整服务信托的主要业务模式有四种:"出售式重整+服务信托""存续式重整+股权受托处置""留债平台+服务信托""转股平台+服务信托"。[②] 比如,在以债务规模庞大、债权人和重整企业数量多、债权人类型多元、法律关系和程序联动复杂著称的海航集团破产重整案中,中信信托和光大信托作为联合受托人设计的破产重整服务信托,将海航集团全部股权及各业务板块的应收账款作为信托财产,并充分利用信托计划的财产管理、运营功能,来确保企业持续经营及分期偿还债务,该重整计划得到了海南省高级法院的批准。[③] 在北大方正重整案中,平安信托设计的"出售式重整+他益财产权信托"方案,将重整投资人不愿投资的非主营资产剥离,设立服务信托,采取时间换取空间的形式进行清收和处置,将所得现金分配给债权人。

案例6-1:企业破产服务信托在康美药业破产重整案中的运用

企业破产服务信托在康美药业破产重整案件中也得到了运用,该信托方案的主要内容为:

…………

① 比如,2022年的天津市政建设集团重组服务信托,是国内企业市场化重组服务信托的典型范例,此信托的委托人包括天津滨海发展投资控股有限公司、滨海团泊新城(天津)控股有限公司,受托人由天津信托有限责任公司担任。

② "出售式重整+服务信托",是指企业原股东将其所持重整企业的股权全部转让给债权人,由债权人作为委托人将企业股权交付信托公司进行管理、处分;"存续式重整+股权受托处置",是指将企业资产或负债进行剥离处置,原企业存续,战略投资人向企业注入资金,企业用该资金清偿债权;"留债平台+服务信托",是指在留债安排中,引入信托工具,留债债权人作为委托人,将留债债权作为信托财产,交付给信托公司管理,全体留债债权人成为该信托的受益人;"转股平台+服务信托",是指转股债权人作为信托计划委托人,将股权作为信托财产,委托给信托公司管理,全体转股债权人作为受益人。

③ 海南省高级人民法院民事裁定书,(2021)琼破1号。

（二）资产剥离及信托方案

康美药业待处置资产构成情况复杂，短期内处置难度较大，为了实现资产价值最大化，维护债权人的合法权益，将通过设立财产权信托的方式，在信托计划项下实现待处置资产的清理、确权和处置等工作。待处置资产管理方案的主要内容如下：

康美药业以债务清偿为目的设立信托平台公司承接信托底层资产，并委托建信信托有限责任公司作为受托人，以平台公司100%股权作为信托财产设立信托，并由受托人通过平台公司管理、处分信托底层资产。康美药业的信托底层财产主要包括存货、子公司股权、应收账款等资产以及原控股股东及其关联方用于解决资金占用问题的抵债资产等。信托设立后，最终受益人将按照每100元债权分得4.42份信托受益权份额。信托的最终受益人为债权最终得到确认的、债权金额超过50万元、需要按照本重整计划以信托受益权进行清偿的债权人。信托财产具有独立性，是独立于委托人、受托人、受益人的财产。在信托计划项下实现待处置资产清理、确权和处置等工作，处置所得在优先支付相关费用后向受益人分配。信托计划的具体要素如下：

1. 委托人

委托人为重整主体康美药业。

2. 受托人

受托人为建信信托有限责任公司。

3. 受益人

信托的最终受益人为债权最终得到确认、债权金额超过50万元、需要按照本重整计划以信托受益权进行清偿的债权人。前述“最终得到确认”具体包括：已获揭阳中院裁定确认的债权、已申报暂未确认但最终获得揭阳中院裁定确认的债权、未在重整期间内向管理人依法申报但最终获得审查确认的债权。债权人按照每100元债权分得4.42份信托受益权份额的比例确定其享有的信托受益权份额。

4. 信托财产

信托财产为信托平台公司100%股权，平台公司项下信托底层财产主要包括公司存货、子公司股权、应收账款等资产以及原控股股东及其关联方用于解决资金占用问题的抵债资产等。信托底层财产价值情况如下……

信托底层财产评估价值以评估机构最终出具的评估报告为准，存货、子公司股权、应收账款不足18.2亿元部分，以原控股股东及其关联方用于解决资金占用问题的抵债资产等予以补足。最终的信托底层财产，需根据原控股股东及其关联方用于解决资金占用问题的抵债资产确定。

5. 信托计划的成立及生效

信托计划自重整计划已经揭阳中院裁定批准、信托合同签署、信托财产已经部分或者全部交付之日起成立并生效。

6. 信托计划存续期限

信托计划存续期限为36个月。自信托计划生效之日(含该日)起算。信托存续期届满前,受托人就信托计划是否继续存续提交受益人大会审议表决;如受益人大会决议终止信托计划的,受托人对信托财产进行清算处置;信托计划终止清算完毕前,应结清所有应付未付信托费用。①

六、新型资产服务信托

新型资产服务信托,主要是指以数据资产、碳资产、知识产权等新型资产为信托财产的服务信托。以数据信托为例,作为一种新型资产服务信托,在符合信托法理前提下,委托人可以将数据的全部或部分权利与权益作为信托财产,由信托公司作为受托人管理和处置数据资产,提供受托服务。

第三节　资产管理信托

一、概述

资产管理信托是信托公司依据信托法律关系,销售信托产品并为信托产品投资者提供投资和管理金融服务的自益信托,属于私募资产管理业务,适用《资管新规》。信托公司应当通过非公开发行集合资金信托计划募集资金,并按照信托文件约定的投资方式和比例,对受托资金进行投资管理。信托计划投资者需符合合格投资者标准,在信托设立时既是委托人、也是受益人。

信托公司设立发行、运营管理、终止清算集合资金信托计划,均需符合《资管新规》相关规定,强化投资者适当性管理,按照审慎经营、诚实守信、勤勉尽责原则履行受托管理职责,加强信用风险、市场风险、流动性风险和操作风险管理,有效防控期限错配风险和投资集中度风险,实行净值化管理,加强信息披露,坚持打破刚兑,在卖者尽责基础上实现买者自负,主动防控影子银行风险。

资产管理信托必须是集合资金信托计划,但集合资金信托计划未必都是资产管理信托。二者的主要区别为:资产管理信托的目的限于为投资者提供投资与管理金融服

---

① 参见《康美药业股份有限公司重整计划》(2021年11月)第29~30页,载康美药业股份有限公司网站,http://www.kangmei.com.cn/uploadfile/2021/1203/20211203021210307.pdf,最后访问时间:2023年9月27日。

务,而集合资金信托计划并无该目的限制;资产管理信托限于由受托人进行主动管理,而集合资金信托计划下受托人可以主动管理,也可以仅提供事务管理服务。

《资管新规》规定资产管理产品按照投资性质的不同,分为:(1)固定收益类产品;(2)权益类产品;(3)商品及金融衍生品类产品;(4)混合类产品。按照相同逻辑,《中国银保监会关于规范信托公司信托业务分类的通告》(银保监规〔2023〕1号)将资产管理信托分为:(1)固定收益类信托计划;(2)权益类信托计划;(3)商品及金融衍生品类信托计划;(4)混合类信托计划。①

二、固定收益类信托计划

固定收益类信托计划,是指信托计划投资于存款、债券等债权类资产的比例不低于80%。由于存款、债券等项目通常存在固定收益或预期固定收益,因此这类项目通常被称作固定收益类(固收类)项目。

债权类信托是常见的固定收益类信托。在该类信托中,信托公司一般要求债券发行人提供信用增强措施,常见的增信措施是:第三方保证、股权质押等。《九民纪要》第91条规定了增信文件的性质:信托合同之外的当事人提供第三方差额补足、代为履行到期回购义务、流动性支持等类似承诺文件作为增信措施,其内容符合法律关于保证的规定的,人民法院应当认定当事人之间成立保证合同关系。其内容不符合法律关于保证的规定的,依据承诺文件的具体内容确定相应的权利义务关系,并根据案件事实情况确定相应的民事责任。

三、权益类信托计划

权益类信托计划,是指信托计划投资于股票、未上市企业股权等权益类资产的比例不低于80%。在该类信托中,股票或股权均不存在固定收益或预期固定收益,而是一种权益,权益变现的金额也不确定。

案例6-2:权益类信托计划中的常见条款

以信托计划投资于股权为例,涉及反稀释、领售权、董事会成员委派权、投资价格调

---

① 该四类定义援用了《资管新规》的定义。在《资管新规》中,将资产管理产品按照投资性质的不同,分为固定收益类产品、权益类产品、商品及金融衍生品类产品和混合类产品。固定收益类产品投资于存款、债券等债权类资产的比例不低于80%,权益类产品投资于股票、未上市企业股权等权益类资产的比例不低于80%,商品及金融衍生品类产品投资于商品及金融衍生品的比例不低于80%,混合类产品投资于债权类资产、权益类资产、商品及金融衍生品类资产且任一资产的投资比例未达到前三类产品标准。

整、退出机制等内容,常见的投资条款如下:①

1. 投资形式

投资金额为人民币[ ]亿元,投资形式为:投资人向公司直接增资;或投资人自[ ]处受让股权。

2. 资金用途

公司此次募集所得的资金仅限用于[ ]。

3. 资金监管

投资人所投资全部资金存入公司在投资人指定银行设立的资金监管账户,按照预算计划使用资金。

4. 董事会、监事会和关键财务人员

……

5. 利润及分红

公司自[ ]年开始将每年可分配利润的至少[ ]%用于现金分红,除非投资人同意通过其他分配方案。

6. 公司业绩目标

本次投资人投资入股完成后,签署方共同为公司设定了[ ]的经营目标。公司有义务尽力实现和完成最佳的经营业绩,管理层有义务尽职管理公司,确保公司实现其经营目标。

7. 与业绩挂钩的股权调整权利

如果公司经营业绩没有达到上述目标,投资人所持股权比例将按照以下公司进行调整:

根据[ ]~[ ]年的年度审计报告和实际经营情况在年度报告出具后的[ ]个月内分别进行调整。

……

8. 与业绩挂钩的现金补偿条款

如果公司[ ]~[ ]年任意一年的经营业绩没有达到上述目标的[ ]%,投资人有权选择现金补偿权。根据公司以相关年度经审计的实际税后利润情况,控股股东应在相关年度审计报告出具第[ ]个工作日后[ ]天内按照以下公式补偿现金给投资人:现金补偿额=(1-实际净利润÷净利润目标)×截至现金补偿时投资人的持股比例×本次投资人投资后公司估值。

① 参见王宁:《信托业务操作实务与图解》,法律出版社2019年版,第184~189页。

9. 反稀释条款

(1)除经过投资人书面同意外,公司不得发行其他权利优先于或等同于本次投资股权的新股。如果公司新发行的股权的价格低于投资人投资股权价格,投资人股权需按平摊加权平均法做相应调整,或由控股股东在公司发行新股前向投资人支付现金补偿。

(2)投资人所持有股权在公司拆股、股票分红、并股或者公司以低于投资人转换股权价格增发新股以及其他资产重组的情况下,投资人也应按照上述规则获得调整或补偿。除非股权增发属于①管理层股权,②行使既有期权或购买权,③公司注册包销公开发行股票,④与股权分拆、红利股、资本重组和类似交易相关的对公司股权按比例做出的调整。

10. 上市

在公司业绩良好的情况下,积极推进上市进程,并保证在[ ]年[ ]月[ ]日之前实现上市,相关途径包括:境内外 IPO、境内外借壳上市等。投资人对公司上市设置合格标准,当且仅当公司募集的总金额不小于[ ]亿元人民币,且上市时总市值不小于[ ]亿元人民币时,公司方被视为完成本协议约定之成功上市。

11. 退出机制

投资人有权按照下述约定方式实现退出:

(1)公司成功上市,投资人通过公开交易市场变现退出。

(2)公司或控股股东回购股权:

发生下述任一情形的,投资人有权要求控股股东或公司回购投资人持有的股权,公司或控股股东应予以配合执行:

公司在股票上市过程中中途退出,未能于[ ]年[ ]月[ ]日之前成功上市,或虽然公司预计上市但投资人由于各种原因需退出。

公司累计新增亏损达到投资人投资时公司净资产的20%。

控股股东所持有的股权(包括直接和间接持有)不再满足控股或相对控股要求。

公司的管理层发生重大变化。

公司的核心业务发生重大变化。

公司与其关联公司进行有损于投资人的交易或担保行为。

公司未能按照投资协议支付红利或履行其他义务。

公司控股股东、原股东违反任何投资协议的约定,投资人认为对其投资权益具有重大影响的。

公司被托管或进入破产程序。

使公司与投资人约定的投资人有权要求回购、退出的其他情形。

发生上述回购、退出情形的,控股股东应在[　　]年[　　]月[　　]日前或于投资人指定日期前回购投资人持有的股权,回购价格按照如下方式计算:回购价格 = 投资人投资成本 × (1 + 投资年限 × 年投资回报率) - 投资后投资人分得的现金红利。

(3)转让退出

如公司无法满足投资人通过第(1)款方式退出,或在约定的情况下无法满足投资人通过第(2)款方式退出,即发生回购退出情形且公司或控股股东并未对投资人股权进行回购。则投资人有权通过向任何第三方转让所持股权以实现退出。

12. 股权回购保证

为保证股权回购及与业绩挂钩及清盘补偿条款的实施,控股股东须以其持有的投资后的[]%公司股权质押作为担保。该等股权其全部或部分不得再行质押或其他方式设定权利负担。股权的质押将在以下任意情况发生时解除:(1)由控股股东全部回购投资人持有的公司股权;(2)提交上市申请。如果最终未能成功上市,则恢复该担保条款。

13. 转让相关特别权利安排

(1)优先购股权:如果现有股东拟出售其在公司中的部分或全部出资或股权,投资人或其指定第三方有权以相同的条件优先购买该等出资或股权。如果公司在交易完成后进行增资或发行任何新股,投资人有权按照持股比例优先认购增资或新增股权。

(2)带领权:投资人有权带领原股东将其股权以相同的条件同投资人的股权一同售让给第三方,原股东不得拒绝。投资人将尽其可能地及时通知原股东受让谈判的进展。若原股东相信其可以获得更高的出售对价,原股东可以在收到投资人正式通知后的[]周内提出其他出售提议。对该等收购提议,投资人有权跟随共同卖股。

(3)随授权:若有任何原股东决定卖出或处理其在公司的出资或股权,投资人有权按照持股比例同时卖出自己持有相应比例的股权。原股东转让的价格不得低于投资人投资股权价格。

14. 重大事项决策

投资人不参与企业的经营管理,但公司的某些重大事项需获得投资人或投资人委派董事的同意,包括但不限于……

15. 知情权、检查权

投资人应享有投资者的知情权,签署方及公司应向投资人提供:

(1)在财务年度、季度、月度结束后提供相应的财务报表,并在每个财务年度结束前提供下一年度合并预算方案;

(2)确保财务报告及财务指标的准确;

(3)与拟议上市有关的信息;

(4)可能要求其他信息、统计数据、交易和财务数据等。

四、商品及金融衍生品类信托计划

商品及金融衍生品类信托计划，是指信托计划投资于商品及金融衍生品的比例不低于80%。“金融衍生品”是指远期、互换、期权等价值取决于股权、债权、信用、基金、利率、汇率、指数、期货等标的物的金融协议以及其中一种或多种产品的组合。根据产品形态的不同，金融衍生品可以分为期货、期权、远期和掉期四大类；根据标的资产的不同，金融衍生品大致可以分为股权衍生品、利率衍生品、汇率衍生品和商品衍生品四大类。

五、混合类信托计划

混合类信托计划，是指信托计划投资于债权类资产、权益类资产、商品及金融衍生品类资产且任一资产的投资比例未达到前三类产品标准。例如某信托项目资金的60%投资于固定收益类项目，40%投资于权益类项目，则信托计划属于混合类信托计划。

第四节　公益慈善信托

一、概述

公益慈善信托，是指委托人基于公共利益目的，依法将其财产委托给信托公司，由信托公司按照委托人意愿以信托公司名义进行管理和处分，开展公益慈善活动的信托业务。公益慈善信托的信托财产及其收益，不得用于非公益目的。公益慈善信托按照信托目的，分为慈善信托和其他公益信托两类。

《信托法》将公益信托规定为信托类型之一，并予以专章规定。2016年《慈善法》对慈善信托进行了专章规定。为促进慈善信托的规范化、阳光化，我国又在2017年颁布了《慈善信托管理办法》。《信托法》《慈善法》《慈善信托管理办法》构成了我国现行公益慈善信托的主要法律法规依据。

二、慈善信托

慈善信托，是指委托人基于慈善目的，依法将其财产委托给信托公司，由信托公司按照委托人意愿以受托人名义进行管理和处分，开展慈善活动的行为。

慈善信托的核心监管依据是《慈善法》（2016年）和《慈善信托管理办法》（2017年），该等立法规定了慈善信托的设立目的、设立条件、备案手续、监察人、信息披露、法律责任等事项。设立慈善信托,必须有合法的慈善信托目的。以开展下列慈善活动为目的而设立的信托,属于慈善信托:扶贫、济困;扶老、救孤、恤病、助残、优抚;救助自然灾害、事故灾难和公共卫生事件等突发事件造成的损害;促进教育、科学、文化、卫生、体育等事业的发展;防治污染和其他公害,保护和改善生态环境;符合《慈善法》规定的其他公益活动。

信托公司可以作为慈善信托的受托人。与慈善组织相比,信托公司担任慈善信托受托人的优势包括:投资范围广、运营成本低、能兼顾信托财产的安全与效率、有利于吸引潜在高净值委托人设立慈善信托;信托公司也存在担任慈善信托受托人动力不足、参与慈善经验不够、面临税收“瓶颈”制约和缺乏公募资格的劣势。①

依据现行立法,信托公司应当在慈善信托文件签订之日起 7 日内,将相关文件向受托人所在地县级以上人民政府民政部门备案,未备案不得享受税收优惠。民政部门和银行业监督管理机构应当及时向社会公开下列慈善信托信息:慈善信托备案事项;慈善信托终止事项;对慈善信托检查、评估的结果;对慈善信托受托人的行政处罚和监管措施的结果;法律法规规定应当公开的其他信息。信托公司作为受托人应当在民政部门提供的信息平台上,发布以下慈善信息,并对信息的真实性负责:慈善信托设立情况说明;信托事务处理情况报告、财产状况报告;慈善信托变更、终止事由;备案的民政部门要求公开的其他信息。慈善信托的委托人根据需要,可以确定信托监察人,信托监察人对受托人的行为进行监督,依法维护委托人和受益人的权益,信托监察人发现受托人违反信托义务或者难以履行职责的,应当向委托人报告,并有权以自己的名义向人民法院提起诉讼。实践中,监察人主要由律师事务所或会计师事务所担任。

慈善信托的优点主要有:设立便捷、运作灵活,尊重委托人意愿,可以进行“私人化定制”;财产管理更加专业化;有助于实现家族慈善事业。据统计,截至 2023 年 5 月 7 日,国内慈善信托备案数据共 1265 条,财产总规模达 120.70 亿元。

三、其他公益信托

其他公益信托,是指除慈善信托以外,信托公司依据《信托法》开展,经监管部门认可的其他公益信托业务。

“其他公益信托”是对慈善信托以外的公益信托的兜底型归类。但是,我们认为这种归类是否必要存在可探讨的空间。《慈善信托管理办法》(2017 年)第 7 条规定了慈善信托的目的射程,包括:扶贫、济困;扶老、救孤、恤病、助残、优抚;救助自然灾害、事故灾难和公共卫生事件等突发事件造成的损害;促进教育、科学、文化、卫生、体育等事业

① 参见周乾:《信托公司担任慈善信托受托人的不足与完善》,载《法学杂志》2021 年第 8 期。

的发展;防治污染和其他公害,保护和改善生态环境;符合《慈善法》规定的其他公益活动。除了该定义已经涵盖的相当广泛的公益活动外,在该条最后一项还规定了“符合《慈善法》规定的其他公益活动”,意味着“符合《慈善法》的其他公益活动”已经概括性地被纳入可设立慈善信托的范畴,以该类活动为目的而设立的信托自然也属于慈善信托。

那么,“其他公益信托”的分类为何仍是必要的?唯一的解释空间是,如果某些公益活动“不符合《慈善法》”,那么不能直接被纳入《慈善信托管理办法》(2017 年)第 7 条的射程,但在现实中具有支持此类公益活动的正当性,从而根据上文“其他公益信托”的定义,经监管部门认可属于“其他公益活动”,则以该“其他公益活动”为目的设立的信托属于其他公益信托。考虑到一项活动是否具有“公益”性,在不同时代可能存在不同的理解,从这个意义上,在慈善信托外设定“其他公益信托”的分类,具有一定的合理性。

第七章　营业信托计划的设立与规范

第一节　信托计划的设立准备

一、信托计划的设立条件

根据《信托公司集合资金信托计划管理办法》(银监会令 2009 年第 1 号)第 5 条规定,信托公司设立信托计划(包括营业信托的信托计划),应当符合以下要求:(1)委托人为合格投资者;(2)参与信托计划的委托人为唯一受益人;(3)单个信托计划的自然人人数不得超过 50 人,但单笔委托金额在 300 万元以上的自然人投资者和合格的机构投资者数量不受限制;(4)信托期限不少于 1 年;(5)信托资金有明确的投资方向和投资策略,且符合国家产业政策以及其他有关规定;(6)信托受益权划分为等额份额的信托单位;(7)信托合同应约定受托人报酬,除合理报酬外,信托公司不得以任何名义直接或间接以信托财产为自己或他人牟利;(8)中国银行业监督管理委员会规定的其他要求。其中的合格投资者,是指符合下列条件之一,能够识别、判断和承担信托计划相应风险的人:(1)投资一个信托计划的最低金额不少于 100 万元人民币的自然人、法人或者依法成立的其他组织;(2)个人或家庭金融资产总计在其认购时超过 100 万元人民币,且能提供相关财产证明的自然人;(3)个人收入在最近 3 年内每年收入超过 20 万元人民币或者夫妻双方合计收入在最近 3 年内每年收入超过 30 万元人民币,且能提供相关收入证明的自然人。

二、信托计划的尽职调查

信托公司设立信托计划、对信托财产进行管理、运用之前,应首先进行尽职调查。所谓“尽职调查”,英文为“due diligence”,在实务中通常简称“尽调”或“DD”。其中的“尽职”是指尽到应尽的职责,而“调查”是指应对目标项目进行调研查证,确保目标项目的真实性。

尽职调查常用于企业并购等法律项目,常见的大分类有:财务尽职调查、法务尽职调查、业务尽职调查。在法务尽职调查的细分门类中还有知识产权尽调、劳务尽调等。尽职调查的具体内容通常因交易内容而定,以财务尽调为主、法务尽调为辅,但对于法务风险较高的目标企业,法务尽调的重要性显著上升。

在信托计划设立中,尽职调查是信托公司履行对委托人注意义务的体现,具体包括资料收集、资料阅读、报告出具、资料底稿保存等过程中的尽职调查。信托项目收益有无稳定性、目标项目信息是否真实等,均直接影响着信托受益权能否实现。以债券类信托为例,发行该债券的目标公司的历史、背景、业务、内部治理、资产能力、差额补足人的资产能力等,均直接影响该债券到期时能否及时获得回购(实质为清偿信托公司拥有的债权),进而影响信托公司的项目回款与委托人投资的回收。

区别于一般并购项目的是,信托类项目的尽职调查往往偏重财务而非法务,这是由信托类项目的投资偏好导致的。以资金信托为例,关于投资的目标公司,信托公司往往不会选择法务风险较大的行业,如某些尚处于发展中且监管政策不清晰或多变的行业。此类行业,可能由于监管政策变化不利于信托投资的回收甚至因此遭受重大打击。

《信托公司集合资金信托计划管理办法》(2009 年修订)第 9 条规定,信托公司设立信托计划,事前应进行尽职调查,就可行性分析、合法性、风险评估、有无关联方交易等事项出具尽职调查报告。《信托公司受托责任尽职指引》(2008 年实施)第 5 条规定,信托公司设立信托,应当在对信托财产进行管理、运用之前进行尽职调查。该指引第 6 条规定,信托公司应当结合业务开展情况,根据委托人意愿以及信托财产运用的不同特点,严格按照公司信托业务操作规程开展尽职调查。该指引第 7 ~ 20 条还详细规定了尽职调查时委托第三方机构出具专业意见、尽职调查报告应包括的内容以及信托公司应结合尽职调查报告对拟设信托项目进行审议等内容。

三、尽职调查的基本内容

信托公司应当结合业务开展情况,根据委托人意愿以及信托财产运用的不同特点,严格按照公司信托业务操作规程开展尽职调查。

以资金信托投向债权类项目(如购买企业发行的公司债)为例,其尽职调查往往包括:投资项目背景与信托要素、尽调工作简介及信托项目背景、债券的基本情况及发行条款、发行人情况分析、差补人情况分析、债权资金用途、偿债保障措施、风险控制措施情况、可行性结论等内容。

以下以资金信托投向企业债券为例,对尽职调查的上述事项予以说明:

(一)投资项目背景与信托要素

投资项目背景与信托要素往往通过表格形式描述项目的总体情况,例如信托名称、信托财产运用方式、交易对手、差补方、风险等级、债券票面利率、信托计划管理人(信托公司)、还款来源、还本付息方式、委托人名称或范围、受益人名称、受益人收益的计算方法、受益人收益的支付期间及支付方法、保管人名称(银行)、保管费计算方法、保管费支付期间及支付方法、信托规模、信托期限、主要保障措施、信托综合收益、信托报酬支付期间及支付方法、发行方式、信托财产管理中风险的揭示和承担、信保基金、合同公证安排、是否签订信托计划的代销协议、是否异地推介、是否关联交易等内容。

信托名称是指信托项目的名称,例如××信托××号集合资金信托计划,该名称也往往是面向投资人募集信托投资时使用的名称。

信托财产运用方式是指该信托的信托资金的运用方式,例如,投资于××公司××年非公开发行公司债券。信托财产的运用方式有多种,常根据具体情况设定交易模式,例如,购买目标公司股权并约定一定期限回购,购买目标公司的其他权益(如股权收益权、项目收费权)并约定一定期限回购等。

交易对手即信托项目投资的目标公司,就债券类项目而言,是指发行该企业债券的公司。

差补方,是指对该信托项目的差额进行补足的保证方,就债券类信托项目而言,是指债券到期后如目标公司未能回购全部债券,即实质上未能清偿全部债权,则由差补方对未清偿的部分进行补足清偿。差额补足协议通常被认定为保证,①但根据其具体内容有时可能被认定为债务加入②或独立合同,③具体应以条款内容为准判断,④无法判断时通常应认定为保证。设置差补方等增信措施是资金类信托常见的商业安排,目的是提高信托项目的清偿可能性,该类增信措施的法律性质应根据具体项目内容判断。⑤

风险等级,即根据该项目的情况进行综合评估后得出的项目风险等级,分为R1~

---

① 相关案例如:上海赢灿资产管理有限公司与上海弈辛实业有限公司、冠福控股股份有限公司等其他合同纠纷案,上海金融法院民事判决书,(2018)沪74民初1127号。

② 相关案例如:中信银行股份有限公司北京分行、乐视网信息技术(北京)股份有限公司金融借款合同纠纷案,最高人民法院民事判决书,(2019)最高法民终1438号。

③ 相关案例如:安徽省中安金融资产管理股份有限公司与甘肃刚泰控股(集团)股份有限公司合同纠纷案,安徽省合肥市中级人民法院民事判决书,(2020)皖01民初639号。

④ 在上海金融法院公布的2021年度典型案例"招商银行股份有限公司诉光大资本投资有限公司其他合同纠纷案"中,法院判决认为:差额补足协议的性质应根据协议主体、权利义务约定等综合进行认定。差额补足义务的主体不是所涉投资资金的管理人或者销售机构的,不属于法律法规所规制的刚性兑付情形。协议双方自愿利用基金的结构化安排以及差额补足的方式就投资风险及投资收益进行分配的,该行为合法有效。差额补足义务与被补足的债务本身不具有同一性、从属性等保证责任构成要件的,可认定构成独立合同关系,差额补足的条件及范围依据合同约定确定。

⑤ 《九民纪要》第91条(增信文件的性质):信托合同之外的当事人提供第三方差额补足、代为履行到期回购义务、流动性支持等类似承诺文件作为增信措施,其内容符合法律关于保证的规定的,人民法院应当认定当事人之间成立保证合同关系。其内容不符合法律关于保证的规定的,依据承诺文件的具体内容确定相应的权利义务关系,并根据案件事实情况确定相应的民事责任。

R5,数字越小则风险越低。该风险等级的作用除了向委托人明示该项目的风险大小外,还与投资者等级评估 C1 ~ C5 一起,作为判断投资者适当性的依据。判断投资者适当性具有排除不合格投资者的作用,①这一作用也可以认为是对投资者的保护,使风险判断能力和风险承受能力低的投资人无法投资风险等级高的产品,从而避免经济损失。

债券票面利率,是指债券发行者每一年向投资者支付的利息占票面金额的比率,它在数额上等于债券每年应付给债券持有人的利息总额与债券总面值相除的百分比。假设该项目每一个信托单位为 1 万元,投资者投资了 10 万元,并在当年获得 1 万元的利息,则债券票面利率为 10% 。

信托计划管理人即该信托计划的管理主体,即信托公司。

还款来源是指目标公司偿还该债权类项目时的资金来源,一般来源于目标公司日常经营所产生的盈余积累,必要时可采用外部融资或流动资产变现方式偿还到期债券本息。日常经营的盈余积累即公司在信托项目存续期间的利润,外部融资习惯上是指目标公司从外部借款后将借来的款项用于偿还债券本息,但理论上这种外部融资也可以包括股权类外部融资,例如通过向第三方发行新股而获得第三方认缴的股款,并用该股款偿还债券本息。流动资产变现方式则意味着公司将变卖流动资产获得的出让款用于偿还债券本息。

还本付息方式通常是指偿还本金和利息的方式,例如每年付息一次,到期末归还本金并支付最后一期利息。

委托人名称或范围是指该信托项目的委托人来源,资金类信托的委托人应为合格投资者。《信托公司集合资金信托计划管理办法》(2009 年修订)第 6 条对合格投资者进行了界定,是指符合下列条件之一,能够识别、判断和承担信托计划相应风险的人:(1)投资一个信托计划的最低金额不少于 100 万元人民币的自然人、法人或者依法成立的其他组织;(2)个人或家庭金融资产总计在其认购时超过 100 万元人民币,且能提供相关财产证明的自然人;(3)个人收入在最近 3 年内每年收入超过 20 万元人民币或者夫妻双方合计收入在最近 3 年内每年收入超过 30 万元人民币,且能提供相关收入证明的自然人。

受益人名称在资金类信托中通常与委托人名称相同,这是因为在资金类信托中委托人通常就是受益人。受益人收益的计算方法以债权类信托项目而言大多是据实调整。受益人收益的支付期间及支付方法是指信托公司向受益人支付收益的期间和方法,这一期间通常与目标公司还本付息的方式一致。

① ［日］尾崎安央「適合性の原則と説明義務」河内隆史など編『金融商品取引法の理論・実務・判例』(勁草书房、2019 年)287 頁。

保管人名称、保管费计算方法、支付期间及方法是指信托公司委托银行作为保管人时的银行名称、向银行支付保管报酬(保管费)的支付期间和方法。

信托规模即该信托项目的资金规模,如××亿元人民币。

信托期限是指该信托项目的存续期限,如2年。

主要保障措施通常是指差额补足措施,即当信托项目的目标公司无法清偿债务时,由差额补足人(保证人)进行差额补足,使信托公司的全部债权得到清偿。此外,对目标公司的股权进行质押也是常见的保障措施。

信托综合收益是指该信托项目的收益率,一般以年化收益率的方式体现(如年化收益率8%)。年化收益率只是一个抽象概念,并非真实的收益,是估算的理论年收益率。

信托报酬支付期间及支付方法是指委托人投资信托项目时向受托人(信托公司)支付的信托报酬的期间和支付方法。信托报酬是信托公司提供信托服务的对价,以资金信托为例,信托报酬通常按照信托资金的一定比例,在信托项目生效后从信托专户中直接扣除。信托报酬包含在广义的信托费用中,在信托公司提供的信托合同中可以看到信托报酬通常约定在信托费用项下。但信托报酬不同于狭义的信托费用,前者归属于信托公司,后者通常是指在信托成立和执行过程中产生的第三方费用,例如银行保管费、律师费等。狭义的信托费用既可能由信托公司垫付后从信托专户中扣除,也可能信托公司不垫付而直接从信托专户中支出,具体取决于该信托费用的产生时间和信托公司内部的管理方式。

发行方式通常是指发行该信托项目时信托公司自行销售还是由第三方代销。第三方代销中又通常包括银行代销和其他机构代销,第三方金融机构代销时,如未充分履行告知等义务,将承担损害赔偿责任。

信托财产管理中风险的揭示和承担,是指如何对该信托项目的风险予以揭示以及该风险如何承担。常见的风险有宏观经济风险、政策风险(如政府对该类标的公司的政策变化)等。除非由受托人违反信义义务导致信托财产受损,否则信托项目的风险通常由投资人自行承担。

信保基金全称为“信托业保障基金”,是由信托业市场参与者共同筹集,用于化解和处置信托业风险的非政府性行业互助资金。以资金信托为例,信托公司以募集的信托资金的一定比例缴纳信托业保障基金,支付至信托业保障基金账户。

合同公证安排,是指在信托项目中是否对部分合同进行公证,常见的有对差额补足协议进行公证。《中华人民共和国民事诉讼法》(2021年修订)第72条规定,经过法定程序公证证明的法律事实和文书,人民法院应当作为认定事实的根据,但有相反证据足以推翻公证证明的除外。通过公证可以尽量避免在信托项目操作中出现协议效力相关的争议(如对差额补足协议效力的争议等①)。

是否签订信托计划的代销协议,是指信托项目的销售是否存在代销及其相关协议。

是否异地推介,是指信托公司在推介信托项目时,除了信托公司注册地外,是否存在向注册地以外的地区推介信托项目的情况。我国对信托产品异地推荐的监管,经历了模糊、禁止、有条件允许三个阶段。在长期的模糊监管下,2007 年 2 月 14 日,中国银监会公布了《关于实施〈信托公司管理办法〉和〈信托公司集合资金信托计划管理办法〉有关具体事项的通知》(合称《新办法》),在《新办法》中规定了过渡期内禁止进行集合资金信托业务的异地推介(过渡期为新办法发布后最长 3 年),并在过渡期后允许根据《信托公司集合资金信托计划管理办法》进行有条件的异地推介,条件是:应当在推介前向注册地、推介地的中国银监会省级派出机构报告。信托公司推介信托计划,应有规范和详尽的信息披露材料,明示信托计划的风险收益特征,充分揭示参与信托计划的风险及风险承担原则,如实披露专业团队的履历、专业培训及从业经历,不得使用任何可能影响投资者进行独立风险判断的误导性陈述。应当注意的是,信托公司违规异地推介,并不是对委托人承担民事责任的充分条件,如果该行为与委托人的损失之间并不必然联系,则该违规行为的后果是行政处罚而非民事赔偿。②

是否关联交易,是指该信托项目是否存在关联交易的情况。在固有业务中进行关联交易时,可能因价格不公允而使信托公司固有资产受损,即掏空信托公司,从而影响信托公司对委托人等的赔偿能力。在信托业务中进行关联交易时,可能因价格不公允导致信托财产受损,从而侵害受益人的合法权益。因此,我国对包括信托公司在内的金融机构的关联交易有严格规范,信托公司开展关联交易,应以公平的市场价格进行,逐笔向监管机构事前报告并依法进行信息披露。信托公司股东不得与信托公司进行不当关联交易,不得利用其对信托公司经营管理的影响力获取不正当利益,侵占信托公司、其他股东、信托当事人等合法权益。信托公司开展固有业务,不得向关联方融出资金或转移财产,不得为关联方提供担保。信托公司管理集合资金信托计划,不得将信托资金直接或间接运用于信托公司的股东及其关联方,但信托资金全部来源于股东或其关联方的除外。

(二)尽调工作简介及信托项目背景

尽调工作简介,通常包括谁(who,在这里指信托公司的信托部门)、基于何种原因(why)、于何时(when)、对哪个标的公司(whom)采取了哪些尽职调查措施(how),即

① 差额补足协议效力相关的争议案件,可参见舜耕天禾资产管理(北京)有限公司、四川升达林产工业集团有限公司合同纠纷案,最高人民法院(2019)最高法民终 400 号民事判决书;中珠医疗控股股份有限公司与浙商银行股份有限公司保证合同纠纷案,广东省高级人民法院(2019)粤民终 2769 号民事判决书。

② 最高人民法院民事判决书,(2019)最高法民终 1594 号。

4W1H。信托公司尽职调查包括资料收集、现场访谈、资料分析等环节。例如,信托公司基于客户的投资需求(寻找企业债券投资标的)于某年某月某日对××公司采取了资料收集和现场访谈等尽职调查措施。

信托项目背景主要是指拟成立该信托的目的、金额、标的公司、差补方、标的公司所在城市的基本情况、标的公司的业务内容、标的公司的成立历史、标的公司的股东、标的公司近年财务数据、差补方业务情况、差补方近年财务数据等信息。

(三)债券的基本情况及发行条款

债券的基本情况包括:债券名称、债券发行规模、债券票面金额、债券发行金额、债券期限、票面利率及其调整、投资者的回售选择权、债券回售的登记事项、债券利率及其确定方式、还本付息方式、支付金额、起息日、利息登记日、付息日、兑付日、付息方式、兑付方式、发行方式、发行对象、信用级别(包括对标的公司本身的信用评级和本期债券项目的信用评级)、担保情况、承销方式、主承销商、债券受托管理人、募集资金用途等。

(四)发行人(目标公司)情况分析

发行人的情况分析包括:公司概况、历史沿革(设立时间、设立时股东、历次注册资本变化、注册资本缴付情况等)、发行人控股股东和实际控制人、目标公司(对债券类项目而言即债券发行人)的公司治理和组织结构、目标公司的主营业务基本情况、资信情况、财务、对外融资和担保情况等。

公司概况包括公司成立时间、注册资本、股东、经营范围等信息。关于注册资本,信托公司需要通过会计师事务所的验资报告等信息核查目标公司的注册资本实缴情况。

关于股东和实际控制人,信托公司需要核查目标公司的股东并向上穿透核查最终控制人,同时需核查目标公司股东是否存在将目标公司股份(股权)予以质押。如股东和实际控制人为资产力雄厚的国有企业或私营企业或者是地域财政实力雄厚的国资部门,从资产角度,在目标公司经营情况或资产情况显著下降时,不排除其股东或实际控制人通过增资、资产重组等方式加强目标公司的资产能力,从业务角度,这些股东或实际控制人可能向目标公司提供相关资源或者甚至直接采购目标公司的产品或服务,这些均有利于信托投资的回收。当股东对目标公司的股份(股权)进行质押时,不排除在质押的对象债务无法清偿时该股份被第三方获取进而导致目标公司股东发生变化,当新股东资产能力显著低下或者向目标公司提供资源的能力不足时,这种股东变化不利于信托投资的回收。

关于目标公司的治理和组织结构,主要是指目标公司治理的情况,例如股东会、董事会、监事会是否有效运行,是否形成了有效的内部监督,财务和业务等部门的设置及其权限是否合理、相关决策流程的设置是否合理、董监高的基本情况等。以董事会为例,当目标公司未设置董事会而只设执行董事,且股东会将过多权限赋予执行董事时,则公司的运营更多有赖于执行董事的个人行为，则可能影响公司决策的妥当性、稳定性。再以董监高的履历为例，当目标公司的大多数董监高并不具备目标公司所在行业的从业履历时，则目标公司业务稳定运营的能力或对所在行业发展的前瞻能力则存在受到质疑的余地，信托公司将信托项目投资于该目标公司时则应更加审慎判断。

关于目标公司的主营业务情况，信托公司需分析目标公司的主营业务构成、近几年主营业务收入情况（如增长情况、毛利率）、主营业务的经营模式、主要客户等。以主营业务构成为例，需分析该类业务的相关地域市场范围、是否存在行业壁垒、是否存在需求和供给的替代性。如果行业壁垒较高，那么竞争方不易进入该行业，进而有利于该目标公司维持竞争优势。如果存在需求的可替代性，例如该目标公司生产的产品具备其他替代产品，那么消费者可能因价格等原因转买其他产品，从而降低目标公司产品的销售收入。如果存在供给的可替代性，那么竞争者可能从生产角度转向生产价格较低的其他替代产品，从而降低目标公司的销售收入。

关于目标公司的资信情况，主要分为资信评级和自身有无被执行信息。对于企业发行债券而言，资信评级由评级机构：(1)分析债券发行单位的偿债能力；(2)考察发行单位能否按期付息；(3)评价发行单位的费用；(4)考察投资人承担的风险程度进行综合评级。有无被执行信息在一定程度上反映了目标公司的资产能力和信用情况，因此，信托公司常通过“中国执行信息公开网”等途径在全国法院范围内查询目标公司有无被执行信息。

关于财务情况，主要基于目标公司近年的资产负债表、利润表、现金流量表，对公司偿债能力进行综合分析。在资产负债表项下，例如分析最近一年的账面货币资金变动及其原因、应收票据变动及其原因、应收账款结构、预付款项、其他应收款项（例如，账龄分布，不能回收的风险，有无资金被控股股东、实际控制人及其关联方违规占用的情形，应收款项回款计划，关联方借款有无回款计划及关联方书面承诺）、存货金额、负债结构等。在利润表项下，分析目标公司的营业收入和毛利率变化及其原因，分析公司管理费用和财务费用情况，是否存在政府补贴、税收减免（如有，其可持续性）等情况。在现金流量表项下，分析现金流的流入和流出情况、投资和筹资活动的现金流量及其变化成因。

关于公司对外负债和担保情况，前者反映了目标公司负债情况，对外负债金额及其偿还期限反映了目标公司近期即将偿还的债务金额与时间，后者反映了公司对外担保进而可能承担的债务金额及履行担保责任的时间，二者均直接关系到目标公司今后现金流的变动，从而影响信托项目投资的回收。

（五）差补人情况分析

差补人情况分析与发行人情况分析类似，可从公司概况、股东背景、公司组织架构、治理结构、主营业务情况、资信情况、财务分析、对外融资和担保情况等角度进行分析。

(六)债券资金用途

债券资金用途通常为:偿还公司债务、补充公司流动资金、特定交易。

偿还公司债务即通常的“债务置换”或者说“拆东墙,补西墙”。公司债务的基本要素是债务金额、偿还期限。对于临近偿还期限的债务,目标公司自身流动资金不足以偿还该债务时,常通过变卖资产或借入新的资金用于偿还该债务。发行公司债券(并定期回购该债券)或者从银行贷款(并定期偿还该贷款)均是常见的借债方式。如债券资金的用途是偿还债务,则信托公司在尽职调查中,需要详细获知目标公司偿还的金额、偿还时间、还款对方(债权人),并通过查验资料等方式予以核查,防止目标公司陈述虚假的资金用途。

补充公司流动资金即在目标公司流动资金不足时,用该笔信托资金补充流动资金。信托公司在尽职调查中需核查目标公司流动资金的情况(如每年的流动资金的来源、去向),核查真实的流动资金需求。

特定交易一般是指目标公司因某些交易而需要资金,并在获取信托资金后将该笔资金用于该交易。例如,买入土地、买入其他公司股权等。信托公司一般需了解该笔资金用于特定交易后预计何时可回收该笔投资,或者回购该笔投资期限较长而信托资金的清偿期限较短时目标公司拟用何种款项偿还该笔信托资金。

(七)偿债保障措施

偿债保障措施是指债务人为了按期偿付信托债务所进行的一系列保障措施,例如,设立专项偿债账户、制定债券持有人会议规则、加强资金管理、在目标公司内部设立专门的偿付工作小组、严格进行信息披露、债务人的其他承诺。

其中,债务人的其他承诺如有:在全部信托资金得到清偿前,不得向股份分配利润、暂缓重大投资、调减董事和高级管理人员工资和奖金、主要责任人不得调离等。

但需要注意的是,这些偿债保障措施都是债务人的承诺或内部管理事项,其是否得到履行仍依赖于债务人的自觉,在债务人违反承诺或对偿债保障措施落实不到位时,真正起到偿债保障作用的是差补人的偿债职责。

(八)风险控制措施情况

债务人偿债的常见风险有信用风险、管理风险、操作风险等。

在信用风险层面,当债务人的偿债风险能力下降时,基本的风险控制措施是由差补人基于保证责任对债务人无法清偿的部分履行差额清偿责任。

管理风险主要是信托公司因自身的业务能力,获取的信息存在误差或者对经济形式、政策走势等发生错误判断时,对信托资金本金和收益的影响。为此,需要信托公司基于自身的金融业务专业知识,完善内部制度,并对目标公司的信息加强调查、审查。

操作风险,是指信托公司未按照信托合同审慎管理信托事务的风险。为了避免操作风险,有赖于信托公司严格履行信托合同,对信托财产管理、受益人的受益分配、信息披露等义务予以严格落实。

(九)可行性结论

可行性结论主要是对信托尽职调查的总结性内容,例如综合分析该信托产品的类型、标的公司情况、差补人情况,得出信托项目风险可控、可操作、收益可控、信托方案可行性等结论。

四、信托计划的可行性研究

可行性研究的英文为“Feasibility Study”,可行性研究报告被称为“FS 报告”。其主要内容是从交易结构、交易对手、风险控制措施等方面评估项目的可行性、合法合规性、关联方交易等事项。如评估是否存在利用特殊交易结构实现违法目的、交易对手的背景、是否具有充足的风险控制措施、是否履行了法定手续。以法定手续为例,我国信托监管政策要求关联交易必须价格公平,且应逐笔向中国银保监会进行事前报告并进行信息披露。实践中信托公司因未履行法定手续被处罚案例并不少见。比如,安信信托股份有限公司曾因 2018 年 7 月开展部分关联交易未按要求逐笔向监管机构事前报告,违反了《信托公司管理办法》等规定,被中国银保监会上海监管局责令改正并处以 50 万元人民币罚款。[①] 如果该公司履行了充分的可行性研究或尽职调查义务,则该违法情形即可避免。

可行性研究是信托公司履行受托人义务的体现,可行性研究报告是可行性研究的结果。由于可行性研究和尽职调查本质上都是对信托项目可行性的调查和分析,二者存在重合的内容,因此我国信托业监管中,以尽职调查为基础、以可行性研究为辅助。信托公司在开展信托项目过程中,应根据实际情况决定是否进行可行性研究,换言之,根据具体情况信托公司也可以不制作可行性研究报告。我国《信托公司受托责任尽职指引》(2018 年)第 9 条规定“信托公司办理信托业务原则上应当制作项目的可行性研究报告”“尽职调查报告已经包含前述内容的,信托公司可以不另行出具可行性报告”,第 11 条规定“信托公司应当按照公司规范,结合尽职调查报告及可行性报告(如有)对拟设信托项目进行审议。”这里面的“原则上”“可以不另行出具”“如有”均说明可行性研究在特定情况下不属于法定义务。

---

① 沪银保监行政处罚决定书,银罚决字〔2019〕55 号。

第二节　信托计划营销中的受托人义务

信托计划营销是信托公司向客户宣传和销售信托产品的行为。信托公司在产品营销过程中主要承担两大义务:告知说明义务、适当性义务。

一、告知说明义务

告知说明义务在我国的监管体系中也被称为"说明义务"或"提示说明义务"。《九民纪要》第76条规定,告知说明义务的履行是金融消费者能够真正了解各类高风险等级金融产品或者高风险等级投资活动的投资风险和收益的关键,人民法院应当根据产品、投资活动的风险和金融消费者的实际情况,综合理性人能够理解的客观标准和金融消费者能够理解的主观标准来确定卖方机构是否已经履行了告知说明义务。卖方机构简单地以金融消费者手写了诸如"本人明确知悉可能存在本金损失风险"等内容主张其已经履行了告知说明义务,不能提供其他相关证据的,人民法院对其抗辩理由不予支持。

依据告知说明义务,信托公司在向潜在客户销售信托计划等信托产品时,有义务向客户如实说明该计划的具体情况。在第三方代销的情况下,作为信托公司说明义务的自然延伸,代销机构也负有说明义务。同时,信托公司应当对代销机构违反说明义务的行为负责。① 典型的违反告知说明义务的情形有夸大宣传、虚假宣传等。

司法实践中,以告知说明义务中的风险提示义务为例,在对金融消费者的适度倾斜保护的司法政策下,信托公司或代销机构均承担较为严格的告知说明义务,法院一般不会单独以"投资者已经签字"为由确认信托公司或代销机构履行了告知说明义务,而通常会根据文件内容、是否履行了双录义务等进行综合判断。

案例7－1:彭某等与中信信托公司营业信托纠纷案②

【案情简介】

投资者彭某于2015年购买中信信托公司"中信安盈安州27号证券投资集合资金

---

① 《信托公司受托责任尽职指引》(2018年)第17条规定:信托公司可以自行推介信托产品,也可以委托符合法律、行政法规、部门规章及其他规范性文件规定的其他机构代理推介。信托公司委托其他代理机构代理推介时,相关的推介材料应由信托公司提供,且信托公司应保证推介材料的真实性、准确性,信托公司应当将关于信托产品推介的监管要求体现落实在与代理推介机构的合同约定中,对代理机构代理推介行为进行监控,及时纠正不当代理推介行为,并对代理推介中的违规行为承担责任。

② 北京市第三中级人民法院民事判决书,(2018)京03民终13862号。

信托计划”(以下简称27号信托计划),信托计划存续期限为12个月,募集资金3000万元以上。在该信托计划下,信托受益权分为A、B两类。原告作为B类委托人,于2015年5月8日向中信信托公司在招商银行开立的信托资金专户转入认购资金300万元,该信托计划的资金按照信托合同约定投资于证券市场。信托计划存续期间,证券市场大跌,导致该信托计划达到平仓线,中信信托公司进行了强制平仓。平仓完毕后,因原告作为B类委托人未足额追加增强资金,27号信托计划提前终止,进行了清算、分配。清算后原告投入的300万元的剩余金额为260,670.58元,原告认为中信信托存在未履行告知说明义务(风险提示)、信息披露义务等行为,要求中信信托赔偿原告损失2,739,329.42元及利息等。一审法院认为中信信托已经履行告知说明义务,但在信息披露、通知义务、具体投资不符合合同约定方面存在违约,酌情判定中信信托承担30%的赔偿责任。[①] 原被告均不服一审判决,向北京市第三中级人民法院提出上诉。北京市第三中级人民法院在审理后,撤销一审判决并改判。[②] 北京市高级人民法院再审裁定支持了上述二审判决。[③]

【案件解析】

北京市第三中级人民法院从告知说明义务的履行形式和告知内容两个角度进行了分析,综合判定中信信托在风险提示义务的履行方面存在瑕疵:

(1)从履行形式角度

法院认为中信信托告知风险的写法不足以引起投资者的充分注意,且中信信托并未按照相关规定进行双录,无法证明中信信托已经履行了充分的提示说明义务。法院判决原文如下:

1. 关于风险提示义务的履行形式

彭某主张,《认购风险申明书》应当单独置备并单独签字确认,本案中《认购风险申明书》系与其他信托文件一并装订,信托公司并未对《认购风险申明书》进行特别提示;且信托文件上关于风险提示的章节,仅在标题处进行了加粗,内容中并没有通过加粗、字体变化等方式与其他内容进行足以引人注意的区别处理并不能起到风险提示的效果。

中信信托公司主张,《信托计划说明书》《信托合同》《认购风险申明书》3份信托文件,是统一连续编码、统一装订为一册,3份文件都对风险进行了充分的提示,彭某在整份信托文件的最后一页签字,表明其已经审阅知悉,并认可整份信托文件的全部内容。

① 北京市朝阳区人民法院民事判决书,(2016)京0105民初11766号。

② 北京市第三中级人民法院民事判决书,(2018)京03民终13862号。

③ 北京市高级人民法院再审审查与审判监督民事裁定书,(2019)京民申5150号。

另外,27号信托计划文件中通过设置专门条款、加粗字体等对风险进行提示,亦以《认购风险申明书》的形式进行了集中提示,符合法律要求。

对此,《信托公司集合资金信托计划管理办法》第11条第1款第4项规定:"委托人在认购风险申明书上签字,即表明已认真阅读并理解所有的信托计划文件,并愿意依法承担相应的信托投资风险。"风险提示义务的履行应当以足以起到提示说明效果的方式进行。27号信托计划包含有《认购风险申明书》的信托文件具体编制情况为:《信托计划说明书》第1~31页、《认购风险申明书》第32~38页、《信托合同》第38~68页,第69页为"信息填写及签字页";该第69页亦未对风险提示申明的内容进行特别标注及说明,除基本个人信息填写外,在"信息填写及签字页"的该页标题上一行,以小号字体注明"此页为《中信安盈安州27号证券投资集合资金信托计划信托合同》之签署页,无正文",另外整个信托文件三部分的编制、排版、纸张等并无明显区分。根据上述信托文件的编制情况,《认购风险申明书》的编制位置在系列信托文件中间,其与签字页间隔有一份《信托合同》,在相关编排印制没有明显区分的情况下,不足以引起充分注意;并且第69页签字页之前第38~68页为《信托合同》,而签字页标题上方又标注为《信托合同》之签署页,在该签字页上的签名与在《认购风险申明书》特定文件上的签字提示效果并不相同。故本院对于中信信托公司主张的在系列信托文件最后一页签字即应视为《认购风险申明书》中签字的主张不予采信。另,经询,中信信托公司亦无录音、录像或其他形式证据证明其对于27号信托计划的风险进行了充分的提示说明。①

(2)从告知的内容角度

法院认为中信信托的告知内容存在四方面问题:①《信托合同》并未进行字体格式方面的特别提示;②《认购风险申明书》虽然进行了提示但位置并不显著;③《认购风险申明书》第11条的提示不直观;④投资人的学历背景和特殊身份并不免除信托公司风险提示这一法定义务。并据此判定了信托公司在告知内容上的瑕疵。法院判决原文如下。

---

① 参见北京市第三中级人民法院民事判决书,(2018)京03民终13862号(以下简称二审)。本案再审裁定对二审判决予以认可,其中述及"至于中信信托公司是否尽到风险提示义务、是否尽到信息披露义务、管理信托财产是否存在不当行为、是否违反平仓义务、在清算分配中是否违反约定等问题,本院认为,二审判决根据查明的事实及在案证据,对以上几方面问题作了详细分析和阐述,并据此作出的认定具有事实和法律依据,相关认定理由本院均予以认同"。

此外,本案一审认为"《信托公司集合资金信托计划管理办法》第11条规定,委托人在认购风险申明书上签字,即表明已认真阅读并理解所有的信托计划文件,并愿意依法承担相应的信托投资风险。本案中,虽然彭某仅在信托文件最后一页签字确认,但根据约定,信托文件包括《信托合同》、《信托计划说明书》和《认购风险申明书》三部分,该三部分页码连续,为一完整性的文件;且中信信托公司在《信托合同》和《信托计划说明书》中均设置专门章节并以加粗字体重点对风险进行了提示和说明,《认购风险申明书》也对风险进行了相应的提示和说明。现无相反证据推翻,应当认定中信信托公司履行了风险提示义务"。该判决被二审撤销。

2. 关于风险提示的内容

彭某主张,27 号信托计划相关信托文件并未就强制平仓、杠杆比例、强制平仓时对劣后受益人本金损失等特殊风险进行单独的表述和说明。

中信信托公司主张,《认购风险申明书》已对强制平仓、本金发生重大损失等风险进行集中提示,此外《认购风险申明书》第 11 条"B 类受益人信托资金损失风险"中本信托计划 B 类受益权对应的信托单位份额占本信托计划总信托单位份额的比例不低于 20% 的约定即是对杠杆比例的提示。

对此,首先,《信托公司集合资金信托计划管理办法》第 7 条第 1 款规定:"信托公司推介信托计划,应有规范和详尽的信息披露材料,明示信托计划的风险收益特征,充分揭示参与信托计划的风险及风险承担原则,如实披露专业团队的履历、专业培训及从业经历,不得使用任何可能影响投资者进行独立风险判断的误导性陈述。"《中国银监会关于加强信托公司结构化信托业务监管有关问题的通知》第 4 条规定,信托公司应对劣后受益人就强制平仓、本金发生重大损失等风险进行特别揭示。本案中,《信托合同》文本均未对杠杆比例、强制平仓等内容进行字体格式方面的特别提示,而《认购风险申明书》虽对风险进行了集中载明,但是如上所述《认购风险申明书》的位置并不显著。其次,《认购风险申明书》第 11 条在内容上并不能直观体现出其对杠杆比例的风险提示,其也未提交其他证据证明其对杠杆比例等进行了充分的提示说明。再则,对于中信信托公司主张的彭某的特殊身份和学历背景将导致其对风险的了解程度高于一般人,对此,对风险的提示说明义务系受托人的法定信义义务,彭某作为委托人及受益人,其自身对风险的了解程度并不必然导致中信信托公司风险提示义务的减轻或免除。

二、适当性义务

适当性义务是指信托公司在销售信托计划等产品时,应当尽到了解客户、了解产品、将适当的产品(或者服务)销售(或者提供)给适合的金融消费者的义务。适当性义务不只适用于信托产品,也适用于银行理财、保险等金融产品。① 卖方机构承担适当性义务的目的是确保金融消费者能够在充分了解相关金融产品、投资活动的性质及风险

① 《九民纪要》第 72 条(适当性义务)规定:适当性义务是指卖方机构在向金融消费者推介、销售银行理财产品、保险投资产品、信托理财产品、券商集合理财计划、杠杆基金份额、期权及其他场外衍生品等高风险等级金融产品,以及为金融消费者参与融资融券、新三板、创业板、科创板、期货等高风险等级投资活动提供服务的过程中,必须履行的了解客户、了解产品、将适当的产品(或者服务)销售(或者提供)给适合的金融消费者等义务。卖方机构承担适当性义务的目的是确保金融消费者能够在充分了解相关金融产品、投资活动的性质及风险的基础上作出自主决定,并承受由此产生的收益和风险。在推介、销售高风险等级金融产品和提供高风险等级金融服务领域,适当性义务的履行是"卖者尽责"的主要内容,也是"买者自负"的前提和基础。

的基础上作出自主决定,并承受由此产生的收益和风险。在推介、销售高风险等级金融产品和提供高风险等级金融服务领域,适当性义务的履行是"卖者尽责"的主要内容,也是"买者自负"的前提和基础。有学者指出,适当性义务的本质是排除该金融产品的不合格投资者。①

信托产品营销过程中存在违反适当性义务的情形时,投资者既可以向信托公司索赔,也可以向信托产品的销售者(如有第三方代销)索赔,也可以要求信托公司和销售者(如有第三方代销)承担连带赔偿责任,信托公司和销售者(如有第三方代销)请求法院判定连带责任中的内部责任份额时,由法院判决。

适当性义务在中国现有义务规则体系下的法律地位与内容尚缺乏明确的规范指引。本书认为,适当性义务更接近于一个实质上金融统合法或金融服务法下的概念。《九民纪要》在引入"适当性义务"概念的同时规定了告知说明义务,但《九民纪要》及其他法律规范对于二者间的关系并无明确界定。国内司法审判中,针对适当性义务和告知说明义务间的关系,有三种观点:一是主张告知说明义务是适当性义务的补充;二是主张适当性义务系"适当性+告知说明义务"的混合;三是主张适当性义务就是告知说明义务。本书认为,在金融法中,"适当性义务"是"告知说明义务"的上位概念,二者之间是包含与被包含的关系,告知说明义务是适当性义务的重要构成部分。②

案例7-2:刘某某与广东粤财信托公司营业信托纠纷案③

【案情简介】

2014年6月,广东粤财信托公司的泽泉福虹财富证券投资集合资金信托计划成立,信托类型为集合资金信托,信托期限为20年。2015年7月,原告刘某某经推销知悉案涉信托计划。被告工作人员通过邮寄方式向原告寄送了《投资者风险评估问卷》,该评估问卷包含财务状况、投资经验、投资风格、投资目的、风险承受能力、对本信托产品风险认知能力评估等内容,需要投资者进行打勾确认其自身情况。该评估问卷载明评估结果为"投资者风险等级为平衡性,有投资经验",在评估结果旁边有"评分为72分,应为成长型"的补充内容。评分对照表显示:36~60分为平衡型,61~105分为成长型。客户签名处载有原告的签名。

2015年7月,原告签署了《粤财信托·泽泉福虹财富证券投资集合资金信托计划认购风险申明书》和《粤财信托·泽泉福虹财富证券投资集合资金信托计划资金信托

① [日]尾崎安央「適合性の原則と説明義務」河内隆史など編『金融商品取引法の理論・実務・判例』(勁草书房、2019年)287頁。

② 参见任自力:《金融机构适当性义务的规范逻辑》,载《法律适用》2022年第2期。

③ 广东省广州市越秀区人民法院民事判决书,(2021)粤0104民初2676号。

合同》。在信托计划执行过程中,因该信托计划投资的股票发生大规模亏损,导致强制平仓和委托人损失。委托人作为原告,以被告存在虚假宣传行为,未履行投资者适当性义务、未履行信息披露义务等为由提起诉讼。

【案件解析】

在该案中,即使委托人签字寄回了《投资者风险评估问卷》《信托计划认购风险申明书》《信托合同》,且《投资者风险评估问卷》中也在签名处加黑加粗载明了“信托计划不承诺保本或最低收益,具有一定的投资风险,在最不利的情况下,本信托计划收益可能为零,同时委托人也可能亏损部分甚至全部本金。投资有风险,选择须谨慎!”的特别提示,法院仍综合考虑委托人投资案涉信托计划时已年逾60岁,认为其经济能力、理解能力均处于弱势,容易对合同中的专业条款及信托计划存在的风险产生理解偏差,信托公司更应尽到谨慎义务,向原告充分阐释信托产品的风险及解释相关的信托政策及专业术语,在本案中被告只寄送资料而未对其中的重要条款进行释明,未充分履行告知说明义务,未让原告在充分了解信托产品的基础上作出是否认购信托产品的选择。“已年逾60岁,其经济能力、理解能力均处于弱势”表明投资人的风险判断能力和风险承担能力较弱,通常应是判断投资者适当性的内容,但在上述判决中,法院却转用于加重金融机构的告知说明义务,同时将违反告知说明义务融入了违反投资者适当性义务的判断中。法院判决原文如下:

关于被告是否履行了投资者适当性义务的问题,本院认为,信托计划的委托人需为合格投资者,根据《信托公司集合资金信托计划管理办法》第6条“合格投资者是指符合下列条件之一,能够识别、判断和承担信托计划相应风险的人:(一)投资一个信托计划的最低金额不少于100万元人民币的自然人、法人或者依法成立的其他组织;(二)个人或家庭金融资产总计在其认购时超过100万元人民币,且能提供相关财产证明的自然人;(三)个人收入在最近3年内每年收入超过20万元人民币或者夫妻双方合计收入在最近3年内每年收入超过30万元人民币,且能提供相关收入证明的自然人”的规定,原告出资申购信托金额为100万元,应属于合格投资者。但根据《中国人民银行、中国银行保险监督管理委员会、中国证券监督管理委员会、国家外汇管理局关于规范金融机构资产管理业务的指导意见》(银发〔2018〕106号)第6条“金融机构发行和销售资产管理产品,应当坚持‘了解产品’和‘了解客户’的经营理念,加强投资者适当性管理,向投资者销售与其风险识别能力和风险承担能力相适应的资产管理产品。禁止欺诈或者误导投资者购买与其风险承担能力不匹配的资产管理产品”的规定,信托机构应向委托人充分介绍信托产品,委托人在充分了解相关信托产品、投资活动的性质及风险的基础上自主做出决定。在本案中,被告向原告邮寄送达《投资者风险评估问卷》《信托计划认购风险申明书》《信托合同》,原告签字后寄回上述文件,被告亦确认该事实,综合考虑被告投资案涉信托计划时已年逾60岁,其经济能力、理解能力均处于弱势,容易对合同中的专业条款及信托计划存在的风险产生理解偏差,被告更应尽到谨慎义务,向原告充分阐释信托产品的风险及解释相关的信托政策及专业术语,在本案中被告只寄送资料而未对其中的重要条款进行释明,未充分履行告知说明义务,未让原告在充分了解信托产品的基础上作出是否认购信托产品的选择。原告陈述其不清楚信托风险,导致错误购买了与其风险能力不匹配的案涉信托产品,现被告并未提供证据证实其已准确对被告的投资风险能力进行了评估并充分向原告阐述了相关信托产品的风险,故对于原告的损失,被告应承担一定的责任。但《投资者风险评估问卷》中亦在原告签名处加黑加粗载明了"信托计划不承诺保本或最低收益,具有一定的投资风险,在最不利的情况下,本信托计划收益可能为零,同时委托人亦可能亏损部分甚至全部本金。投资有风险,选择须谨慎!"的特别提示,此外《信托计划说明书》中亦较为详尽地介绍了信托计划的基本情况,通过这些文件,投资者能初步了解产品及潜在风险。原告作为一名完全民事行为能力人,其在签订合同时具有独立自主的意思表示,根据原告提供的银行记录显示,其亦具有一定的理财投资经验,故原告过去投资理财的经历应使其具有合理的预判与防范能力。且根据原告、被告提供的证据显示,被告在受托过程中,未显示存在有损害委托人权益的事项,故针对原告的投资损失,其应自己承担主要责任。

综上所述,被告未尽到投资者的适当性义务,应对原告案涉信托损失承担30%的次要责任,应向原告赔付损失178,325.745元(594,419.15元×30%)……①

适当性义务的责任主体为信托公司等金融机构,金融机构不能提供其已经建立了金融产品(或者服务)的风险评估及相应管理制度、对金融消费者的风险认知、风险偏好和风险承受能力进行了测试、向金融消费者告知产品(或者服务)的收益和主要风险因素等相关证据的,应当承担举证不能的法律后果。

案例7-3:毛某某与四川信托公司信托合同纠纷案②

【案情简介】

2015年11月,毛某某向四川信托公司汇款400万元,用于购买该信托公司的川诺3号信托计划,但未签订书面信托合同。后该信托计划产生损失,原告毛某某要求被告四川信托赔偿损失。法院认定双方构成事实信托关系,并认为被告未履行适当性义务,判

① 广东省广州市越秀区人民法院民事判决书,(2021)粤0104民初2676号。

② 北京市海淀区人民法院民事判决书,(2019)京0108民初6409号。

决被告返还全部本金及利息损失。

【案件解析】

适当性义务的举证主体是信托公司等金融机构，这要求信托公司等金融机构建立投资者适当性的风险评估制度，例如对投资者的风险承受能力、风险认知、风险偏好进行评估、识别，并保留相关文件作为证据。

本案中，法院判定被告信托公司未提交充分证据证明该信托公司对原告的风险承受能力、风险认知、风险偏好进行评估、识别，未提交其已经建立了金融产品的风险评估及相应管理制度、对金融消费者的风险认知、风险偏好和风险承受能力进行了测试的相关证据，认为信托公司违反了适当性义务，其应当承担举证不能的法律后果，该责任为缔约过失责任。

判决原文如下：

《信托公司集合资金信托计划管理办法》第6条规定："合格投资者，是指符合下列条件之一，能够识别、判断和承担信托计划相应风险的人：(一)投资一个信托计划的最低金额不少于100万元人民币的自然人、法人或者依法成立的其他组织；(二)个人或家庭金融资产总计在其认购时超过100万元人民币，且能提供相关财产证明的自然人；(三)个人收入在最近3年内每年收入超过20万元人民币或者夫妻双方合计收入在最近3年内每年收入超过30万元人民币，且能提供相关收入证明的自然人。"就本案信托合同而言，四川信托公司为川诺3号信托产品的销售方，毛某某为川诺3号信托产品的消费者，四川信托公司作为金融产品的卖方负有法定适当性义务，该适当性义务的本质为诚信义务在金融产品销售领域的具体化，主要体现为先合同阶段的诚信义务。适当性义务的履行是买者尽责的主要内容，也是买者自负的前提和基础。本案中，川诺3号信托产品属于高风险等级金融产品，四川信托公司应当对毛某某的风险承受能力等进行评估，以确定毛某某与川诺3号产品的风险相匹配，确定毛某某为合格投资者，同时还应当对川诺3号产品的投资去向进行告知，现四川信托公司未提交充分证据证明其在向毛某某销售理财产品时向毛某某进行风险告知，也未提交充分证据证明四川信托公司对毛某某的风险承受能力、风险认知、风险偏好进行评估、识别，也未提交证据证明四川信托公司对毛某某告知了川诺3号产品的具体投资指向，因此，在四川信托公司未提交其已经建立了金融产品的风险评估及相应管理制度、对金融消费者的风险认知、风险偏好和风险承受能力进行了测试、向金融消费者告知产品的收益和主要风险因素等相关其履行上述适当性义务的证据的情况下，其应当承担举证不能的法律后果，其应当承担缔约过失责任。四川信托公司应当赔偿毛某某的损失，向毛某某退还本金并赔偿利息损失。

第三节 信托计划的合同规范与信息披露

一、信托计划的合同规范

信托合同是承载信托法律关系的基本文件。《信托法》第 8 条规定,设立信托,应当采取书面形式(书面形式包括:信托合同、遗嘱或者法律、行政法规规定的其他书面文件等)。其中,信托合同是最基本的承载信托法律关系的文件。

《信托法》第 9 条规定,设立信托,其书面文件应当载明下列事项:(1)信托目的;(2)委托人、受托人的姓名或者名称、住所;(3)受益人或者受益人范围;(4)信托财产的范围、种类及状况;(5)受益人取得信托利益的形式、方法。但是,对于较为复杂的信托(如资金类信托),这些事项显然不足以涵盖所有重要事项。

为了避免信托合同约定不明,监管机关对特定类型信托合同的基本内容进行了强制规定。以集合资金信托计划为例,《信托公司集合资金信托计划管理办法》规定,信托合同应当载明以下事项:(1)信托目的;(2)受托人、保管人的姓名(或者名称)、住所;(3)信托资金的币种和金额;(4)信托计划的规模与期限;(5)信托资金管理、运用和处分的具体方法或安排;(6)信托利益的计算、向受益人交付信托利益的时间和方法;(7)信托财产税费的承担、其他费用的核算及支付方法;(8)受托人报酬计算方法、支付期间及方法;(9)信托终止时信托财产的归属及分配方式;(10)信托当事人的权利、义务;(11)受益人大会召集、议事及表决的程序和规则;(12)新受托人的选任方式;(13)风险揭示;(14)信托当事人的违约责任及纠纷解决方式;(15)信托当事人约定的其他事项;(16)信托合同首页的提醒文字。[①]

(一)信托目的

《信托法》第 6 条规定,设立信托,必须有合法的信托目的。信托目的是指委托人希望通过信托所达到的目的。从委托人方面看,信托目的是其通过设立信托所指明的基本目的,从受托人方面看,信托目的是其对信托财产应当行使管理、运用或者处分权的目的。[②]

信托目的具有以下基本特征:确定性、自由和多样性、受法律强制规范的限制。确定性是指信托总有一定的目的,通常是为受益人的利益或者特定目的。自由和多样性是指只要信托不违反法律、行政法规,不违背国家利益和社会公共利益,就可以为委托

① 《信托公司集合资金信托计划管理办法》(2009 年修订)第 13 条、第 14 条。

② 全国人大常委会法制工作委员会编:《中华人民共和国信托法释义》,法律出版社 2002 年版,第 56 页。

人所希望达到的各种目的而设立信托。受法律强制规范的限制是指，信托虽然属于当事人的自主行为，但必须受到法律、行政法规的强制性规范的限制，例如“委托人不得以非法财产或者本法规定不得设立信托的财产设立信托”等。①

以集合资金信托为例，信托合同对信托目的常见规定如下：

信托目的：委托人基于对受托人的信任，将其合法拥有的财产委托给受托人，加入信托计划，受托人对信托财产进行集合管理、运用和处分，信托资金及信托资金闲置期间可投资于银行存款、债券、银行理财产品或同一底层资产的证券公司定向资产管理计划、基金公司资产管理计划、信托产品、信托受益权、信托受益权之收益权等投资品种，从而为受益人获取信托收益。本信托的类型为私募性质产品，按其投资性质分类，属于固定收益类产品。根据《关于规范金融机构资产管理业务的指导意见》（银发〔2018〕106 号，以下简称《指导意见》）第四条规定及本合同的有关约定，本信托作为固定收益类产品投资于债权类资产的比例不低于 80%。非因受托人主观因素导致突破前述比例限制的，受托人应当在流动性受限资产可出售、可转让或者恢复交易的 15 个交易日内调整至符合要求。

在该条款中，对信托合同的财产来源、投资方向、产品性质等进行了详细规定。信托合同对信托目的的约定繁简不一，部分信托合同，对信托目的的规定较为简单，几乎是《信托法》第 2 条的翻版，例如：

信托目的：委托人以其合法拥有的标的债权设立“××××号财产权信托”，根据《信托合同》约定确定受益人范围，由受托人以自己的名义按照信托文件约定为受益人的利益管理、运用和处分信托财产，向受益人分配信托利益。

（二）受托人、保管人的姓名（或者名称）、住所

在集合资金信托中，委托人通常就是受益人，属于信托合同的当然记载内容。受托人作为履行受托责任和签订信托合同的主体之一，记载其名称和住所亦属当然。信托计划存续期间，信托公司应当选择经营稳健的商业银行担任保管人。保管人的职责是：（1）安全保管信托财产；（2）对所保管的不同信托计划分别设置账户，确保信托财产的独立性；（3）确认与执行信托公司管理运用信托财产的指令，核对信托财产交易记录、资金和财产账目；（4）记录信托资金划拨情况，保存信托公司的资金用途说明；（5）定期

① 全国人大常委会法制工作委员会编：《中华人民共和国信托法释义》，法律出版社 2002 年版，第 56～57 页。

向信托公司出具保管报告;(6)当事人约定的其他职责。承担信托财产的安全性、独立性、信托资金划拨记录的完整性等职能的保管人,是信托合同的重要信息,也是委托人知情权的当然范畴,因此有必要在信托合同中予以明确。

(三)信托资金的币种和金额

我国境内集合资金信托通常以人民币作为信托币种的资金,这是由于该笔资金投资于境内,无须使用外币。使用外币作为信托资金币种通常用于境外投资,即信托公司在取得监管部门的受托境外理财业务资格后,在国家外汇局批准的投资付汇额度范围内,向投资者推介人民币或外币受托境外理财集合信托计划。① 此时,允许信托公司将该笔资金投资于:(1)国际公认评级机构最近3年对其长期信用评级至少为投资级以上的外国银行存款;(2)国际公认评级机构评级至少为投资级以上的外国政府债券、国际金融组织债券和外国公司债券;(3)中国政府或者企业在境外发行的债券;(4)国际公认评级机构评级至少为投资级以上的银行票据、大额可转让存单、货币市场基金等货币市场产品;(5)中国银监会规定的其他投资品种或者工具。

信托资金金额是信托合同的重要内容,是委托人支付信托投资资金的合同依据,也是《信托法》第7条"设立信托,必须有确定的信托财产,并且该信托财产必须是委托人合法所有的财产。本法所称财产包括合法的财产权利"的必然要求。

(四)信托计划的规模与期限

信托计划的规模是指该集合资金信托计划的总募集金额。在信托合同中明确信托计划规模,既是披露信息的当然要求,也是据以计算信托单位和判断该信托项目是否募集到足额资金而依法成立的当然要素。

信托合同期限届满,是信托计划终止的事由之一。信托计划终止,将产生信托计划的清算义务和分配剩余财产义务,这直接关系集合资金信托计划委托人即受益人的受益权的实现,因此信托计划期限是集合资金信托合同的当然内容。《信托公司集合资金信托计划管理办法》第5条第4项规定,集合资金信托计划的期限不得少于1年。市场上的集合资金信托计划,通常期限是1~3年,这是由市场需求决定的。投资方(供方)通常不愿意投资于期限过长的信托计划,而1~3年的资金信托也通常符合资金需求方的需求,以集合资金信托计划投资于企业债券为例,该笔资金被目标企业使用后,目标企业在1~3年内通常可以通过自身经营或债务置换等方式筹集到回购债券的资金。

(五)信托资金管理、运用和处分的具体方法或安排

信托资金的管理、运用和处分的具体方法或安排,是指约定信托公司对该笔资金的具体运用方式,包括具体的投资标的、增信措施等。在信托合同中对此予以约定,是对

① 《信托公司受托境外理财业务管理暂行办法》(2007年)第4章"投资付汇额度管理"。

信托公司推介信托计划时披露的资金使用方式予以固定，这是《信托公司集合资金信托计划管理办法》第5条对信托资金有明确的投资方向和投资策略要求的落实，也是委托人据以进行信托投资判断的意思表示的基础。

在集合资金信托合同中，常见的信托资金管理、运用和处分的具体方法或安排为：

管理运用方式

(1)委托人同意受托人将本合同项下的信托资金集合管理，本信托计划项下信托资金及信托资金闲置期间可投资于银行存款、债券、银行理财产品或同一底层资产的证券公司定向资产管理计划、基金公司资产管理计划、信托产品、信托受益权、信托受益权之收益权等投资品种，从而为受益人获取信托收益。

本信托计划项下募集的信托资金拟主要用于加入“×号集合资金信托计划”(以下简称“×号”或投资标的)，×号信托资金用于向××有限公司(以下简称“项目公司”)发放信托借款，最终用于位于××省××号地块××项目的开发建设及归还股东借款(前期股东出资亦用于项目开发建设)。

(2)受托人按信托合同约定的方式独立进行信托财产的管理、运用和处分。

(3)本信托计划项下每一期信保基金的缴纳由该各期具体投资品种标的确定，本期信托若涉及信保基金，则由本期信托项下信托财产承担。

(4)“×号集合资金信托计划”的担保措施

①项目公司以位于××省××的××号地块××m^2全部土地为信托借款提供抵押担保，并根据登记机关要求办理抵押登记手续。

②××集团有限公司为信托借款提供连带责任保证担保。

③××集团××置业有限公司将其持有的项目公司××的股权为信托借款提供质押担保。

④××置业有限公司将其持有的“××号股权信托”项下的信托受益权为信托借款提供质押担保。

(六)信托利益的计算、向受益人交付信托利益的时间和方法

信托利益也称“信托收益”，通常从信托成立开始计算至信托终止。在集合资金信托计划中，委托人即受益人，向受益人分配信托收益的时间往往因信托项目的具体交易结构而不同。例如信托资金投向企业债券，且企业在合同约定的时间一次性回购企业债券时，信托公司一次性回收信托本金及收益，则收益分配也通常在信托公司一次性获得该笔本金和收益后一次性支付给受益人。反之，在具体交易结构中，如企业分期回购企业债券，则信托公司也通常分期将信托收益支付给受益人。信托无收益甚至亏损时，

以信托项目的残值(货币或非货币资产变价)按照委托人投资的信托单位数量除以该信托项目总信托单位数量得出的比例进行分配。

以集合资金信托计划为例,信托公司分期向受益人分配信托收益的常见表述为:

…………

三、信托收益计算、受益人本金及信托收益的分配

(一)每期信托项下受益人的信托收益自该期信托成立之日起或加入该期信托之日起计算。

…………

四、单期信托项下受益人本金及信托收益的分配

(一)单期信托存续期间,受托人于每年3月20日、6月20日、9月20日、12月20日(结算日)后10个工作日内,将该期信托对应的信托财产扣除其信托财产应承担的税、费(不含信托报酬)后向该期信托项下受益人分配截至该次结算日(不含)按该期信托项下受益人预期年收益率计算的已计提未分配的信托收益。如结算日距离单期信托成立日不足30个自然日的,信托收益顺延至下一个结算日进行分配。

(二)每期信托存续期间信托本金的分配

每期信托存续期间,原则上不向受益人分配该期信托本金。若投资标的姑苏1号提前分配投资本金,则受托人既可于收到该期提前分配的投资本金后,继续按照本合同约定的方式进行管理运用,亦可根据实际情况选择向受益人进行分配。

(三)该期信托终止(或提前终止)后10个工作日内,按如下顺序依次分配信托项下信托财产:

1. 该期信托项下信托财产应承担的税、费(不含信托报酬);

2. 向受益人分配该受益人应分未分的剩余本金;

3. 向受益人分配按该受益人持有的信托单位对应的预期年收益率计算的已计提未分配的信托收益;

4. 信托财产在向受益人分配完信托本金及收益后仍有剩余的,剩余部分为受托人信托报酬。

如信托投资的标的未按约实现投资本金及投资收益,则受益人收益及本金的分配在信托财产变现后进行。若变现后,信托财产无法向受益人足额分配信托本金及收益,则受益人可分配的信托财产和信托收益按如下公式进行分配:各期信托项下单个受益人可分配的信托财产=截至结算日的各期信托财产净值×各期信托项下该受益人按预期年收益率计算应分配未分配信托收益及本金/各期信托项下应分配未分配信托收益及本金总额。

（七）信托财产税费的承担、其他费用的核算及支付方法

信托财产的税费包括税金和费用。费用一般包括：信托事务管理费、信托报酬、其他服务机构费用、依法应由信托财产承担的其他费用。

信托事务管理费通常包括信托文件或账册的制作费用、印刷费用、信息披露费用、邮寄费用、信托终止时的清算费用、保管人收取的资金划付费、代理收付机构收取的代理收付费、保管人收取的资金划付费。

信托报酬是指《信托法》规定的受托人的报酬。《信托法》第35条第1款规定，受托人有权依照信托文件的约定取得报酬，信托文件未作事先约定的，经信托当事人协商同意，可以作出补充约定，未作事先约定和补充约定的，不得收取报酬。[①] 对于受托人而言，信托报酬是包括集合资金信托在内的营业信托的最终目的，因此实务中基本都会对信托报酬予以明确约定。

其他服务机构费用通常包括：保管人的保管费、信托发行费用、信托合作费用、律师费、审计费等其他相关服务机构收取的服务费用以及包括受托人在内的该等服务机构在履行其职责过程中发生的差旅费。

关于费用的分类不是固定的，不同的信托公司在不同的信托项目中对费用的规定可能不同。

（八）受托人报酬计算方法、支付期间及方法

在集合资金信托计划中，受托人报酬通常按照信托项目认购资金额的一定比例收取，分期支付或一次性支付。常见条款如：

9.3.2.2　信托报酬支付方式

本信托项下固定信托报酬＝本信托生效时认购人支付的认购资金额总额×2%×1.5。信托生效之日后10个工作日内，由保管人根据受托人出具的划款指令，将按前款公式计算的受托人收取的信托报酬总额扣除本信托成立时发生的律师费用和合同印刷费用后从信托专户中支付给受托人。非因受托人原因导致本信托提前终止的，受托人已收取的信托报酬不再退还。

若本信托进入延长期的，延长期期间的信托报酬为：本信托生效时认购人支付的认购资金额总额×3.333%×信托生效满18个信托月之日（含该日）至信托终止日（不含该日）之间的实际天数/365天，延长期期间的信托报酬在信托终止后十个工作日内由受托人从信托财产中提取。

---

① 《信托法》还特别规定了受托人不得收取报酬的情形，即《信托法》第36条规定“受托人违背受托人义务导致信托财产受到损失，且该损失未被恢复原状或得到赔偿前，受托人不得向委托人请求给付报酬”。

9.3.2.3 非因受托人的原因导致信托目的不能实现,或本信托提前终止的,受托人已收取的报酬无须返还。

(九)信托终止时信托财产的归属及分配方式

信托终止时信托财产的归属,与企业破产时剩余财产的分配规则相似,区别仅在于信托项目的实施不存在企业破产时的破产费用、共益债务、劳动债权和社会保险费用。简言之,信托财产按照如下顺序分配:(1)税费;(2)信托报酬、保管费、其他应由信托财产承担的信托费用;(3)信托利益;(4)剩余财产。

常见条款如:

在本信托终止后,信托财产按照如下顺序进行分配:

(1)支付根据本合同约定应由信托财产承担的税费、规费;

(2)同顺序(按照应受偿金额的比例)支付根据本合同约定应由信托财产承担的信托报酬、保管费及其他各项应由信托财产承担的信托费用(已付的信托费用除外);

(3)同顺序(根据每一受益人预期信托利益占全部受益人预期信托利益的比例)向每一信托受益人分配信托利益直至每一受益人获得分配的信托财产金额达到预期信托利益;

(4)上述受益人信托利益、信托费用及其他信托相关费用、款项支付完毕后,鉴于本信托的信托目的已实现,剩余信托财产(如有)以财产原状形式分配给委托人。

(十)信托当事人的权利、义务

信托当事人是指信托合同中委托人、受托人、受益人。因此,信托当事人的权利、义务在信托合同中通常体现为将《信托法》《信托公司集合资金信托计划管理办法》及其他规范性文件中分散规定的权利、义务按照委托人、受托人、受益人的顺序予以统一规定。上述三者的权利、义务在本书其他章已有介绍,此处不再赘述。

(十一)受益人大会召集、议事及表决的程序和规则

在集合信托中存在数量众多的受益人,全体受益人组成受益人大会。与《公司法》中的股东大会决定公司基本事项的原理相同,信托项目的基本事项由受托人大会决定。《信托公司集合资金信托计划管理办法》第41~45条规定了受益人大会的组成、权限、召集等事项。由于这些事项大多属于程序性的强制规范,因此集合资金信托计划的信托合同中大多照搬了这些条款。

(十二)新受托人的选任方式

受托人责任终止时分为两种情形:第一种是信托项目本身终止;第二种是信托项目

未终止但发生受托人自身原因无法承担受托职责(如受托人破产、被吊销信托业务资格等)或非因受托人原因无法继续担任受托人(如全体委托人或受益人大会决定解任)。在后者情况下,由于信托项目尚未终止,需要选任新的受托人。受托人职责终止的,依照信托文件规定选任新受托人;信托文件未规定的,由委托人选任;委托人不指定或者无能力指定的,由受益人选任。原受托人处理信托事务的权利和义务,由新受托人承继。

由于集合资金信托计划涉及的投资人数量重大且金额巨大,为了集合资金信托计划更换受托人的平稳过渡,《信托公司集合资金信托计划管理办法》规定必须在信托文件中规定新受托人的选任方式。①

信托合同约定新受托人选任方式的常见条款如下:

第××条 新受托人的选任

1. 受托人有下列情形之一的,其职责终止:

(1)被依法撤销或者被宣告破产;

(2)依法解散或者法定资格丧失;

(3)辞任或者被解任;

(4)法律、法规规定的其他情形。

2. 受托人职责终止,受益人可选任新的受托人。

选任新的受托人,应经受益人大会审议,并经参加大会的受益人全体通过。

(十三)风险揭示

风险警示内容是集合资金信托合同必备的内容。② 风险警示内容主要体现于信托计划文件的必备组成文件之一《认购风险申明书》中,并散见于其他文件(如信托合同)。

在认购风险申明书中,至少包括如下内容:(1)信托计划不承诺保本和最低收益,具有一定的投资风险,适合风险识别、评估、承受能力较强的合格投资者。(2)委托人应当以自己合法所有的资金认购信托单位,不得非法汇集他人资金参与信托计划。(3)信托公司依据信托计划文件管理信托财产所产生的风险,由信托财产承担。信托公司因违背信托计划文件、处理信托事务不当而造成信托财产损失的,由信托公司以固有财产赔偿;不足赔偿时,由投资者自担。(4)委托人在认购风险申明书上签字,即表明

① 《信托公司集合资金信托计划管理办法》(2009年修订)第13条。

② 《信托公司集合资金信托计划管理办法》(2009年修订)第13条。

已认真阅读并理解所有的信托计划文件,并愿意依法承担相应的信托投资风险。

同时,在信托合同中亦应对风险进行揭示。该风险分为:大多数集合资金信托项目具有的共同风险,该项目本身特有的风险。前者例如有:宏观政策风险、市场风险、信用风险、管理风险、变现风险、提前终止风险、净值化管理及估值方法的风险、税务风险、保管人的经营及操作风险、该信托项目本身的风险。后者例如该项目投资标的的特殊情况所导致的风险。

当信托公司在信托项目成立前未进行充分风险揭示时,将违反说明告知义务,导致信托公司对投资者承担损害赔偿责任。一旦被法院判定承担损害赔偿责任,不但可能导致信托公司通过设立该信托项目而获利的目的落空,还可能导致信托公司必须使用自身固有财产赔偿投资人。因此大多数信托公司在信托合同中除了详细列明各类风险外,还会对风险应对措施、提请投资者注意风险等内容进行重点说明,以规避信托公司自身的责任。例如:

案例7-4:集合资金信托合同中的风险揭示条款示例

第××条　风险揭示、风险防范措施及承担

1.本信托计划风险揭示

本信托计划项下的信托资金可投资于银行存款、债券、银行理财产品或同一底层资产的证券公司定向资产管理计划、基金公司资产管理计划、信托产品、信托受益权和信托受益权之收益权等投资品种,可能存在以下风险:

(1)宏观政策面发生变化导致的系统风险

若出现宏观政策变化导致的系统风险,特别是国家法律、法规等对集合资金信托资产运用投向的限制等,将影响本信托资金的投资收益而产生风险。

(2)市场风险

信托资金投资于债券、银行理财产品、资产管理计划、信托产品的,由于该投资产品再投资的投资标的可能存在行业、市场不景气,导致信托收益下降的风险。信托资金投资于债券的,债券发行人(国债除外)因经营、市场、政策因素等导致不能按时足额兑付的风险。

(3)信用风险

如信托资金投资于债券的,债券发行人可能存在不能按时足额兑付的风险,而给信托财产带来损失的风险。再如,信托资金投资的资产管理计划、信托产品等产品项下交易对手和/或保证人丧失履约能力、拒不履行约定义务等原因,而给信托财产带来损失的风险。

(4)管理风险

在信托财产的管理运用过程中,存在因受托人的管理水平有限、获取信息不完备,或银行理财产品、资产管理计划、集合资金信托计划等的管理人、托管人未能尽职管理等因素致使信托财产遭受损失的风险。

(5)变现风险

信托存续期内,若受托人进行投资时,未能在各期信托到期前变现各期信托对应的投资标的,继而影响信托资金的兑付,给信托财产带来风险。

(6)提前终止风险

若出现信托合同约定的情形,受托人可提前结束各期信托,受托人将按各期信托的实际存续天数计算受益人的信托收益,从而对受益人的投资收益产生影响。

(7)净值化管理及估值方法的风险

信托计划实行净值化管理,受托人有权按监管规定,确定并适用具体的估值方法,相关事项以信息披露为准。当披露的估值方法因其适用条件、局限性及偏离度而不能真实公允反映信托单位的净值时,受托人有权根据监管规定或者市场通用做法,经与保管人协商一致后,选择更为公允估值方法。另外,本信托计划的估值方法可能不能真实公允反映信托单位净值,本信托计划的估值结果可能存在滞后性,无法及时反映信托财产的收益和风险水平。

(8)税务风险

本信托项下的信托财产应按有关法律法规规定承担相应税费(如财税〔2016〕140号文项下的增值税等,具体税种及税费的缴纳以信托存续期间执行的法律法规及监管规定为准),且随着国家财税政策的变化,应当由信托财产承担的税费可能发生变化,从而可能导致受益人无法实现信托合同约定的预期收益。

(9)保管人的经营及操作风险

信托计划存续期间,保管人从事信托财产保管业务,其管理能力、相关知识和经验以及操作能力等也对信托财产的投资运用和管理有着较大程度的影响;也可能发生违反保管合同的情形;保管人的经营和操作失误可能导致信托财产受到损失。

(10)其他风险

本信托计划不排除其他政治、经济、法律、自然灾害等不可抗力因素对信托财产产生影响的可能。

2. 本期信托风险揭示

本信托计划下信托资金拟用于加入×号信托,信托资金用于向项目公司发放信托借款,最终用于位于××省××号地块(不动产权证号:××)项目的开发建设及归还股东借款(前期股东出资亦用于项目开发建设)。项目公司按季支付信托借款利息,信托计划届满前,由项目公司偿还×号信托计划项下融资本息,从而实现信托收益及信托资金的安全退出。

×号信托计划项下可能存在以下风险,进而影响本期信托投资本金及收益的实现:

(1)拿地成本较高,去化或不及预期的风险

项目地块××年摘牌,拿地价格偏高;项目周边目前配套不太完善,如后期配套建设达不到理想状态将对后期住宅销售产生一定影响。

(2)项目依托于××集团的操盘产生的风险

项目依托于××集团的操盘,可能存在因××集团经营、管理不当而影响项目的运营的风险。

(3)担保人履约风险

如标的项目去化速度不如预期,则将依赖××集团有限公司的资金调配,××集团有限公司整体资金运营情况将影响担保人的履约能力。

(4)担保方及抵押物相关风险

在受托人管理、运用或处分信托财产过程中,可能存在担保人不能或拒不履行担保义务、抵/质押物贬值、抵/质押物无法变现或抵/质押物变现资金无法覆盖借款本息而给信托财产带来损失的风险。

(5)政策风险

借款人是一家主营房地产开发与销售的公司,若出现宏观政策变化导致的系统风险,特别是国家法律法规或者货币政策、财政政策、产业/行业政策等宏观政策的变化或房地产市场行情变化、市场波动,将对借款人的经营产生影响,从而影响借款本息的回收,给信托财产带来风险,导致投资本金或收益发生损失。

(6)市场风险

经济运行具有其自身规律及周期性,宏观经济运行状况可能对借款人开发的项目产生影响,对借款人的资金回流造成压力,进而可能直接或者间接影响债务本息的回收,给信托财产带来风险,导致投资本金或收益发生损失。信托计划的目的是信托财产的保值增值,如果发生通货膨胀,则投资所获得的收益可能会被通货膨胀抵消,从而影响到信托计划的保值增值。

(7)信用风险

在管理、运用信托财产过程中,交易对手因编造事实、隐瞒信息、履约能力下降或因不履行诚实信用义务(包括但不限于借款人偿债能力下降或不按时足额履行还本付息义务,或者保证人丧失保证能力或拒不履行保证责任)等原因而发生合作方违约,可能导致信托财产损失,导致投资本金或收益发生损失。

(8)经营风险/操作风险

由于借款人经营决策不当等原因导致借款人丧失偿还能力、借款人拒不还款而给信托财产带来损失的风险,导致投资本金或收益发生损失。

(9)信托财产分配的特殊风险

×号信托计划分期募集成立,如单期信托期满终止,则到期日在先的信托会较早期满结束,该期信托项下受益人的信托本金及信托收益会较早分配。

(10)保管人操作风险

若信托计划存续期间保管人不能遵守保管协议约定对信托财产实施管理和估值核算等,或保管人管理能力、相关知识和经验以及操作能力等对信托财产的投资运用和管理产生影响,或保管人经营和操作失误,均可能对信托财产产生不利影响。

(11)其他风险

战争、自然灾害、重大政治事件等不可抗力以及其他不可预知的意外事件,金融市场危机、行业竞争等超出受托人自身直接控制能力之外的风险,或因金融市场监管政策变化导致的各种风险,可能导致信托财产遭受损失。

3.本信托计划风险防范措施

受托人将采取如下措施控制风险:

(1)受托人将加强对国家有关政策法规、宏观信息、市场信息等资料的收集、整理和研究,不断提高投资决策水平,适时把握市场的变化,积极采取应对措施,降低政策风险带来的影响。

(2)建立信托计划资金投资运用的内部控制系统,对拟投资的产品进行全面研究,根据宏观经济形势、行业发展趋势以及投资对象的运行情况分析,审慎选择投资对象,监督控制资金运用,并进行审核。

(3)受托人将加强信托资金投资过程中对其他机构的监督管理,严格按信托文件约定,对信托财产进行管理和运用;同时按相关法律法规及信托文件规定,建立完善的信托项目后续跟踪管理制度,配备专门的信托经理负责信托项目的具体管理工作,并定期进行信息披露。

(4)本信托计划的信托财产委托银行保管,以保证信托财产安全,维护委托人和受益人的利益。

采取上述风险防范措施,并不意味能规避和排除本信托存在的所有风险,受益人仍然有可能无法取得信托收益,甚至亏损信托本金。因此,特别提示委托人在参与本信托前,应认真阅读并理解相关业务规则、信托计划说明书及本条风险揭示的全部内容。

4.风险承担

(1)受托人按照信托合同管理、运用信托财产所产生的风险应由信托财产承担。

(2)受托人如违反信托目的或者违背受托人管理职责、管理信托事务不当致使信托财产受到损失的,应以固有财产为限承担相应赔偿责任。

(3)在信托存续期间,如遇重大政策的调整致使不能获得或实现预期收益时,委托人和受托人双方应采取友好协商原则,积极有效寻求改进措施,尽量避免因风险带给信托财产的损失,上述风险给信托财产造成的损失由信托财产承担。受托人承诺以受益人的最大利益为宗旨处理本信托事务,并谨慎管理信托财产,但不承诺信托资金不受损失,也不承诺信托资金的最低收益。

(十四)信托当事人的违约责任及纠纷解决方式

违约责任和纠纷解决方式是集合资金信托合同的必备内容,也是金融类服务甚至是所有商事合同的必备内容。

对于委托人而言,签订信托合同后应当按照合同约定及时缴纳投资款,委托人违约不予缴纳投资款,理论上的违约责任包括缴纳款项、追加支付利息等。

对于受托人而言,受托人违反信托合同条款或信托法等法律法规的法定义务导致委托人(在集合资金信托合同中也是受益人)产生损失的,有义务对因该违约行为直接引起的损失予以全额赔偿。

纠纷解决方式包括仲裁和诉讼。由于集合资金信托合同的委托人数量众多,作为受托人的信托公司往往将通过约定诉讼管辖地的方式,约定信托合同相关的纠纷均由信托公司所在地法院管辖。

(十五)信托当事人约定的其他事项

在《信托公司集合资金信托计划管理办法》强制规定的必备内容外,对信托合同的其他事项予以约定,例如保密义务,委托人、受托人、受益人的陈述和保证条款等。

1. 保密义务

包括集合资金信托在内的各类营业信托的保密义务条款区别不大,均为笼统规定各方当事人对信托项下信息的保密义务。常见的保密义务条款如下:

第××条　保密责任

本合同有效期间或合同终止后,委托人、受托人和受益人均不得以任何形式泄露对方的商业机密及经营机构资料,但法律、法规另有规定的以及根据行政或/及司法机关的要求而披露或提供的除外。

2. 委托人、受托人、受益人的陈述和保证条款

委托人、受托人、受益人的陈述和保证条款是商业合同的常见条款。在集合资金信托计划等营业信托中,陈述和保证主要体现为各方当事人对法人合法存续或自然人民事行为能力、财产的合法性、信息披露真实性等的陈述和保证,具体对应《信托法》的第19条(委托人的完全民事行为能力)、第7条(信托财产是委托人合法拥有的财产)、《信

托公司集合资金信托计划管理办法》第 34 条(信托公司的信息披露义务)等。常见的受托人的陈述和保证条款如下:

受托人的陈述和保证

受托人向委托人做出以下的陈述和保证,下述各项陈述和保证的所有重要方面在本合同签订之日均属真实和正确,在本信托生效日亦属真实和正确:

(1)公司存续。受托人是一家按照中国法律正式注册并有效存续的信托公司,具有签订本合同和依据本合同交付信托财产所需的所有权利、授权和批准,并且具有充分履行其在本合同项下每项义务所需的所有权利、授权和批准。

(2)业务经营资格。受托人依法取得了从事××信托业务的资格,且就受托人所知,并不存在任何事件导致或可能导致受托人丧失该项资格。

(3)合法授权。无论是本合同的签署还是对本合同项下义务的履行,均不会抵触、违反或违背其章程、内部规章制度以及营业许可范围或任何法律法规或任何政府机构或机关的批准,或其为签约方的任何合同或协议的任何规定。

(4)信息披露的真实性。受托人向委托人提供的所有与本合同相关的资料和信息均属真实和正确,且不存在任何重大错误或遗漏。

(十六)信托合同首页的提醒文字

《信托公司集合资金信托计划管理办法》第 14 条规定,信托合同应当在首页右上方用醒目字体载明下列文字:信托公司管理信托财产应恪尽职守,履行诚实、信用、谨慎、有效管理的义务。信托公司依据本信托合同约定管理信托财产所产生的风险,由信托财产承担。信托公司因违背本信托合同、处理信托事务不当而造成信托财产损失的,由信托公司以固有财产赔偿;不足赔偿时,由投资者自担。

二、信托计划的信息披露

作为信托公司受托人义务的重要内容,信息披露义务贯穿于信托项目的始终,并由信托公司承担信息披露的真实性、完整性、准确性的保证义务,不得有虚假记载、误导性陈述和重大遗漏。

(一)信托项目成立前与成立后的信息披露

在信托项目的成立前,信托公司必须向委托人、受益人披露如下信息:(1)信托基本信息,包括但不限于信托名称、规模、期限、管理运用方式、风控措施、收益分配等;(2)信托可能涉及的风险及风险承担原则;(3)信托产品的推介、设立、资金募集情况;(4)信托公司办理信托业务的资格,代表信托公司与委托人联系的信托经理姓名、联系地址、电话;(5)法律、行政法规、部门规章及其他规范性文件规定应当披露的其他信息。

在信托项目成立后,信托公司应当按照信托文件的约定,定期制作信托财产管理报告,并向委托人、受益人进行披露。信托财产管理报告至少应当包括以下内容:(1)信托财产管理运用、处分及收支情况;(2)信托经理变更情况;(3)信托财产运用重大变动说明;(4)对信托财产可能构成重大影响的诉讼、仲裁以及其他可能损害信托财产、受益人利益的情形。

(二)信息披露的方式

信托文件中应当规定信息披露的方式,信托文件中没有约定信息披露方式的,信托公司可以采取下列任一方式进行披露:(1)邮寄;(2)传真;(3)电子邮件;(4)在信托公司官方网站等官方电子系统上披露;(5)在信托公司的办公场所存放备查;(6)其他有效方式。

由于信息披露内容复杂多样,为了保证时效性,大多数信托公司采取网页披露的方式进行信息披露。

信托合同中关于信息披露方式的条款示例:

…………

五、信息披露

(一)信息披露的形式

本信托的信息披露可选择如下任一方式进行:

1. 受托人营业场所存放备查;

2. 来函索取时寄送;

3. 在指定报刊上刊登;

4. 在受托人网址 http://www. ×××××××.com 上公布;

5. 发送至信托合同项下委托人/受益人预留的电子邮箱;

6. 便于受益人知悉的其他方式。

(二)信息披露的内容及时间

1. 受托人在信托计划成立后5个工作日内向受益人披露信托计划成立的有关情况。

2. 在各期信托成立起每满3个月(为一个信托季度)后的10个工作日内,受托人就该期信托财产管理以信托管理报告向信托受益人披露。

3. 信托计划存续期间,在管理信托财产过程中涉及相关重大事项,受托人认为有必要进行披露的,应在获知该事项发生之日起的10个工作日内,向受益人进行披露。

4. 受托人在各期信托清算后的10个工作日内编制完成信托清算报告、信托资金运用及收益情况表向信托计划受益人进行披露。自清算报告披露之日5个工作日内,如受托人没有收到受益人或信托财产的权利归属人的书面异议,受托人就清算报告所列事项解除责任。

(三)特别提示:受托人将于本条第2款约定的披露时间内将该等条款约定的披露事项和内容在受托人网址http://www.×××××××.com上公布,受益人可自行查询,查询密码为×××××××。

(三)委托人、受益人的查阅权

委托人、受益人依据法律、行政法规、部门规章及其他规范性文件的规定向信托公司查阅、抄录或者复制与其信托财产有关的信托帐目以及处理信托事务的其他文件的,在不违反委托人意愿,也不损害其他受益人合法权益的前提下,信托公司应当予以接待。信托文件对委托人、受益人的查询条件或查询范围另有约定的,从其约定。已开立信托受益权账户的委托人、受益人可以通过中国信托登记有限责任公司信托登记系统查询与其权利、义务直接相关且不违背信托文件约定的信托登记信息。当委托人、受益人出现民事行为能力丧失、死亡等情形时,信托财产法定继承人或者承继人等利害关系人,可以凭具有法律效力的文件申请查询与其权利、义务直接相关的信托登记信息。

(四)信托公司建立信息披露制度的义务

信托公司应当建立健全信息披露管理制度,指定专人负责管理信息披露事务。信息披露管理制度包括但不限于以下事项:(1)信托公司向投资者进行信息披露的内容、披露频度、披露方式、披露责任以及披露渠道等事项;(2)信息披露相关文件、资料的档案管理;(3)信息披露管理部门、流程、渠道、应急预案及责任;(4)未按规定披露信息的责任追究机制,对违反规定人员的处理措施。

(五)信托公司违反信息披露义务的责任

信托公司违反信息披露义务的责任通常包括民事责任、行政责任。

1.民事责任

信托公司违反信息披露义务的民事责任,其承担依据主要为:《民法典》第577条、第584条,《信托法》第22条、25条,《信托公司集合资金信托计划管理办法》第34条,信托合同等。

履行信息披露义务的举证主体为信托公司。在投资中,委托人的损失未必全由信托公司违反信息披露义务的事实导致,在极端情况下,委托人的损失甚至与信托公司违反信息披露义务的行为无关。因此,即使认定了违反信息披露义务的事实,也不意味着信托公司必须对委托人(受益人)的所有损失进行赔偿。信托公司可以主张委托人(受益人)的损失并非由(或并非全由)信托公司违反信息披露义务的事实导致,此时将由法院根据具体案件情形,综合判断信托公司承担的责任比例。

例如前文中出现的“彭某等与中信信托营业信托纠纷案”中，[①]中信信托公司主张彭某的投资损失系由市场因素造成，中信信托公司不存在违反受托人义务的行为，风险提示不充分、没有从投资策略的角度审查投资顾问的选股、履行信息披露义务不当与信托财产损失之间不存在因果关系。

对此，二审法院将双方系争的纠纷事实分为八个时间段，并就每个时间段具体分析信托公司违反信息披露义务与一审原告彭某的损失之间的因果关系，并就其中个别时间段判定了一审被告中信信托公司违反信息披露义务对委托人承担损害赔偿责任。

2. 行政责任

信托公司行政责任的处罚依据主要为：《信托公司集合资金信托计划管理办法》（2009 年修订），如该办法第 50 条规定“信托公司不依本办法进行信息披露或者披露的信息有虚假记载、误导性陈述或者重大遗漏的，由中国银行业监督管理委员会责令改正，并处 20 万元以上 50 万元以下罚款；给受益人造成损害的，依法承担赔偿责任。”实践中，信托公司因此遭受行政处罚的案例有很多。比如，2021 年 1 月，浙金信托因未按监管规定及时进行信息披露，被中国银保监会浙江监管局绍兴监管分局罚款 25 万元人民币。[②] 2022 年 1 月，吉林信托因违反信息披露义务，被吉林省银保监局处罚 30 万元人民币，吉林信托相关责任人员也被处以警告等行政处罚。[③]

---

① 北京市第三中级人民法院民事判决书，（2018）京 03 民终 13862 号。

② 浙江省银保监局行政处罚决定书，浙银保监罚决字〔2021〕10 号。

③ 吉林省银保监局行政处罚决定书，吉银保监罚决字〔2021〕45/46/47 号。

第四编　信托业监管

第八章　信 托 公 司

第一节　信托公司的内部治理

信托公司是近现代信托业发展的产物，不同国家信托公司的概念存在较大差异。在美国，信托公司不是一种专门的金融机构，商业银行兼营信托业务的情况并不罕见，不少美国银行设有信托部，专门从事各类信托业务。在日本，最主要的信托公司形态是信托银行，它是根据日本《兼营法》经营信托业务的金融机构。并且，域外的所谓信托公司并不像商业银行、证券公司那样持有专门的经营牌照，某种意义上，所有营业范围覆盖信托业务的金融机构都可以被称为信托公司，只是在从事不同的金融业务时会以不同的名义出现。①

中国的情况比较特殊，尽管商业银行、证券公司、基金公司等金融机构在从事相应的资产管理业务时可以运用信托法律关系，但是它们不会被称为信托公司。中国的信托公司是开展信托业务经营的法定主体。根据《信托公司管理办法》(2007 年)，信托公司是指依照《公司法》和该办法设立的主要经营信托业务的金融机构。其中，信托业务是指信托公司以营业和收取报酬为目的，以受托人身份承诺信托和处理信托事务的经营行为。信托公司从事信托活动，应当遵守法律法规的规定和信托文件的约定，不得损害国家利益、社会公共利益和受益人的合法权益。

一、信托公司的设立、变更与终止

(一) 信托公司的设立

作为金融机构，信托公司的设立需要在遵循公司法一般要求的基础上，符合行业监管规定要求的相关条件。2023 年之后，信托公司的行业监管归入国家金融监督管理局。

按照现行监管要求，设立信托公司应当采取有限责任公司或者股份有限公司的形

① 参见王道远、周萍、翁两民、贺洋：《信托的逻辑》，中信出版集团 2019 年版，第 29 页。

式,应当经监管部门批准,并领取金融许可证。未经批准,任何单位和个人不得经营信托业务,任何经营单位不得在其名称中使用“信托公司”字样。

设立信托公司,应当具备下列条件:(1)有符合《公司法》和监管部门规定的公司章程。(2)有具备监管部门规定的入股资格的股东。(3)具有规定的最低限额的注册资本。信托公司注册资本最低限额为3亿元人民币或等值的可自由兑换货币,注册资本须为实缴货币资本。(4)有具备监管部门规定任职资格的董事、高级管理人员和与其业务相适应的信托从业人员。(5)具有健全的组织机构、信托业务操作规程和风险控制制度。(6)有符合要求的营业场所、安全防范措施和与业务有关的其他设施。(7)监管部门规定的其他条件。

(二)信托公司的变更

作为金融机构,信托公司经营管理中重要事项的变更需要经监管部门批准。具体来说,信托公司有下列情形之一的,应当经监管部门批准:(1)变更名称;(2)变更注册资本;(3)变更公司住所;(4)改变组织形式;(5)调整业务范围;(6)更换董事或高级管理人员;(7)变更股东或者调整股权结构,但持有上市公司流通股份未达到公司总股份5%的除外;(8)修改公司章程;(9)合并或者分立;(10)监管部门规定的其他情形。

(三)信托公司的终止

信托公司出现分立、合并或者公司章程规定的解散事由,申请解散的,经监管部门批准后解散,并依法组织清算组进行清算。信托公司不能清偿到期债务,且资产不足以清偿债务或明显缺乏清偿能力的,经监管部门同意,可向人民法院提出破产申请。监管部门可以向人民法院直接提出对该信托公司进行重整或破产清算的申请。

信托公司终止时,其管理信托事务的职责同时终止。清算组应当妥善保管信托财产,作出处理信托事务的报告并向新受托人办理信托财产的移交。信托文件另有约定的,从其约定。

监管部门在批准信托公司设立、变更、终止后,发现原申请材料有隐瞒、虚假的情形,可以责令补正或者撤销批准。

案例8-1:新华信托股份有限公司被宣告破产案

【案情介绍】

2022年7月6日,中国银保监会批复同意新华信托股份有限公司(以下简称新华信托)进入破产程序,新华信托成为信托业第七次整顿后首家被宣告破产的信托公司。

2020年7月17日,中国银保监会官网消息称,鉴于天安财产保险股份有限公司、华夏人寿保险股份有限公司、天安人寿保险股份有限公司、易安财产保险股份有限公司、新时代信托股份有限公司、新华信托股份有限公司触发了规定的接管条件,银保监会决定于2020年7月17日起,对上述六家金融机构实施接管,接管期限为一年。如果接管工作未达到预期效果,接管期限将依法延长。一年接管期限届满,2021年7月16日,银保监会决定延长包括新华信托在内的六家金融机构的接管期限一年,自2021年7月17日起至2022年7月16日止。新华信托被接管期间,曾试图按照市场化和法治化的原则向社会公开招募投资者参与重组工作,但由于未能找到有意愿又有实力的重组方参与重组,新华信托最终没有"起死回生"。2022年7月6日,在距离延长后的接管期限届满剩余10天的时候,银保监会作出《关于新华信托股份有限公司破产的批复》,同意新华信托依法进入破产程序。同日,重庆市第五中级人民法院裁定受理新华信托破产清算申请。

2023年5月26日,法院经审理认为,新华信托不能清偿到期债务,且资产不足以清偿全部债务,符合宣告破产的法律规定,遂裁定宣告其破产。

【案件解析】

新华信托股份有限公司创始于1979年,是我国最早设立的信托公司之一。1998年1月,经中国人民银行《关于中国工商银行重庆信托投资股份有限公司变更受让单位及更名等有关事宜的批复》批准,中国工商银行转让其所持公司股份给新产业投资股份有限公司,之后公司更名为"重庆新华信托投资股份有限公司"。2007年9月,经中国银行业监督管理委员会批准,公司更名为"新华信托股份有限公司"。

2020年7月,新华信托股份有限公司触发了《银行业监督管理法》第38条和《信托公司管理办法》第55条规定的接管条件,为保护保险活动当事人、信托当事人合法权益,维护社会公共利益,银保监会决定对上述六家机构实施接管。① 2022年7月,银保监会同意《新华信托股份有限公司关于破产清算的请示》,之后新华信托依法进入破产程序。②

新华信托破产案是我国《企业破产法》实施以来出现的首例信托公司破产。作为一家持牌机构,其进入破产程序本身备受社会各界关注。防范和化解系统性金融风险始终是金融工作的永恒主题。具体来说,一家出现危机的信托公司想避免被破产清算需要同时满足四个条件:(1)信托公司要和遭受损失的投资者达成和解。换言之,投资者不向法院申请信托公司破产。(2)信托公司能够找到有意愿又有实力的重组方参与重组。(3)重组方看好信托公司继续经营的前景,具有战略投资意图。(4)重组方满足作为信托公司股东的特殊资格,并得到监管部门的认可。在信托公司进入破产程序之

---

① 参见《中国银保监会依法对天安财产保险股份有限公司等六家机构实施接管的公告》,载银保监会官网,http://www.cbirc.gov.cn/cn/view/pages/ItemDetail.html? docId=917190&itemId=925&generaltype=0。

② 参见《中国银保监会关于新华信托股份有限公司破产的批复》(银保监复〔2022〕393号)。

前,也可以通过相关行政机关的提前介入和处置,减少信托公司风险外溢,避免引发系统性金融风险。同时,金融机构规范有序地退出市场,对于提升我国金融行业竞争力、推进防范化解系统性金融风险、打造优质营商环境均具有重要意义。现阶段,我国金融机构破产法律制度仍有待完善,金融机构破产可能涉及的行政监管机关行政处置和法院司法破产两个阶段的衔接和配合机制仍需要明晰,与其他金融机构或非金融机构相比,信托公司破产的特殊之处也需要理论研究者适时给出解决之策。比如,如何在破产程序中适用信托法、如何处理信托项目给信托投资者造成的损失、怎样体现信托法上受托管理的连续性等。

本案中,就公司债权人保护而言,主要适用《企业破产法》;就信托投资人权益保护而言,则需适用《信托法》。《信托法》第16条、第39条明确规定,信托财产与受托人固有财产相区别,不得归入受托人的固有财产或者成为固有财产的一部分。受托人被宣告破产而终止,信托财产不属于其清算财产,其清算人应当妥善保管信托财产,协助新受托人接管信托事务。所以,新华信托破产,其信托财产并不会被用来偿还公司债务,并且会由其他受托人来管理。但是,信托财产的投资收益依赖于受托人的投资管理能力,如若受托人自身存在重大风险、经营管理不善,势必也会影响投资人权益,故需慎重选择信托公司;同时,投资者所购买信托产品的投资风险遵循"卖者尽责,买者自负"原则,该投资风险并非由信托公司所承担。《资管新规》等规范也是不断强调,金融机构应当加强投资者教育,不断提高投资者的金融知识水平和风险意识,向投资者传递"卖者尽责、买者自负"的理念,打破刚性兑付。

二、信托公司的股权管理

(一)信托公司股东的准入条件

信托公司的股权管理遵循分类管理、优良稳定、结构清晰、权责明确、变更有序、透明诚信的原则。信托公司股东应当核心主业突出、具有良好的社会声誉、公司治理机制、诚信记录、纳税记录、财务状况和清晰透明的股权结构,符合法律法规规定和监管要求。信托公司股东的股权结构应逐层追溯至最终受益人,其控股股东、实际控制人、关联方、一致行动人、最终受益人等各方关系应当清晰透明。股东与其关联方、一致行动人的持股比例合并计算。

经监管部门审查批准,境内非金融机构、境内金融机构、境外金融机构和监管部门认可的其他投资人可以成为信托公司股东。投资人及其关联方、一致行动人单独或合计持有同一上市信托公司股份未达到该信托公司股份总额5%的,不受前述限制。

境内非金融机构作为信托公司股东,应当具备以下条件:(1)依法设立,具有法人资格。(2)具有良好的公司治理结构或有效的组织管理方式。(3)具有良好的社会声誉、诚信记录和纳税记录。(4)经营管理良好,最近2年内无重大违法违规经营记录。(5)财务状况良好,且最近2个会计年度连续盈利;如取得控股权,应最近3个会计年度连续盈利。(6)年终分配后净资产不低于全部资产的30%(合并财务报表口径);如取得控股权,年终分配后净资产应不低于全部资产的40%(合并财务报表口径)。(7)如取得控股权,权益性投资余额应不超过本企业净资产的40%(含本次投资金额,合并财务报表口径),监管部门认可的投资公司和控股公司除外。(8)监管部门规章规定的其他审慎性条件。

境外金融机构作为信托公司股东,应当具备以下条件:(1)具有国际相关金融业务经营管理经验;(2)监管部门认可的国际评级机构最近2年对其作出的长期信用评级为良好及以上;(3)财务状况良好,最近2个会计年度连续盈利;(4)符合所在国家法律法规及监管当局的审慎监管要求,最近2年内无重大违法违规经营记录;(5)具有良好的公司治理结构、内部控制机制和健全的风险管理体系;(6)所在国家金融监管当局已经与监管部门建立良好的监督管理合作机制;(7)具有有效的反洗钱措施;(8)所在国家经济状况良好;(9)监管部门规章规定的其他审慎性条件。境外金融机构投资入股信托公司应当遵循长期持股、优化治理、业务合作、竞争回避的原则,并遵守国家关于外国投资者在中国境内投资的有关规定。

投资人及其控股股东、实际控制人存在以下情形的,不得作为信托公司主要股东:(1)关联企业众多、股权关系复杂且不透明、关联交易频繁且异常;(2)被列为相关部门失信联合惩戒对象;(3)在公开市场上有不良投资行为记录;(4)频繁变更股权或实际控制人;(5)存在严重逃废到期债务行为;(6)提供虚假材料或者作不实声明,或者曾经投资信托业,存在提供虚假材料或者作不实声明的情形;(7)对曾经投资的信托公司经营失败或重大违法违规行为负有重大责任,或对曾经投资的其他金融机构经营失败或重大违法违规行为负有重大责任且未满5年;(8)长期未实际开展业务、停业或破产清算或存在可能严重影响持续经营的担保、诉讼、仲裁或者其他重大事项;(9)拒绝或阻碍金融管理部门依法实施监管;(10)因违法违规行为被金融管理部门或政府有关部门查处,造成恶劣影响;(11)其他可能对履行股东责任或对信托公司产生重大不利影响的情形。此外,投资人的控股股东、实际控制人为金融产品的,该投资人不得为信托公司主要股东。

(二)信托公司对于股权的管理

信托公司应切实加强对于股权的管理。信托公司应当如实向拟入股股东说明公司经营管理情况和真实风险底数。信托公司应当依法依规、真实、完整地向监管部门报送与变更股权或调整股权结构等事项相关的行政许可申请材料。信托公司董事会应当勤勉尽责,董事会成员应当对信托公司和全体股东负有忠诚义务。信托公司董事会承担信托公司股权事务管理最终责任,信托公司董事长是处理信托公司股权事务的第一责任人,董事会秘书协助董事长工作,是处理股权事务的直接责任人。董事长和董事会秘书应当忠实、诚信、勤勉地履行职责,履职未尽责的,依法承担法律责任。

信托公司应当建立和完善股权管理制度,做好股权信息登记、关联交易管理和信息披露等工作。信托公司应当将以下关于股东管理的相关监管要求、股东的权利义务等写入公司章程,在公司章程中载明下列内容:(1)股东应当遵守法律法规和监管规定;(2)主要股东应当在必要时向信托公司补充资本;(3)应经但未经监管部门批准或未向监管部门报告的股东,不得行使股东大会召开请求权、表决权、提名权、提案权、处分权等权利;(4)对于存在虚假陈述、滥用股东权利或其他损害信托公司利益行为的股东,监管部门可以限制或禁止信托公司与其开展关联交易,限制其持有信托公司股权比例等,并可限制其股东大会召开请求权、表决权、提名权、提案权、处分权等权利。

信托公司应当通过半年报或年报在官方网站等渠道真实、准确、完整地披露信托公司股权信息,披露内容包括:(1)股份有限公司报告期末股份总数、股东总数、报告期间股份变动情况以及前十大股东持股情况;(2)有限责任公司报告期末股东出资额情况;(3)报告期末主要股东及其控股股东、实际控制人、关联方、一致行动人、最终受益人情况;(4)报告期内公司发生的关联交易情况;(5)报告期内股东违反承诺质押信托公司股权或以股权及其受(收)益权设立信托等金融产品的情况;(6)报告期内股东提名董事、监事情况;(7)已向监管部门提交行政许可申请但尚未获得批准的事项;(8)监管部门规定的其他信息。

信托公司应当加强对股东资质的审查,对主要股东及其控股股东、实际控制人、关联方、一致行动人、最终受益人等相关信息进行核实,并掌握其变动情况,就主要股东对信托公司经营管理的影响进行判断。信托公司董事会应当至少每年对其主要股东的资质情况、履行承诺事项情况、承担股东责任和义务的意愿与能力、落实公司章程或协议条款情况、经营管理情况、财务和风险状况以及信托公司面临经营困难时,其在信托公司恢复阶段可能采取的救助措施进行评估,并及时将评估报告报送监管部门。

三、信托公司的公司治理

(一)信托公司的“三会一层”建设

信托公司应当建立以股东(大)会、董事会、监事会、高级管理层等为主体的组织架构,明确各自的职责划分,保证相互之间独立运行、有效制衡,形成科学高效的决策、激励与约束机制。信托公司应当按照职责分离的原则设立相应的工作岗位,保证公司对风险能够进行事前防范、事中控制、事后监督和纠正,形成健全的内部约束机制和监督机制。监管部门对信托公司的董事、高级管理人员实行任职资格审查制度。未经监管部门任职资格审查或者审查不合格的,不得任职。信托公司对拟离任的董事、高级管理人员,应当进行离任审计,并将审计结果报监管部门备案。信托公司的法定代表人变更时,在新的法定代表人经监管部门核准任职资格前,原法定代表人不得离任。监管部门根据履行职责的需要,可以与信托公司董事、高级管理人员进行监督管理谈话,要求信托公司董事、高级管理人员就信托公司的业务活动和风险管理的重大事项作出说明。

目前,监管部门颁布的《银行保险机构公司治理准则》对于各类银行保险机构的公司治理要求作出明确规定,尤其是"三会一层"的组织建设方面,具有相对清晰的界定。作为银行业机构,信托公司在组织建设上须严格遵守《银行保险机构公司治理准则》。

(二)信托公司的制度建设和人员管理

信托公司应当按规定制订本公司的信托业务及其他业务规则,建立、健全本公司的各项业务管理制度和内部控制制度,并报备案。信托公司应当按照国家有关规定建立、健全本公司的财务会计制度,真实记录并全面反映其业务活动和财务状况。公司年度财务会计报表应当经具有良好资质的中介机构审计。监管部门定期或者不定期对信托公司的经营活动进行检查;必要时,可以要求信托公司提供由具有良好资质的中介机构出具的相关审计报告。信托公司应当按照监管部门的要求提供有关业务、财务等报表和资料,并如实介绍有关业务情况。

监管部门对信托公司的信托从业人员实行信托业务资格管理制度。符合条件的,颁发信托从业人员资格证书;未取得信托从业人员资格证书的,不得经办信托业务。信托公司的董事、高级管理人员和信托从业人员违反法律、行政法规或监管部门有关规定的,监管部门有权取消其任职资格或者从业资格。根据《信托公司受托责任尽职指引》第42条规定,信托公司应当建立符合法律、行政法规、部门规章及其他规范性文件、信托行业自律公约规定的信托业务人员的资格认定、培训、考核评价和问责制度。从内部监督机制角度,信托公司应当建立具有实效性的内部监督机制,例如设立内部审计部门,建立内部举报机制,由公司董事长、总经理履行风险管理责任等。

信托公司每年应当从税后利润中提取5%作为信托赔偿准备金,但该赔偿准备金累计总额达到公司注册资本的20%时,可不再提取。信托公司的赔偿准备金应存放于经营稳健、具有一定实力的境内商业银行,或者用于购买国债等低风险高流动性证券品种。信托公司已经或者可能发生信用危机,严重影响受益人合法权益的,监管部门可以依法对该信托公司实行接管或者督促机构重组。

信托公司违反审慎经营规则的,监管部门责令限期改正;逾期未改正的,或者其行为严重危及信托公司的稳健运行、损害受益人合法权益的,监管部门可以区别情形,依据《银行业监督管理法》等法律法规的规定,采取暂停业务、限制股东权利等监管措施。

四、信托公司的关联交易管理

(一)信托公司关联交易的界定与实施规范

为进一步加强关联交易监管,规范银行保险机构关联交易行为,防范利益输送风险,监管部门于2022年1月颁布了《银行保险机构关联交易管理办法》。该办法适用于银行机构、保险机构和在境内依法设立的信托公司、金融资产管理公司、金融租赁公司、汽车金融公司、消费金融公司。信托公司的关联交易管理须遵循《银行保险机构关联交易管理办法》相关规定。

信托公司应当按照穿透原则和实质重于形式原则,加强关联交易认定和关联交易资金来源与运用的双向核查。信托公司关联交易分为重大关联交易和一般关联交易。重大关联交易是指信托公司固有财产与单个关联方之间、信托公司信托财产与单个关联方之间单笔交易金额占信托公司注册资本5%以上,或信托公司与单个关联方发生交易后,信托公司与该关联方的交易余额占信托公司注册资本20%以上的交易。一般关联交易是指除重大关联交易以外的其他关联交易。

信托公司开展固有业务,不得向关联方融出资金或转移财产,不得为关联方提供担保。信托公司开展结构化信托业务不得以利益相关人作为劣后受益人,利益相关人包括但不限于信托公司及其全体员工、信托公司股东等。信托公司管理集合资金信托计划,不得将信托资金直接或间接运用于信托公司的股东及其关联方,但信托资金全部来源于股东或其关联方的除外。

(二)信托公司对关联交易的管理

信托公司应当制定关联交易管理制度。关联交易管理制度包括关联交易的管理架构和相应职责分工,关联方的识别、报告、信息收集与管理,关联交易的定价、审查、回避、报告、披露、审计和责任追究等内容。董事会应当设立关联交易控制委员会,负责关联交易管理、审查和风险控制。银保监会对设立董事会下设专业委员会另有规定的,从其规定。

信托公司董事会对关联交易管理承担最终责任,关联交易控制委员会、涉及业务部门、风险审批及合规审查的部门负责人对关联交易的合规性承担相应责任。关联交易控制委员会由三名以上董事组成,由独立董事担任负责人。关联交易控制委员会应重点关注关联交易的合规性、公允性和必要性。信托公司应当在管理层面设立跨部门的关联交易管理办公室,成员应当包括合规、业务、风控、财务等相关部门人员,并明确牵头部门、设置专岗,负责关联方识别维护、关联交易管理等日常事务。

信托公司应当在签订以下交易协议后15个工作日内逐笔向监管部门报告:(1)重大关联交易;(2)统一交易协议的签订、续签或实质性变更;(3)银保监会要求报告的其他交易。信托公司应当按照规定统计季度全部关联交易金额及比例,并于每季度结束后30日内通过关联交易监管相关信息系统向监管部门报送关联交易有关情况。信托公司董事会应当每年向股东(大)会就关联交易整体情况做出专项报告,并向监管部门报送。

信托公司应当在公司网站中披露关联交易信息,在公司年报中披露当年关联交易的总体情况。按照规定需逐笔报告的关联交易应当在签订交易协议后15个工作日内逐笔披露,一般关联交易应在每季度结束后30日内按交易类型合并披露。逐笔披露内容包括:(1)关联交易概述及交易标的情况。(2)交易对手情况。包括关联自然人基本情况,关联法人或非法人组织的名称、经济性质或类型、主营业务或经营范围、法定代表人、注册地、注册资本及其变化,与银行保险机构存在的关联关系。(3)定价政策。(4)关联交易金额及相应比例。(5)股东(大)会、董事会决议,关联交易控制委员会的意见或决议情况。(6)独立董事发表意见情况。(7)监管部门认为需要披露的其他事项。

第二节 信托公司的规范经营

信托公司的规范经营,主要包括信托公司的经营范围、经营规则和法律责任三个方面。

一、信托公司的经营范围

(一)信托公司的一般业务范围

根据《信托公司管理办法》,信托公司可以申请经营下列部分或者全部本外币业务:(1)资金信托;(2)动产信托;(3)不动产信托;(4)有价证券信托;(5)其他财产或财产权信托;(6)作为投资基金或者基金管理公司的发起人从事投资基金业务;(7)经营企业资产的重组、购并及项目融资、公司理财、财务顾问等业务;(8)受托经营国务院有关部门批准的证券承销业务;(9)办理居间、咨询、资信调查等业务;(10)代保管及保管箱业务;(11)法律法规规定或监管部门批准的其他业务。此外,信托公司还可以根据《信托法》等法律法规的有关规定开展公益信托活动。

(二)信托公司的业务实施要求

信托公司可以根据市场需要,按照信托目的、信托财产的种类或者对信托财产管理方式的不同设置信托业务品种。管理运用或处分信托财产时,信托公司可以依照信托文件的约定,采取投资、出售、存放同业、买入返售、租赁、贷款等方式进行。信托公司不得以卖出回购方式管理运用信托财产。

信托公司固有业务项下可以开展存放同业、拆放同业、贷款、租赁、投资等业务。投资业务限定为金融类公司股权投资、金融产品投资和自用固定资产投资。信托公司不得以固有财产进行实业投资,但监管部门另有规定的除外。信托公司不得开展除同业拆入业务以外的其他负债业务,且同业拆入余额不得超过其净资产的20%。信托公司可以开展对外担保业务,但对外担保余额不得超过其净资产的50%。信托公司经营外汇信托业务,应当遵守国家外汇管理的有关规定,并接受外汇主管部门的检查、监督。

二、信托公司的经营规则

(一)信托公司业务经营的一般原则

从一般原则上说,信托公司管理运用或者处分信托财产,必须恪尽职守,履行诚实、信用、谨慎、有效管理的义务,维护受益人的最大利益。信托公司在处理信托事务时应当避免利益冲突,在无法避免时,应向委托人、受益人予以充分的信息披露,或拒绝从事该项业务。

信托公司开展业务经营应遵循独立自主原则,信托公司应当亲自处理信托事务。信托文件另有约定或有不得已事由时,可委托他人代为处理,但信托公司应尽足够的监督义务,并对他人处理信托事务的行为承担责任。

信托公司对委托人、受益人以及所处理信托事务的情况和资料负有依法保密的义务,但法律法规另有规定或者信托文件另有约定的除外。信托公司应当妥善保存处理信托事务的完整记录,定期向委托人、受益人报告信托财产及其管理运用、处分及收支的情况。委托人、受益人有权向信托公司了解对其信托财产的管理运用、处分及收支情况,并要求信托公司作出说明。

(二)信托公司业务经营的独立性要求

信托公司应保证信托财产的独立性。信托公司应当将信托财产与其固有财产分别管理、分别记账,并将不同委托人的信托财产分别管理、分别记账。信托公司应当依法建账,对信托业务与非信托业务分别核算,并对每项信托业务单独核算。与业务运营相对应,在机构设置上,信托公司也应确保信托业务部门的独立性。信托公司的信托业务部门应当独立于公司的其他部门,其人员不得与公司其他部门的人员相互兼职,业务信息不得与公司的其他部门共享。

以信托合同形式设立信托时,信托合同应当载明以下事项:(1)信托目的;(2)委托人、受托人的姓名或者名称、住所;(3)受益人或者受益人范围;(4)信托财产的范围、种类及状况;(5)信托当事人的权利义务;(6)信托财产管理中风险的揭示和承担;(7)信托财产的管理方式和受托人的经营权限;(8)信托利益的计算,向受益人交付信托利益的形式、方法;(9)信托公司报酬的计算及支付;(10)信托财产税费的承担和其他费用的核算;(11)信托期限和信托的终止;(12)信托终止时信托财产的归属;(13)信托事务的报告;(14)信托当事人的违约责任及纠纷解决方式;(15)新受托人的选任方式;(16)信托当事人认为需要载明的其他事项。以信托合同以外的其他书面文件设立信托时,书面文件的载明事项按照有关法律法规规定执行。

(三)信托公司业务经营的禁止性要求

信托公司开展业务经营,应严格遵守监管部门相关监管要求,避免规定的禁止性行为。具体来说,信托公司开展固有业务,不得有下列行为:(1)向关联方融出资金或转移财产;(2)为关联方提供担保;(3)以股东持有的本公司股权作为质押进行融资。信托公司开展信托业务,不得有下列行为:(1)利用受托人地位谋取不当利益;(2)将信托财产挪用于非信托目的的用途;(3)承诺信托财产不受损失或者保证最低收益;(4)以信托财产提供担保;(5)法律法规和监管部门禁止的其他行为。

信托公司开展信托业务经营,应严格规范费用报酬的列支与收取。信托公司经营信托业务,应依照信托文件约定以手续费或者佣金的方式收取报酬,监管部门另有规定的除外。信托公司收取报酬,应当向受益人公开,并向受益人说明收费的具体标准。信托公司违反信托目的处分信托财产,或者因违背管理职责、处理信托事务不当致使信托财产受到损失的,在恢复信托财产的原状或者予以赔偿前,信托公司不得请求给付报酬。信托公司因处理信托事务而支出的费用、负担的债务,以信托财产承担,但应在信托合同中列明或明确告知受益人。信托公司以其固有财产先行支付的,对信托财产享有优先受偿的权利。因信托公司违背管理职责或者管理信托事务不当所负债务及所受到的损害,以其固有财产承担。

信托公司违反信托目的处分信托财产,或者管理运用、处分信托财产有重大过失的,委托人或受益人有权依照信托文件的约定解任该信托公司,或者申请人民法院解任该信托公司。受托人职责依法终止的,新受托人依照信托文件的约定选任;信托文件未规定的,由委托人选任;委托人不能选任的,由受益人选任;受益人为无民事行为能力人或者限制民事行为能力人的,依法由其监护人代行选任。新受托人未产生前,监管部门可以指定临时受托人。

(四)信托业务的终止情形

信托公司经营信托业务,有下列情形之一的,信托终止:(1)信托文件约定的终止事由发生;(2)信托的存续违反信托目的;(3)信托目的已经实现或者不能实现;(4)信托当事人协商同意;(5)信托期限届满;(6)信托被解除;(7)信托被撤销;(8)全体受益人放弃信托受益权。信托终止的,信托公司应当依照信托文件的约定作出处理信托事务的清算报告。受益人或者信托财产的权利归属人对清算报告无异议的,信托公司就清算报告所列事项解除责任,但信托公司有不当行为的除外。

三、信托公司的法律责任

未经监管部门批准,擅自设立信托公司的,由监管部门依法予以取缔;构成犯罪的,依法追究刑事责任;尚不构成犯罪的,由监管部门没收违法所得,违法所得50万元以上的,并处违法所得一倍以上五倍以下罚款;没有违法所得或者违法所得不足50万元的,处50万元以上200万元以下罚款。

未经监管部门批准,信托公司擅自设立分支机构或开展禁止性业务的,由监管部门责令改正,有违法所得的,没收违法所得,违法所得50万元以上,并处违法所得一倍以上五倍以下罚款;没有违法所得或者违法所得不足50万元的,处50万元以上200万元以下罚款;情节特别严重或者逾期不改正的,责令停业整顿或者吊销其金融许可证;构成犯罪的,依法追究刑事责任。

案例8-2:屈某诉华融国际信托有限责任公司合同纠纷案①

【案情介绍】

2017年,华融国际信托有限责任公司(本案被告,以下简称华融信托)推出华融·安居2号结构化投资集合资金信托计划(二期),并于同年8月10日募集完成。同日,屈某(本案原告)与时任华融信托财务部出纳的刘某某(案外人)签订"安居2号"《资金募集协议》,屈某为认购人,刘某某为召集人,约定以刘某某的名义与华融信托签署有关信托协议等资料。8月9日上午11时许,屈某分三笔向刘某某指定的账户汇入资金共计110万元,但是刘某某未能就屈某等人的认购投资与华融信托签订信托计划认购合同,也未将募集的屈某等人的资金交付华融信托。之后,刘某某根据募集协议的约定通过其名下账户先后向屈某的账户转入分配收益至2019年3月27日。2019年6月24日,刘某某向华融信托负责人说明其违规募集资金的情况并提交了相关资料。次日,刘某某前往公安局自首,并被当地检察机关以涉嫌合同诈骗批准逮捕。屈某等受害人也都向侦查机关报了案。

在案件公诉审查阶段,屈某以刘某某与其签订协议收取资金的行为构成表见代理为由,将华融信托诉至法院,请求判令华融信托支付认购金110万元和相应利息5.775万元。案件一审期间,屈某又以华融信托放纵其员工进行资金募集,对员工未尽到监管职责,导致其遭受损失为由,主张由华融信托承担侵权赔偿责任。一审法院驳回了屈某

---

① 新疆维吾尔自治区乌鲁木齐市中级人民法院民事判决书,(2020)新01民终936号。

对华融信托的全部诉讼请求,屈某不服一审判决,提起上诉。二审法院认为刘某某的行为既不构成职务行为,亦不构成表见代理。对于屈某要求华融信托承担过错赔偿责任的问题,二审法院认为原被告双方均有过错,应当基于各自的过错进行责任分担,最终判决:华融信托对屈某的本金损失承担主要责任并酌定按70%担责,即以刑事判决确定的刘某某诈骗被害人屈某的金额110万元为限,并在扣减刑事案件中在案已扣押款项27万元按比例分配后应发还屈某款项24,750元后,对其余的本金损失1,075,250元,由华融信托承担70%的赔偿责任即752,675元(华融信托对其承担的责任可在刑事追赃获赔范围内减免相应数额),另30%的损失由屈某自行承担,同时驳回屈某的其他诉讼请求。

【案件解析】

在中国,信托公司是一种与商业银行并列的金融机构,但是不能开展公开吸收公众存款的业务。其交易模式是:信托公司通过设立信托计划来募集资金,并将募集到的资金投资于相应的项目。投资者根据信托公司发布的信托计划募集公告的要求与信托公司签订信托计划认购合同,将自有资金交付给信托公司作为该信托计划项目的投资。信托公司按照与认购人合同约定的年化收益率和投资期限分配收益并返还本金。在本案中,信托公司财务人员与投资者签署《资金募集协议》,非法汇集客户资金认购信托产品,而后导致投资者损失,这种情况即使不构成职务行为或者表见代理,信托公司也可能会因员工管理方面存在过错而承担部分赔偿责任。

中国银保监会新疆监管局在对屈某等投资者的《信访事项答复意见书》表示,信托公司员工存在汇集他人资金并与资金委托人签订《资金募集协议》,用以汇集资金认购本公司信托产品,定期向资金委托人分配本金收益的现象,不符合《信托公司集合资金信托计划管理办法》规定,要求信托公司整顿肃清公司员工汇集他人资金认购信托项目的违规行为,切实履行对合格投资者的尽职审查职责。二审法院据此认为,此种情形的发生与信托公司对日常经营行为监管措施不力、未履行对合格投资者的尽职审查职责、内部管理制度混乱、对员工的业务违规行为监管严重缺失、存在巨大管理漏洞密不可分。信托公司存在明显过错,且该过错行为与被害人的经济损失之间具有直接的因果关系,对投资者所造成的经济损失,依法应当承担赔偿责任。

根据《信托公司集合资金信托计划管理办法》第11条和《资管新规》第5条的规定,信托公司员工不得非法汇集他人资金参与信托计划。信托公司员工管理不到位导致的处罚主要是违反合格投资者制度。实践中,不管是为了谋求更高的信托收益还是有利于信托产品的销售,信托公司员工以从他人汇集资金方式参与信托产品认购的行为大量存在。具体到本案,华融信托的个别员工经常在公司内部网络系统内发布针对某个信托计划的认购资金募集信息,推举某个员工或者员工的亲属作为召集人向亲朋好友募集资金,再由召集人以自己的名义与华融信托签订信托计划认购合同,并将募集的资金汇总后交付给华融信托。通过这种交易模式,华融信托完成了经营业绩,获取了巨大经济利益。本书认为,此等资金汇集行为虽然在某些时候可以规避合格投资者的认购金额门槛要求,但是员工代持信托产品很容易产生其他问题,甚至合同诈骗等犯罪行为。如果员工汇集的是信托公司外部客户的资金,类似本案这种情况,则更容易产生民事纠纷。此时,客户的损失无论是被员工诈骗的损失还是交易端的投资损失,一旦查明信托公司存在过错,其极有可能要对客户损失承担民事赔偿责任。

本案虽然是一起以信托公司为被告的民商事纠纷案件,①但其核心是信托公司因违反公司治理事项(员工管理失范)导致民事责任承担的问题。从规范经营和内部治理角度,信托公司无疑应当加强对员工认购信托产品行为的管理,包括严格审查其资金来源,防范员工挪用认购资金导致其他投资者资金损失事件的发生。

---

① 两审法院对于本案争议焦点的归纳较为一致,分别为:(1)刘某某的行为是否构成职务行为;(2)刘某某的行为是否构成表见代理;(3)屈某要求华融信托承担民事责任有无事实和法律依据。

第九章　信托业监管体制

第一节　我国信托业监管体制的变革

一、概述

（一）从“混业监管”到“分业监管”的探索

我国金融业在 20 世纪 80 年代开始恢复和发展。1980 年国务院《关于推动经济联合的暂行规定》（国发〔1980〕172 号文）提出，银行要试办各种信托业务。1983 年国务院《关于中国人民银行专门行使中央银行职能的决定》（国发〔1983〕146 号）规定“中国人民银行是国务院领导和管理全国金融事业的国家机关”。与这些规定相对应的是，改革开放初期的金融业处于混业经营、混业监管状态。这种混业经营与监管导致很多金融机构无核心主业，均在开展或变相开展企业存贷款业务，产生金融“三乱”问题（乱集资、乱设金融机构和乱办金融业务）。[①] 为规制相关情况，监管部门逐步确立了金融分业监管的理念。1993 年，国务院颁布的《关于金融体制改革的决定》（国发〔1993〕91 号）明确提出，对保险业、证券业、信托业和银行业实行分业经营，同时抓紧推进金融立法，推进对金融业的规范监管。

（二）“分业监管”的基本法确立

20 世纪 90 年代之后，我国在金融基本立法层面陆续确立了金融业分业经营、分业监管的制度。如 1995 年 7 月实施的《商业银行法》第 43 条第 1 款规定“商业银行在中国境内不得从事信托投资和股票业务，不得投资于非自用不动产。”同年 10 月实施的《中华人民共和国保险法》（以下简称《保险法》）第 5 条规定“经营商业保险业务，必须是依照本法设立的保险公司。其他单位和个人不得经营商业保险业务。”1999 年 7 月实施的《证券法》亦明确规定了金融业的分业经营与分业监管原则，即“证券业和银行业、信托业、保险业分业经营、分业管理。证券公司与银行、信托、保险业务机构分别设立。”《保险法》与《证券法》在后续修订时均延续了该等规定。如《保险法》第 8 条规定，

① 参见时磊、李立群、李琪、安嘉理：《格局变迁：中国金融监管的“分与合”》，载《中国银行业》2019 年第 1 期。

“保险业和银行业、证券业、信托业实行分业经营、分业管理,保险公司与银行、证券、信托业务机构分别设立。国家另有规定的除外”。2001 年 10 月实施的《信托法》虽未明确分业经营原则,但该法第 4 条规定,“受托人采取信托机构形式从事信托活动,其组织和管理由国务院制定具体办法。”2007 年《信托公司管理办法》第 7 条则进一步明确,未经批准,任何单位和个人不得经营信托业务,任何经营单位不得在其名称中使用“信托公司”字样,法律法规另有规定的除外。在该办法颁布之前,《国务院办公厅关于〈信托法〉公布执行后有关问题的通知》(国办发〔2001〕101 号)亦规定,“未经人民银行、证监会批准,任何法人机构一律不得以各种形式从事营业性信托活动,任何自然人一律不得以任何名义从事各种形式的营业性信托活动”。同时,我国于 1992 年设立证监会、1998 年设立保监会、2003 年设立银监会,分别负责对证券业、保险业、银行业信托业的监管。2018 年,银监会与保监会合并为银保监会。2023 年,新成立的国家金融监督管理总局取代了银保监会,国家对银行业和保险业的监管又走向合一。

(三)“分业监管”面临的挑战与发展

2008 年国际金融危机发生后,各国金融业混业经营的趋势不断增强,新型金融产品日新月异,跨金融领域产品或服务亦层出不穷,这对我国的“分业经营、分业管理”体制造成诸多冲击。比如,分业监管和混业经营的错配导致三大监管问题:监管套利、监管冲突、监管重复及真空。[①] 特别是一些同质的金融复合型产品由不同金融机构发行,受到不同的规则监管,带来金融行业的不公和投资者权益保护的弱化。所以,随着金融混业经营趋势的增强,传统“分业经营、分业管理”金融监管模式的弊端不断凸显,备受诟病。

为了回应金融混业经营带来的监管困境,有的国家提出了金融功能监管模式,即在混业经营下,金融产品的监管以其功能为导向,而非依据金融机构确定。因为金融功能比金融机构更加稳定,而且金融竞争能够使金融组织结构变化,促进金融体系更加高效。[②] 金融功能监管模式在英、美等国已实现,我国金融监管部门也一直在进行本土化运用之探索。比如,2016 年,为防范互联网金融风险,国务院颁布的《互联网金融风险专项整治工作实施方案》中规定要采取“穿透式”监管方法,根据业务实质明确责任。2017 年的全国金融工作会议在宣布成立国务院金融稳定发展委员会的同时,明确提出,要加强宏观审慎管理制度建设,加强功能监管,更加重视行为监管。2018 年,为解

① 参见张瑜:《改革开放四十周年:我国金融监管体系的演变》,载《时代金融》2019 年第 9 期;黄辉:《中国金融监管体制改革的逻辑与路径:国际经验与本土选择》,载《法学家》2019 年第 3 期;杨东:《金融服务统合法论》,法律出版社 2013 年版,第 452 页。

② See Robert C. Merton, *A Functional Perspective of Financial Intermediation*, 24 Financial Management 23, 23 (2009).

决监管职责不清晰、交叉监管和监管空白等原有监管体制问题，根据十三届全国人大一次会议通过的《关于国务院机构改革方案的决定》，中国银监会和中国保监会合并为中国银保监会，我国的金融监管体制遂由“一行三会”模式转变为“一委一行两会”模式。①2023年《党和国家机构改革方案》提出，在深化党中央机构改革方面，组建中央金融委员会，不再保留国务院金融稳定发展委员会；在深化国务院机构改革方面，在中国银行保险监督管理委员会基础上组建国家金融监督管理总局，负责证券业之外的金融业监管（包括中国人民银行对金融控股公司等金融集团的日常监管职责、有关金融消费者保护职责、中国证监会的投资者保护职责等），国务院金融机构监管格局由“一委一行两会”转向“一行一局一会”，②金融业的统一监管步入了一个新的时期。

二、我国信托业的监管

（一）信托业监管的清理和整顿

我国信托业监管的过程同时也是信托业发展及对其进行清理整顿的过程。改革开放后，我国信托业在恢复和发展中曾存在诸多乱象。比如，不少信托机构演变为“地下钱庄”，非法发放贷款，或者存在乱设机构、超范围经营、擅自提高利率、乱拉存款以及内部管理和风险控制能力不足等问题，形成了大量的不良资产并引发了诸多风险事件，为遏制相关风险事件频发之乱象，监管部门对信托业进行了多次的监管治理，详见本书第二章第一节的信托业7次整顿。相关清理整顿，虽然存在偏重短期行政治理、对信托法律关系主体私法规范不足的问题，但在客观上对于我国信托业的发展方向均起到了重要的规范和引导作用。

（二）信托业监管的规范框架

进入21世纪后，我国陆续出台了一系列规范信托业发展的法律法规。其中，2001年实施的《信托法》是信托业基本法，其主要规范的是当事人之间的信托合同法律关系；2002年实施的《信托投资公司管理办法》（中国人民银行令〔2002〕第5号），主要是为了加强对信托投资公司的监督管理；同年颁布实施《信托投资公司资金信托管理暂行办法》（中国人民银行令〔2002〕第7号），则旨在规范信托投资公司资金信托业务的经营行为，保障资金信托业务各方当事人的合法权益。

从信托规定的监管内容分析，监管部门分别从行为和主体这两个方面对信托公司进行规定。对于信托公司的监管规定主要分为两大类：一类是针对信托公司本身的规

---

① “一行三会”指的是中国人民银行、中国银行业监督管理委员会、中国证券监督管理委员会和中国保险监督管理委员会。“一委一行两会”指的是国务院金融稳定发展委员会、中国人民银行、中国银行保险监督管理委员会和中国证券监督管理委员会。

② “一行一局一会”指的是中国人民银行、国家金融监督管理总局、中国证券监督管理委员会。

定;另一类是针对信托行为进行的规定。为加强信托投资公司的市场约束,提高信托业的透明度,规范信托投资公司的信息披露行为,2005 年出台了《信托投资公司信息披露管理暂行办法》(银监发〔2005〕1 号)。2007 年实施的《信托公司管理办法》中,将原来"信托投资公司"表述修改为"信托公司",这反映原来作为"金融百货公司"的信托投资公司将回归信托本源,并限制信托公司自有资金的投资业务。2007 年开始实施、2009 年修订的《信托公司集合资金信托计划管理办法》,针对信托公司业务经营行为进行了系统规范。此外,为加强对信托公司的风险监管,2010 年颁布实施了《信托公司净资本管理办法》。上述法律规范中,《信托法》与《信托公司管理办法》《信托公司集合资金信托计划管理办法》被称为信托行业的"一法两规"。上述规定构成了我国现阶段对信托公司和信托行为进行规范的主要依据和制度基础,并确立了信托业的诸多具体经营规则。

(三)信托业监管的规范发展

2008 年国际金融危机后,我国陆续颁布了一系列促进信托业发展的规范性文件。比如,2009 年,原银监会发布的《关于当前调整部分信贷监管政策促进经济稳健发展的通知》(银监发〔2009〕3 号,已失效)规定:支持符合一定监管评级要求、货币性资产充足的信托公司以固有资产独立从事私募股权投资业务,将《信托公司集合资金信托计划管理办法》中关于信托计划向他人提供贷款不得超过其管理所有信托计划实收余额 30% 的规定附条件放宽至 50%;支持部分经营稳健、风险管理水平较高的信托公司积极参与房地产金融业务等。2010 年,原银监会制定了《信托公司净资本管理办法》,以加强对信托公司净资本的风险监管。2018 年,银保监会等部门联合颁布的《关于规范金融机构资产管理业务的指导意见》(《资管新规》),对金融机构的资产管理业务、资产管理产品(包括资金信托产品)的监管标准等进行了统一规范;其按照投资性质的不同,将资产管理产品分为固定收益类产品、权益类产品、商品及金融衍生品类产品和混合类产品,并规定了各类资产管理产品的投向限制等。

上述信托业监管规范所体现出来的我国现阶段信托业的监管重点是信托财产的管理运用,但从信托法的基本属性以及国外信托业监管的实践来看,信托财产的投资方向、投资方式等要素本身,并非信托业监管的重点,信托业的监管重点应放在落实信托受托人信义义务和信托财产独立性两大基本法则上。[①]

---

① 参见夏小雄:《信托业监管体系重构:问题剖析、理论反思与制度完善》,载《金融监管研究》2020 年第 9 期。

案例9-1:广东国际信托投资公司破产清算案①

【案情简介】

广东国际信托投资公司(以下简称广国投)原名为广东省信托投资公司,1980年7月经广东省人民政府批准注册成立。1984年3月更名为广国投,注册资金为12亿元。1992年之后,广国投因经营管理混乱,存在大量高息揽存、账外经营、乱拆借资金、乱投资等违规经营活动,导致不能支付到期巨额境内外债务,严重资不抵债。1999年1月,广东省高级人民法院裁定广东国投依法宣告破产。2003年2月,广东高级人民法院裁定依法终结该案破产程序,并保留清算组完成追收、分配破产财产等善后事宜。该案共申报债权387亿元,最终确认破产债权共计347笔,总金额为人民币201.1亿元。2019年3月22日,广东高院裁定准许第六次破产财产分配方案,广东国投破产案全部债权100%清偿,剩余破产财产参照强制清算的规定分配给广国投股东。2021年2月2日广东高级人民法院裁定全面终结该案破产程序。

【案件解析】

广国投破产清算案是我国第一宗财产上百亿、第一宗聘请国外中介机构参与、第一宗境外承认效力、创设破产制度最多的信托公司破产案。此案国际影响力大,涉及国内外债权人和职工人数众多,各种矛盾交汇,广东高级人民法院坚持依照法律法规、参照国际惯例和公开、透明的司法理念,创造性适用法律,解决了许多疑难问题,为推动《企业破产法》出台做出重要贡献。最高人民法院认为,广国投破产案"堪称人民法院企业破产审判工作在维护金融安全方面的典范"。

广国投在早期获得国家政策的支持,不断拓展经营范围,发展壮大,后因公司监督不彰,盲目投资,不良资产居高不下,加之1997年亚洲金融危机等内外因素,公司难以为继,走向破产。该公司从设立、发展再到破产的历程也映射出我国信托业发展特点。我国针对信托业发展中的各种乱象,进行过数次清理、整顿,不断提高信托业务的准入门槛、强化信托业务的监管。如1982年《关于整顿国内信托投资业务和加强更新改造资金管理的通知》规定开办信托投资业务,须经国务院或国务院授权单位批准,但没明确具体的批准标准;1986年《金融信托投资机构管理暂行规定》规定了最低限额的实收货币资本金等具体要求,设立全国性的金融信托投资机构,实收自有资本金最低限额为人民币5000万元;2007年《信托公司管理办法》进一步明确,设立信托公司,应当具备公司章程、最低限额注册资本、风险控制制度等条件。总言之,本案对信托业的健康发

---

① 广东国际信托投资公司破产案,载《最高人民法院公报》2003年第3期;《广东省破产审判十大典型案例》,载广东法院网,http://www.gdcourts.gov.cn/gsxx/quanweifabu/anlihuicui/content/post_1047161.html,最后访问时间:2021年8月8日。

展有着重要的指导意义,也促使信托行业"受人之托,代人理财"的定位逐渐明确。

从信托法的角度来看,本案主要涉及信托财产、信托公司责任以及信托财产的清算分配等问题。首先,广国投作为一家信托公司,其经营的信托财产应当与公司自身的财产分开处理,作为受托人管理的财产,该公司破产清算中应先处理信托财产的清算问题,而不能把信托财产与公司自有财产进行混同。其次,信托公司则负有依法诚信履行作为受托人义务、妥善保管和管理信托财产的责任。因广国投存在高息揽存、账外经营、乱拆借资金等大量违规经营活动,导致其不能按时偿还债务,被裁定破产,故其已严重违反了受托人义务和对公司债权人的义务,应依法承担赔偿责任。最后,根据《信托法》的规定,信托财产的清算分配应当按照信托合同或者受益人的指示进行,在没有信托合同或者受益人指示的情况下,应按照《破产法》规定进行清算分配。本案中,广国投的清算组应当按照破产法的规定进行清算分配,以确保债权人的权益得到保护。

第二节　营业信托专营权

一、概述

营业信托专营权,又称营业信托特许权,是指专门经营信托业务以获取盈利的资格,其本质上是一种金融经营权,体现的是一种行业准入限制。

第一,营业信托专营权产生于金融"分业经营、分业管理"的体制背景。在我国对信托行业的数次清理整顿中,特别是在1992年前金融混业经营背景下,我国信托业的定位不清,信托业与银行贷款、证券融资等业务混业经营,营业信托并非作为一项专营权对待,开办营业信托业务的主体资质较宽松,导致信托机构数量庞大、管理不规范,经营风险不断累积。比如,个别地方政府、行政主管部门和企事业单位擅自开办贷款、信托、保险等金融业务,开办信托投资公司等金融机构,扩大自筹固定资产投资规模;一些专业银行通过投资、委托、拆借等形式把存款转移给信托投资公司,扩大固定资产贷款规模;一些信托投资公司违反国家有关规定,乱拉存款,超计划贷款,在国家规定的存贷款利率之外,收取和支付好处费、回扣等。[①] 因此,在信托行业历次清理整顿中,明确营业信托业务属性和范围一直是监管工作重点,尤其是要厘清银行业务和信托业务的不同范围。如在第四次整顿工作中,国务院明确要求银行与所属信托投资公司脱钩,银行

---

① 参见《国务院关于进一步清理整顿金融性公司的通知》(国发〔1989〕67号)。

不再保留信托投资公司,银行不再经营信托投资业务,①第五次整顿工作则是进一步将信托业与银行业、证券业实行严格的分业经营、分业管理。② 在“分业经营、分业管理”体制下,开办营业信托要求经营主体必须具备独立于银行业、证券业、保险业的专营权。

第二,营业信托专营权是一项由国务院监管机构行政特许的营业资质。信托业恢复初期,开办信托业务可以由中央或地方行政管理机关审批。在第一次信托业清理整顿中,信托业务的审批权限被收回中央,除国务院批准和国务院授权单位批准的信托投资公司外,各地区、各部门都不得办理信托投资业务。之后,信托投资业务(除财政拨付的少量技措贷款基金外),一律由人民银行或人民银行指定的专业银行办理。③《国务院关于金融体制改革的决定》(国发〔1993〕91 号)进一步强调,对未经中国人民银行批准擅自设立金融机构和经营金融业务的,要依法查处。④ 我国分业监管机构成立后,根据《信托公司管理办法》的规定,设立信托公司,应当经银保监会(银监会)批准,领取金融许可证;未经批准,任何单位和个人不得经营信托业务,任何经营单位不得在其名称中使用“信托公司”字样;设立信托公司,应当具备一些必要条件。据此,营业信托专营权的取得须具备一定条件,并须经过银保监会的特别审批。

第三,营业信托专营权集中体现着信托的基本内涵。营业信托专营权是一种区别于银行业务、证券业务、保险业务的金融业务专营权。《信托法》第 2 条关于信托“受人之托、代人理财”之定义,要求信托公司作为受托人管理信托财产时,必须恪尽职守,履行诚实、信用、谨慎、有效管理的义务。

第四,营业信托专营权面临的冲击与挑战。在混业经营趋势下,不少金融机构为了追求新的业务突破口,不断推出新型金融理财产品,如保险公司发行的投资连结保险等保险理财产品、商业银行的综合理财业务、证券公司的资产管理业务等。这些产品或服务虽然不是以“信托”名义,但其交易结构却符合信托的构成要素,均属于实质信托的范畴。这意味着这些金融机构在实质上从事营业信托业务,并实质上享有信托公司的营业信托专营权。同时,互联网金融的快速发展也给营业信托专营权带来了新挑战。2015 年中国人民银行、工信部等部门联合发布的《关于促进互联网金融健康发展的指导意见》规定,积极鼓励互联网金融平台、产品和服务创新,激发市场活力,支持证券、基

---

① 参见《国务院批转中国人民银行关于中国工商银行等四家银行与所属信托投资公司脱钩意见的通知》(国发〔1995〕11 号)。

② 参见《国务院办公厅转发中国人民银行整顿信托投资公司方案的通知》(国办发〔1999〕12 号)。

③ 参见《国务院关于整顿国内信托投资业务和加强更新改造资金管理的通知》(国发〔1982〕61 号)。

④ 参见《国务院关于金融体制改革的决定》(国发〔1993〕91 号)。

金、信托等与互联网企业开展合作,拓宽金融产品销售渠道,创新财富管理模式。[①] 在此背景下,一些拥有互联网技术和客户资源优势的互联网企业也在积极"进军"或"试水"互联网信托业务,而现行监管规则对此尚无明确回应,是否需要对此类企业实施"牌照管理"或对其准用信托业监管规定,均需要制度与规范层面的进一步明晰。[②]

二、营业信托专营权的业务范围

(一)信托公司的信托业务与固有业务

信托公司的业务范围主要分为两类:信托业务和固有业务。所谓信托业务,是指信托公司以营业和收取报酬为目的,以受托人身份承诺信托和处理信托事务的经营行为。所谓固有业务,是信托公司以自身固有财产承担业务风险的业务,《信托公司管理办法》第20条规定,信托公司固有业务项下可以开展存放同业、拆放同业、贷款、租赁、投资等业务。投资业务限定为金融类公司股权投资、金融产品投资和自用固定资产投资。

营业信托专营权的业务范围指向信托业务,而非固有业务。根据《信托公司管理办法》第16条规定,信托公司可以申请经营下列部分或者全部本外币业务:(1)资金信托;(2)动产信托;(3)不动产信托;(4)有价证券信托;(5)其他财产或财产权信托;(6)作为投资基金或者基金管理公司的发起人从事投资基金业务;(7)经营企业资产的重组、购并及项目融资、公司理财、财务顾问等业务;(8)受托经营国务院有关部门批准的证券承销业务;(9)办理居间、咨询、资信调查等业务;(10)代保管及保管箱业务;(11)法律法规规定或中国银行业监督管理委员会批准的其他业务。

上述信托公司经营的不同具体业务是以信托财产的不同性质划分的信托业务类型。在这些业务中,第1~5项业务属于典型的信托业务,具体是委托人以资金、动产、不动产、有价证券或其他财产作为信托财产,而信托公司承诺信托、受托管理的业务行为。第6~10项业务也被称为中间业务,是信托公司经营的、不以财产管理为基础的业务类型。

(二)信托公司信托业务新分类

现行信托业务分类体系虽已运行多年,但存在分类维度多元、业务边界不清等问题,已不适应信托业改革发展的现实需要。为厘清各类信托业务边界和服务内涵,引导信托公司以规范方式发挥信托制度优势,丰富信托本源业务供给,2023年3月,中国银保监会发布了《关于规范信托公司信托业务分类的通知》(银保监规〔2023〕1号)(以下

---

① 参见《中国人民银行、工业和信息化部、公安部、财政部、工商总局、法制办、银监会、证监会、保监会、国家互联网信息办公室关于促进互联网金融健康发展的指导意见》(银发〔2015〕221号)。

② 参见席月民:《中国信托业法研究》,中国社会科学出版社2016年版,第18页。

简称《信托业务分类通知》)。《通知》将信托业务分为资产服务信托、资产管理信托、公益慈善信托三大类25个业务品种,具体包括:一是资产服务信托。按照服务具体内容和特点分为财富管理服务信托、行政管理服务信托、资产证券化服务信托、风险处置服务信托、经监管部门认可的新型资产服务信托等5小类,共19个业务品种。二是资产管理信托。依据《资管新规》,按投资性质不同分为4个业务品种,包括固定收益类信托计划、权益类信托计划、商品及金融衍生品类信托计划和混合类信托计划。三是公益慈善信托。按照信托目的不同分为慈善信托和其他公益信托2个业务品种。

根据《信托业务分类通知》,资产服务信托是指信托公司依据信托法律关系,接受委托人委托,并根据委托人需求为其量身定制财富规划以及代际传承、托管、破产隔离和风险处置等专业信托服务。资产管理信托是信托公司依据信托法律关系,销售信托产品,并为信托产品投资者提供投资和管理金融服务的自益信托,属于私募资产管理业务。公益慈善信托是委托人基于公共利益目的,依法将其财产委托给信托公司,由信托公司按照委托人意愿以信托公司名义进行管理和处分,开展公益慈善活动的信托业务。

针对资产服务信托,《信托业务分类通知》对照《资管新规》关于破刚兑、去通道、去嵌套等精神,完善其分类标准和监管要求,包括:明确资产服务信托不得以任何形式保本保收益、不得为任何违法违规活动提供通道服务、不涉及募集资金;资管产品管理人作为委托人设立资产服务信托,信托公司仅限于向其提供行政管理服务和专户管理服务,且不得与《资管新规》相冲突等;信托公司开展资产服务信托,原则上不得发放贷款,也不得通过财产权信托受益权拆分转让等方式为委托人融资需求募集资金,避免服务信托变相成为不合规融资通道等。

针对资产管理信托,《信托业务分类通知》明确信托公司应当以集合资金信托计划方式开展资产管理信托,而将单一资金信托排除在资产管理信托之外,该信托从业务实质上属于资产服务信托中的财富管理信托。《信托业务分类通知》同时明确信托公司开展信托业务应当立足受托人定位,为受益人利益最大化服务,不得以私募投行角色通过信托业务形式为融资方服务,以防为了向融资方提供融资便利而损害受益人合法权益,偏离信托本质要求。

根据《信托业务分类通知》,资产服务信托、资产管理信托、公益慈善信托的具体细分如表9-1所示。

表 9－1　信托公司信托业务新分类简表

服务实质	业务品种			
	是否募集资金	受益类型	主要信托业务品种	
资产服务信托业务	不涉及	自益或他益	财富管理服务信托	家庭信托
				家庭服务信托
				保险金信托
				特殊需要信托
				遗嘱信托
				其他个人财富管理信托
				法人及非法人组织财富管理信托
			行政管理服务信托	预付类资金服务信托
				资管产品服务信托
				担保品服务信托
				企业/职业年金服务信托
				其他行政管理服务信托
			资产证券化服务信托	信贷资产证券化服务信托
				企业资产证券化服务信托
				非金融企业资产支持票据服务信托
				其他资产证券化服务信托
			风险处置服务信托	企业市场化重组服务信托
				企业破产服务信托
			新型资产服务信托	
资产管理信托业务	私募	自益	集合资金信托计划	固定收益类信托计划
				权益类信托计划
				商品及金融衍生品类信托计划
				混合类信托计划
公益慈善信托业务	可能涉及募集	公益	公益慈善信托	慈善信托
				其他公益信托

(三)营业信托的典型业务

在营业信托业务领域中,信托公司的集合资金信托计划、银信理财合作业务、房地产信托业务、证券投资信托业务、私人股权投资信托业务、信贷资产证券化信托业务等是较为典型的业务类型。这些业务分属于《信托业务分类通知》中资产服务信托业务或资产管理信托业务的类型。

1. 集合资金信托计划

信托资产按来源可划分为集合资金信托、单一资金信托、管理财产信托。所谓集合资金信托，是指由信托公司担任受托人，按照委托人意愿，为受益人的利益，将两个以上（含两个）委托人交付的资金进行集中管理、运用或处分的资金信托业务活动。① 依据该界定，较之于单一信托，集合资金信托具有如下特征：首先，集合资金信托是一项资金信托，设立集合资金计划，委托人认购计划份额，都均须以资金作为信托财产，不能以动产、不动产等其他财产。而单一信托的信托财产形式不局限在资金。其次，在主体上，集合资金的委托人至少两人以上，而单一信托的委托人通常只有一人。最后，在业务规则上，集合资金信托计划受到更加严格的监管。如委托人必须为合格的投资者，而单一信托无此限制；再如，集合资金信托计划涉及更多利益主体，其信托资产在托管要求、治理结构、信息披露、存续期限等方面均有着明确的监管规范，而在单一信托中，公权介入较少，多以当事人约定为主。

2. 银信理财合作业务

银信理财合作业务，是指商业银行将客户理财资金委托给信托公司，由信托公司担任受托人并按照信托文件的约定进行管理、运用和处分的行为。② 根据该定义，商业银行是作为委托人，信托公司作为受托人，信托财产是客户理财资金。该业务的产生主要是因为《商业银行法》（2015 年修正）第 43 条明确规定，商业银行在中国境内不得从事信托投资，即商业银行不享有营业信托专营权，其不能作为受托人接受客户资金，以信托方式管理。故商业银行与信托公司合作，开发出了“银信理财合作业务”。该业务整合了银行的客户资源、资金优势以及信托公司能够跨越货币市场、资本市场和实业投资市场进行信托资产配置的制度优势，实现了银行“理财业务”与信托公司“信托业务”的成功对接，并在实践中获得蓬勃发展，银信理财业务已经成为信托公司的主要业务品种。③

银信理财合作业务具有如下特征：第一，形式上是作为单一资金信托，实质上是集合资金信托。在交易外观上，银行作为委托人委托信托公司进行资产管理，交易合同关系当事人为银行和信托公司，是一种单一资金信托。但是，银行所委托的资金是来自其理财产品客户资金，而这些客户通常为不特定的多数人，故实质上的委托人为银行理财产品的客户，是一种集合资金信托。第二，形式上的受益人是银行，实质上的受益人是

---

① 参见《信托公司集合资金信托计划管理办法》（中国银行业监督管理委员会令 2009 年第 1 号）第 2 条。

② 参见《中国银监会关于规范银信理财合作业务有关事项的通知》（银监发〔2010〕72 号）第一点。

③ 参见周小明：《信托制度：法理与实务》，中国法制出版社 2012 年版，第 448 页。

银行理财产品的客户。在交易外观上,银行与信托公司订立信托合同,是以银行作为受益人,但其又是作为客户的代理人,真正的受益人是理财产品的客户。第三,在监管上同时受到《商业银行个人理财业务管理暂行办法》等商业银行理财业务规则和《信托公司管理办法》等信托业务规则的监管。

3. 房地产信托业务

房地产信托业务存在广义和狭义之分。广义上的房地产信托业务包括房地产资金信托和房地产财产信托。狭义上的房地产信托仅指房地产资金信托,是指委托人将自己的资金作为信托财产设立信托,由受托人按照委托人的意愿、为了受益人的利益或者特定目的,将信托资金运用于房地产公司或者房地产项目以获取投资利益的行为,是国内常见的房地产项目融资方式。房地产财产信托,又称不动产信托,是指房地产所有权人(委托人)为受益人利益或特定目的,将其不动产所有权转移给受托人,并由后者依据信托合同等文件来管理处分信托财产的行为。从《中国银监会办公厅关于加强信托公司房地产信托业务监管有关问题的通知》(银监办发〔2010〕54 号)内容来看,房地产信托业务主要是商业银行个人理财资金投资于房地产信托产品的行为。

因房地产资金信托业务存在较大经营风险,为提高信托公司风险防范意识和风险控制能力,监管机构要求委托人需具备合格投资者的条件;信托公司以结构化方式设计房地产集合资金信托计划的,其优先和劣后受益权配比比例不得高于 3∶1;应建立健全房地产贷款或投资审批标准、操作流程和风险管理制度并切实执行;应进行项目尽职调查,深入了解房地产企业的资质、财务状况、信用状况,以及房地产项目的资本金等情况;严格落实房地产贷款担保,确保担保真实、合法、有效。

4. 证券投资信托业务

证券投资信托业务,是指信托公司将集合信托计划或者单独管理的信托产品项下资金投资于依法公开发行并依法公开交易的证券的经营行为。依据此定义,较之于其他信托类型,证券信托投资业务的主要特点在于将信托资金投资于依法公开发行并在符合法律规定的交易场所公开交易的证券。对于该种信托行为,监管规则明确有开办该业务的条件,如须为证券投资信托业务配备相适应的专业人员,直接从事证券投资信托的人员 5 人以上,其中至少 3 名具备 3 年以上从事证券投资业务的经历等。同时,信托公司应当对证券投资信托的委托人进行风险适合性调查,了解委托人的需求和风险偏好,向其推介适宜的证券投资信托产品并保存相关记录;应当具备明确的风险收益特征;并且规定了产品的保管要求及保管人职责。

此外,营业信托业务中,还存在私人股权投资信托业务、信贷资产证券化业务等典型类型。其中,私人股权投资信托,是指信托公司将信托计划项下资金投资于未上市企业股权、上市公司限售流通股或中国银监会批准可以投资的其他股权的信托业务。信贷资产证券化业务，是指在中国境内，银行业金融机构作为发起机构，将信贷资产信托给受托机构，由受托机构以资产支持证券的形式向投资机构发行受益证券，以该财产所产生的现金支付资产支持证券收益的结构性融资活动。

案例 9－2：北大高科公司与光大兴陇信托等借款合同纠纷上诉案①

【案情简介】

2011 年 10 月 9 日，光大兴陇信托与北大高科公司签订了《信托资金借款合同》，合同约定由光大兴陇信托向北大高科公司发放 2.8 亿元信托贷款，贷款利率为 11.808%/年，贷款期限为一年；北大高科公司未按合同约定偿还贷款本金又未获准展期的，从逾期之日按照合同约定的利率加收 50% 的罚息。借款到期后，北大高科公司仅偿付了利息，对借款本金以及借款展期到期后之后的逾期利息未予清偿，光大兴陇信托遂提起诉讼。

北大高科公司（被告/二审上诉人）主要辩称，包商银行为了取得高额利率而通过信托公司放贷，属于原《合同法》第 52 条第 3 项规定的“以合法形式掩盖非法目的”的情形。因此，案涉信托借款合同应属无效，北大高科公司仅应按照中国人民银行同期贷款利率水平支付案涉借款利息。

最高人民法院二审认为，北大高科公司所称案涉信托借款合同系商业银行为规避正规银行贷款而借助信托渠道谋取高息并构成以合法形式掩盖非法目的的上诉理由，没有法律依据。案涉《单一资金信托合同》和《信托资金借款合同》系各方当事人的真实意思表示，且不违反法律、行政法规的强制性规定，故对北大高科公司有关合同无效的上诉请求，依法不予支持。

【案件解析】

本案涉及信托贷款，属银信通道业务，被称为《资管新规》第一案。本案的裁判反映了金融司法审判监管化的趋势。本案中，最高人民法院在裁判说理中，明确“根据当前国家金融监管原则，金融机构不得为其他金融机构的资产管理产品提供规避投资范围、杠杆约束等监管要求的通道服务”。② 这其实是《资管新规》第 22 条的内容。③ 同时依据《资管新规》第 29 条关于为减少存量风险、按照“新老划断”原则设置过渡期，过

---

① 北京北大高科技产业投资有限公司、光大兴陇信托有限责任公司借款合同纠纷案，最高人民法院民事判决书，(2015)民二终字第 401 号。

② 北京北大高科技产业投资有限公司、光大兴陇信托有限责任公司借款合同纠纷案，最高人民法院民事判决书，(2015)民二终字第 401 号。

③ 《资管新规》第 22 条第 1 款规定：“金融机构不得为其他金融机构的资产管理产品提供规避投资范围、杠杆约束等监管要求的通道服务。”参见中国人民银行、中国银行保险监督管理委员会、中国证券监督管理委员会、国家外汇管理局《关于规范金融机构资产管理业务的指导意见》(银发〔2018〕106 号)。

渡期设至2020年年底等规定,本案中的银信通道业务并不违反《资管新规》的规定。但若在过渡期届满之后,则构成违反《资管新规》的行为,本案借款合同可能被认定为无效。

本案的争议焦点在于案涉信托借款合同的合同效力如何认定。最高人民法院认为案涉《单一资金信托合同》和《信托资金借款合同》系各方当事人的真实意思表示,且不违反法律、行政法规的强制性规定,故对北大高科公司有关合同无效的请求不予支持。通常而言,法院判断合同违反法律、行政法规效力的路径,一般引用原《合同法》第52条第5项规定的"强制性规定"或《民法典》第153条。《资管新规》在法律位阶上,仅属于部门规范性文件,并不构成法律或行政法规,故最高人民法院能否直接援引《资管新规》作为裁判依据,存在争议。事实上,《最高人民法院关于裁判文书引用法律、法规等规范性法律文件的规定》(法释〔2009〕14号)明确要求,民事裁判文书应当引用法律、法律解释或者司法解释以及行政法规、地方性法规或者自治条例和单行条例。同时,该司法解释进一步明确,其他规范性文件,根据审理案件的需要,经审查认定为合法有效的,可以作为裁判说理的依据。在本案中,最高人民法院援引《资管新规》并非作为裁判依据,而是作为裁判说理的依据。故最高人民法院的做法并无不妥,并反映出了金融司法审判的监管化趋势和金融司法金融风险的协同治理角色。

第三节　信托兼营

一、分业监管体制下非信托金融机构与信托公司间的业务竞争

(一)金融机构的类型划分

金融机构有广义和狭义之分。广义上的金融机构是指所有从事金融活动的组织,其范围包括金融市场的监管机构,如一国的中央银行等,甚至包括国际货币基金组织等国际金融机构;狭义上的金融机构仅指那些通过参与或服务金融市场交易而获取收益的金融企业。[①] 在中国现有分业监管体制下,规范层面对于何为金融机构缺乏明晰界

① 参见席月民:《中国信托业法研究》,中国社会科学出版社2016年版,第18页。

定,实务中关于金融机构的范围也存在不同的认定。比如,中国人民银行[①]和最高人民法院的认定即存在不同。[②] 一般认为,金融业务属于特许经营的业务,从事金融业务的法律主体首先须经金融监管部门批准设立,即须“持牌”经营。

金融机构依据不同的标准可划分不同类型:

第一,按照金融机构的地位和功能,可以划分为中央银行(我国的中央银行为中国人民银行),银行业金融机构(包括商业银行、政策性银行、[③]银行业专营机构[④]),非银行金融机构(主要包括保险公司、证券公司等),外资金融机构(包括外资银行、外资财务公司等)。

第二,以金融机构之间的管理关系,可以划分为金融监管机构和被监管金融机构。前者是指我国的人民银行、金融监管总局、证监会等金融行政监管机构;后者则是市场上的银行、证券公司、保险公司、信托公司等被监管的金融机构。这些被监管金融机构又可以依据业务性质进一步划分为银行业金融机构、证券业金融机构、保险业金融机构、信托业金融机构等类型。

第三,以金融机构的组织形态差异,可划分为法人型金融机构和非法人型金融机构。前者依法享有独立法人格,具备独立财产、意思表示能力和责任承担能力,后者则无独立的法人格(如银行、证券或保险公司的分支机构)或者采用其他组织形态的金融机构(如农村信用合作社)。

此外,金融机构还可以区分为直接融资类金融机构和间接融资类金融机构、营利性

---

① 中国人民银行在2009年颁布的《金融机构编码规范》没有对金融机构统一界定,但明确列举了32种金融机构:货币当局、监管当局、银行、城市信用合作社、农村信用合作社、农村合作银行、农村商业银行、村镇银行、农村资金互助社、财务公司、信托公司、金融资产管理公司、金融租赁公司、汽车金融公司、贷款公司、货币经纪公司、证券公司、证券投资基金管理公司、期货公司、投资咨询公司、财产保险公司、人身保险公司、再保险公司、保险资产管理公司、保险经纪公司、保险代理公司、保险公估公司、企业年金、交易所、登记结算类机构、金融控股公司、小额贷款公司。参见中国人民银行《金融机构编码规范》(银发〔2009〕363号)。

② 最高人民法院在《关于新民间借贷司法解释适用范围问题的批复》答复:经征求金融监管部门意见,由地方金融监管部门监管的小额贷款公司、融资担保公司、区域性股权市场、典当行、融资租赁公司、商业保理公司、地方资产管理公司七类地方金融组织,属于经金融监管部门批准设立的金融机构,其因从事相关金融业务引发的纠纷,不适用新民间借贷司法解释。换言之,最高人民法院将小额贷款公司、融资担保公司、区域性股权市场、典当行、融资租赁公司、商业保理公司、地方资产管理公司七类金融组织认定为金融监管部门批准设立的金融机构。参见《最高人民法院关于新民间借贷司法解释适用范围问题的批复》(法释〔2020〕27号)。

③ 我国政策性银行有中国进出口银行、国家开发银行和中国农业发展银行。参见《财政部、中国人民银行关于加强对政策性银行监管工作的通知》(〔1994〕财商字第622号)。

④ “专营机构是指中资商业银行针对本行某一特定领域业务所设立的、有别于传统分支行的机构,并同时具备以下特征:(一)针对某一业务单元或服务对象设立;(二)独立面向社会公众或交易对手开展经营活动;(三)经总行授权,在人力资源管理、业务考核、经营资源调配、风险管理与内部控制等方面独立于本行经营部门或当地分支行。”参见《中国银监会关于印发中资商业银行专营机构监管指引的通知》(银监发〔2012〕59号)第4条。

金融机构和政策性金融机构、信托公司和非信托金融机构等不同类型。

(二)非信托金融机构与信托公司之间的业务竞争

在上述金融机构类型中,以其主营业务是否为信托业务,可划分信托公司和非信托金融机构。信托公司是依照《公司法》和《信托公司管理办法》设立、主要经营信托业务的金融机构。非信托金融机构的主业不在信托,其是不从事信托业务或者仅是兼营信托业务的金融机构。

信托业务作为一项金融业务,无疑是需要监管机构审批方可进行,如《国务院批转中国人民银行关于加强金融机构监管工作意见的通知》(国发〔1994〕54号)即已明确和强调,“设立金融机构和开办金融业务必须经中国人民银行批准,未经批准擅自经营金融业务的,一律为非法经营,要依法予以处理”。但是,信托业务是否只能由信托公司开办,不同历史阶段存在不同的政策定位。在“混业经营、统一监管”时期,非信托金融机构可以从事信托业务,但在“分业经营、分业监管”时期,信托业务原则上则只能由信托公司开办。如《商业银行法》第43条明确规定,商业银行不得从事信托投资业务;《信托公司管理办法》第7条亦明确规定,未经批准,任何单位和个人不得经营信托业务,不得在其名称中使用“信托公司”字样。

但是,因信托具备财产转移和财产管理的制度功能,能够跨越货币、资本实业投资市场,信托业务本身具有强大的制度功能和广泛的市场需求,故信托公司与非信托金融机构之间存在业务竞争问题。在“分业经营、分业管理”体制下,非信托金融机构与信托公司之间的业务竞争主要涉及信托兼营权问题。所谓信托兼营权,是一个相对于信托专营权的概念,具体是指非信托金融机构开办信托业务的经营权。简言之,如果银行、保险、证券机构享有信托兼营权,它们也能从事信托业务。比如,保险公司、银行等作为企业年金受托人,兼营信托业务的情形。

信托兼营权主要是金融混业经营体制下的制度安排。分业经营体制下,非信托金融机构禁止从事信托业务。但是,随着金融业的进一步发展,即使在分业经营体制下,也存在混业经营的尝试与实践。实务中,金融委托理财业务、互联网信托等都是对现有分业经营体制的突破;在监管层面,原来严格的“分业经营、分业管理”也存在松绑情形,如一律禁止金融混业经营的规定已转为原则上禁止跨业禁止,但存在例外条款,即国家另有规定的除外。我国现有金融监管立法对于商业银行等非信托金融机构的信托兼营权总体上持比较谨慎的态度,但从未来发展来看,对信托兼营权的承认和规范仍需尽快纳入到信托业法的视野,以有效防范金融创新业务中的法律风险。①

---

① 参见席月民:《中国信托业法研究》,中国社会科学出版社2016年版,第31页。

二、“委托理财”的法律属性

（一）“委托理财”概述

“委托理财”反映的是分业经营体制下，非信托金融机构对信托业务的试探，是打破信托专营权的一种尝试。所谓委托理财，是指委托人和受托人约定，委托人将其资金、证券等金融性资产委托给受托人，由受托人按约定，在一定期限内管理、投资于证券、期货等金融市场，并按期支付给委托人一定比例收益的资产管理活动。在金融理财产品中，无论是信托公司发行的集合资金信托计划，还是保险公司发行的保险理财产品，或者是商业银行的综合理财业务和证券公司的资产管理业务，其在交易的基本结构上都是金融产品的购买人作为委托人，委托信托公司、保险公司等金融机构帮助其投资理财，而金融理财产品即为实现这一“委托—代理”关系的经济载体，合同当事人之间为“受人之托、代客理财”的委托理财关系。比如，依万能险、投连险、变额年金投资账户的一般交易运作，保险人将投保人缴纳的保费扣除初始费用、风险保障等费用后，进入保单账户，账户资金由保险公司进行管理并与投资标的公司发生交易，取得投资收益。

（二）“委托理财”性质争议

委托理财合同并非我国《民法典》《保险法》等法律规定的有名合同，关于其法律性质，存在三种观点。

其一，“委托代理说”。此说认为，委托理财合同具有委托合同的部分特征。[①] 实践中，绝大多数委托理财行为更符合委托代理法律关系，而与信托行为相去甚远，宜认定委托代理关系。[②]

其二，“新型法律关系说”。此说认为，委托理财是一种独立的法律关系，它是一种新型的财产管理制度。[③] 委托理财只是具备委托关系的外观，其中包括了资金的融通和管理，存在与一般委托合同或信托合同完全不同的本质特征，难以归入典型合同之列，故以一般委托关系或信托关系来分析不足以反映委托理财合同法律关系的实质。同时，由于委托理财业务已经在证券、保险、基金、银行等行业普遍存在，故从资本市场发展提倡专业化的角度，有必要将委托理财业务作为一类独立的法律关系进行调整。[④]

---

① 参见李永祥：《委托理财纠纷案件审判要旨》，人民法院出版社 2005 年版，第 50 页。

② 参见高民尚：《审理证券、期货、国债市场中委托理财案件的若干法律问题》，载《人民司法》2006 年第 6 期。

③ 参见李永祥：《委托理财纠纷案件审判要旨》，人民法院出版社 2005 年版，第 61 页。

④ 参见黄韬：《委托理财合同纠纷研究——金融市场监管法律规则的视角》，载《北京仲裁》2015 年第 2 期。

其三,“信托说”。此说认为,“个人理财”和“集合理财”产品设计的内部架构均为委托人(一般也是受益人)将一定的金钱财产转移给银行或者券商受托人,由该受托人为了受益人的利益而独立管理财产并将所得的收益交给受益人,这是典型的信托架构。[①] 在名目繁多的金融理财产品中,尽管合同形式不尽相同,但就其法律结构而言均属于信托,这种信托关系不会因为受托人的不同而变化。[②] 从信托专营权来看,也逐渐被各种部门规章以“委托理财”之名打破,使非信托业事实上都享有了经营信托的权利,加之信托业自身能力的限制,必然出现业务经营的困境,甚至不得不事实上违规经营,故“委托理财”实质上是一种非纯粹信托或称准信托,是对现行法律的有意规避,是造成信托业困境和不公平竞争的主要根源。[③]

(三)“委托理财”性质评析

上述不同见解,一方面从不同角度剖析了委托理财的法律性质,另一方面也反映出非信托金融机构和信托公司的业务竞争。从信托的法律性质来看,“委托代理说”主张是将委托代理关系类推适用民事法上的“委托合同”。不过,就“委托—代理”关系而言,现代商事代理的概念已经大大有别于民事代理。以一般法上的“民事代理”归责理论去规制最终客户与生产商的关系并不符合商业模式的本质与商人们对于合同责任关系的切分。[④] 类推适用委托合同,委托理财关系仅限于传统委托关系的理解,而不能有效解释实践中金融委托理财的实质以及相应的法律适用,如二者在过错原则、受托人以自己或以委托人名义、注意义务程度等方面存在不同。比如,一般委托合同是在委托人与受托人之间的法律关系,而在委托理财合同中,受益人与受托人之间并不存在合同关系。从这个意义上说,受托人对受益人的义务是一种法定义务,而委托代理人对本人的义务是一种契约义务。[⑤] 正确区分这两种不同的合同类型,明确其法律适用的依据和规则,对于发挥其各自的作用具有重要意义,如信托关系一般是有偿的长期性的合同,则必须要保持合同关系的稳定性;而有关委托合同中的建立在无偿性基础上的任意解除权规则不应适用于信托合同。[⑥]

以“新型法律关系”来界定委托理财,可充分挖掘其独特性。比如,受托人并非以委托人名义进行投资,而是以金融理财产品名义进行投资,这与传统民法委托关系中代理人“以委托人名义”(直接代理)不同,同时也与行纪合同“以受托人名义”(间接代

---

① 参见施天涛、周勤:《商事信托:制度特性、功能实现与立法调整》,载《清华法学》2008 年第 2 期。

② 参见季奎明:《论金融理财产品法律规范的统一适用》,载《环球法律评论》2016 年第 6 期。

③ 参见刘少军:《信托业经营的法律定位与公平竞争》,载《河南省政法管理干部学院学报》2011 年第 1 期。

④ 参见郑彧:《民法逻辑、商法思维与法律适用》,载《法学评论》2018 年第 4 期。

⑤ 参见赵磊:《信托受托人的角色定位及其制度实现》,载《中国法学》2013 年第 4 期。

⑥ 参见王利明:《信托合同与委托合同的比较》,载《暨南学报(哲学社会科学版)》2019 年第 4 期。

理)不同,这反映出传统民法典型合同无法囊括和解释金融理财合同的局限。不过,“新型法律关系”虽强调金融委托理财的特殊性,但是其完全超越民法一般委托合同等法律而建立一种新型的有名合同关系仍需要得到进一步的阐释和立法上的认可。

就委托理财“信托关系说”而言,从信托的“信任”、财产权的“委托给”、受托人以自己的名义管理处分财产、受托人为受益人的最大利益管理信托事务等构成要件来论证金融理财产品的信托本质。① 这条解释路径并非都契合当下金融实践的交易结构。尽管信托公司的集合资金信托计划、保险公司的投资连结保险、证券公司资产管理业务、商业银行人民币与外币理财产品等金融产品实质上的法律结构都符合信托构成要件,但这些产品所体现的信托结构不足以反映金融理财产品基础关系的全貌。因为信托的本质在于信托财产之上的“权”与“利”的分离。② 委托理财中受托资金并非都实现“权”与“利”的分离,如万能险投资账户资金并没有在会计上独立,并不具有资产隔离效果,不符合信托资产独立性要件。③ 所以,以信托的法律结构的分析进路只能反映部分金融理财产品的信托本质。此外,从信托构成要件来看,设立信托需要委托人设立信托的意思表示,但在委托理财合同中,委托人并无将资金进行信托的意思表示,也没有转移财产所有权的表示行为。

由此可见,上述对委托理财的不同见解各有不足。委托理财的出现,是对信托专营权的挑战。典型范例为,《商业银行法》第 43 条明确禁止银行从事信托业务,故银行开发非名义信托的银行理财产品或银信委托理财业务,由此事实上涉及信托业务。尽管目前监管层对分业经营的规定有所松动,但对于委托理财产品的跨业经营还处于不明确状态。若委托理财法律性质不明晰,则会带来法律适用上的不准确,监管层面出现同类产品不同规制,司法案例也会出现同案不同判的现象,进而会带来投资权益保护的不周,也会产生相应金融产品创新的法律风险。

在金融理财合同中未明确且金融法又没有全面规定受托人的受信义务的情况下,可根据诚实信用原则进行解释。因为诚实信用原则作为大陆法系受托人义务的法理基础,与英美法系的信托法理是相通的。此外,《资管新规》虽未明确受托人的受信义务,但也要求受托人根据诚实信用、勤勉尽责原则切实履行受托管理职责。司法中亦有不少法院在金融委托理财合同中以诚实信用原则来适用受托人受信义务。④ 在未来信托业法的制定中,也有必要承认信托兼营权,明确委托理财的法律性质,强化受托人的义务。

---

① 参见季奎明:《论金融理财产品法律规范的统一适用》,载《环球法律评论》2016 年第 6 期。

② 参见唐义虎:《信托财产权利研究》,中国政法大学出版社 2005 年版,第 301 页。

③ 参见李游:《万能险“最低保证利率”条款的法律效力》,载《保险研究》2018 年第 2 期。

④ 呼某与李某委托理财合同纠纷案,北京市第一中级人民法院民事判决书,(2011)一中民终字第 18657 号。

案例9-3:永川农信社与新华信托公司等破产清算组委托理财合同纠纷案[①]

【案情简介】

1999年11月2日,永川市农村信用合作社联合社(以下简称永川农信社)作为委托方与受托方新华信托投资股份有限公司(以下简称新华信托公司)签订《委托国债投资管理合同》。约定:永川农信社提供自有国债20,000,000元,委托新华信托公司进行国债投资组合管理,委托期限为12个月,投资收益为10‰(月息)。在委托期间,由新华信托公司对所购国债进行代保管,永川农信社不得提取现券或进行证券转托管;新华信托公司所收受托费与投资收益挂钩,保证投资国债的收益率为月利率10‰,超过部分作为新华信托公司的受托费用。如未达到投资收益率,不足部分应由新华信托公司向永川农信社补足。后来,新华信托公司未按约定完成履行产生争议,诉至法院。

一审法院认为,委托国债投资管理合同真实合法有效,合同中关于投资收益率的约定应为有效,不属于《证券法》"证券公司不得以任何方式对客户证券买卖的收益或者赔偿证券买卖的损失作出承诺"的情形。二审法院认为,本案《委托国债投资管理合同》中关于投资收益率的约定,属保底条款约定。委托理财是一种全权委托代理关系,受托人在委托权限范围内的行为后果应由委托人承担。如果通过保底条款将投资风险全部转嫁给受托人,让受托人承担其行为的不利后果,违反了委托代理关系的法定准则;当事人之间的这种违法约定,虽然是一种意思自治行为,但因其根本上违背了民事法律行为所应当遵循的公平原则,不能得到法律保护。故《委托国债投资管理合同》除其中关于投资收益率条款的约定应为无效外,其余约定未违反法律、法规禁止性规定,应为有效。原审判决对此认定有误,应予纠正。

【案件解析】

本案主要争议之一是关于委托理财合同中的"保底条款"效力认定。理论上对此分歧较大,大致三种立场。第一,有效说。无论从经营范围本身的性质、作用与合理性,委托理财合同的历史及发展,还是从强制性规范的效力类型,以及显失公平的前提条件等角度进行分析,都应承认委托理财合同的效力。[②] 第二,无效说。证券、期货等金融投资属于一项高风险的经营活动,不可能只盈不亏,保底条款将投资风险悉数转嫁给受托方,根本上是违背了最基本的经济规律和市场交易准则的。[③] 第三,原则有效、例外无效说。由于目前法律尚未对委托理财活动进行专门规制,故对于委托理财合同之效力,宜结合我国金融政策,在维护国家金融安全和市场交易秩序之间慎重权衡,并根据

---

① 永川市农村信用合作联社与新华信托投资股份有限公司等破产清算组委托理财合同纠纷上诉案,重庆市高级人民法院民事判决书,(2005)渝高法民终字第22号。

② 参见李文胜:《金融性委托理财合同的效力认定》,载《法学杂志》2006年第3期。

③ 参见李永祥:《委托理财纠纷案件审判要旨》,人民法院出版社2005年版,第120页。

实际情况区别对待。[①] 这些理论分歧也反映在司法裁判中，除了认定无效，也有不少法院认为委托理财中“保底条款”有效。[②]

从上述观点来看，有效的理由主要在于保底条款是委托人与受托人合意的体现，法律应尊重私法自治理念，即在未明确违反效力性规定时，保底条款有效；无效的理由在于保底条款容易产生证券市场的负外部性与违背风险—收益均衡原则以及显失公平。而原则有效的观点区分具体情况，实际上为保底条款效力认定的折衷观点。这些分歧进一步体现的是金融领域“自治—管制”界限。尽管保底条款是合同当事人意思自治的体现，但我国对金融行业采取特许经营政策，实践中大多的委托理财合同及其保底条款发生在金融领域的交易过程中，易触犯金融监管规定。

对于金融领域保底条款的不同调整规范，主要存在三种情形。第一种情形是，禁止保底。主要规定在证券和信托规范中，《证券法》第 161 条规定证券公司不得以任何方式对客户证券买卖收益或者赔偿证券买卖的损失作出承诺；《证券期货经营机构私募资产管理业务管理办法》等证监会规章规定从事资产管理业务，不得向客户承诺最低收益、禁止签订保底协议；《证券投资基金法》第 21 条也规定，不得向基金份额持有人违规承诺收益或者承担损失。对于信托行业而言，《信托公司管理办法》《信托公司集合资金信托计划管理办法》等规定信托公司开展信托业务，不得以任何方式承诺信托资金的最低收益。这些规定背后主要体现投资者的“投资风险自担”原理。第二种情形是，允许附条件允许保底。比如，《商业银行理财业务监督管理办法》对保证收益理财计划与保本浮动收益理财计划允许附条件保底，并按照结构性存款或者其他存款进行规范管理。第三种情形是，允许保底。比如，《变额年金保险管理暂行办法》等规定对分红保险、万能险、变额年金允许保底。

综上所述，在金融领域，保底条款效力认定不宜一律认定无效，应当结合具体案情和相应规则进行处理。[③] 有研究总结到，根据现行有关法律，可以对委托理财协议的保底条款进行分别处理：(1) 受托人是法律、行政法规明确禁止保底的金融机构的，保底条款及委托理财合同一律无效；(2) 受托人是行政规章明确禁止保底的金融机构的，委托理财合同的保底条款一般应当认定无效；(3) 受托人是其他经营机构的，可以认定保底条款无效；(4) 受托人是普通自然人的，一般应当认定保底条款有效。[④]

---

① 参见戴俊勇：《委托理财合同纠纷的司法认定》，载《人民司法》2009 年第 16 期。

② 方某某诉陈某某委托理财合同纠纷案，湖南省永州市中级人民法院民事判决书，(2009) 永中法民二终字第 99 号。

③ 参见李游：《万能险“最低保证利率”条款的法律效力》，载《保险研究》2018 年第 2 期。

④ 参见何宝玉：《信托法案例评析》，中国法制出版社 2016 年版，第 76 ~ 81 页。

第十章　迈向信托业法的制定

第一节　英国、美国、日本、韩国的信托业立法

一、英国的信托业立法

现代意义上的信托法起源于英国，而英国信托法来自中世纪英国衡平法的"用益(Use)"。[①] 英国信托业最初由个人承办，主要受托管理公益事务和私人财产业务。[②] 英国出台的1893年《受托人法》(Trustee Law)，是英国第一部规范个人受托人的成文法。由于个人受托人常因个人能力、信誉等方面的不确定使受托财产遭受损失引发纠纷，英国1896年颁布《官选受托人法》(Judicial Trustees Act 1896)，规定法院可以依据委托人或受益人要求选任受托人。[③] 但是，受托人并非一种商事营业性的受托人。1925年英国《受托人法》(Trustee Act 1925)的出台，为专门从事营业信托的法人机构提供了法律依据。[④]

由此可见，英国信托业立法发展大致经历了从个人受托人到官选受托人再到法人受托人的过程，体现了英国民事信托向商事信托的发展转变。这种发展历程也反映出英国信托业的发展愈加宽广，对受托人的资产管理能力、信誉等方面要求更高。特别是随着经济的发展，商事信托日渐活跃，相应英国信托法律也在不断修改完善。比如，英

---

① See A. J. Oakley, Parker and Mellows, *The Modern Law of Trusts*, (London: Sweet & Maxwell, 2008), p. 1 - 2.

② 信托早期主要的目的在于，促进私有土地(freehold land)在家族内部的流转。See John H. Langbein, *The Contractarian Basis of the Law of Trusts*, 105 Yale Law Journal 625, 632 - 634 (1995).

③ Where application is made to the court by or on behalf of the person creating or intending to create a trust, or by or on behalf of a trustee or beneficiary, the court may, in its discretion, appoint a person (in this Act called a judicial trustee) to be a trustee of that trust, either jointly with any other person or as sole trustee, and, if sufficient cause is shown, in place of all or any existing trustees. See Judicial Trustees Act 1896, available at <https://www.legislation.gov.uk/ukpga/Vict/59 - 60/35>.

④ 如何防止受托人利用信托为自己谋取私利、损害受益人的权益，成为信托法的最重要内容。英国议会制定的最重要信托法律，直接称为"受托人法"，如《1925年受托人法》，重点规范受托人的产生、受托人的责任和权利。参见何宝玉：《英国信托法原理与判例》，法律出版社2001年版，第168页。

国2000年重新颁布了《受托人法》(Trustee Act 2000)。英国2000年《受托人法》主要是规定了信托法中受托人的职责,主要包括受托人的注意义务(The Duty of Care)、受托人的投资权力(Investment)、获得土地的权力(Acquisition of Land)、指定代理人和代理人的权力(Agents, nominees and custodians)、受托人收取工作报酬的权力(Remuneration)。①

此外,在英国信托业立法发展中,除了成文法,②还有大量的判例法,如1557年的泰雷尔案(Tyrrel' Case)促成了从用益到信托的转变,1635年的萨班奇诉达斯顿案(Sambach v. Daston)、1668年的阿什诉加伦案(Ash v. Gallen)等判例都是信托制度确立中的重要案件。③

二、美国的信托业立法

美国信托业法是目前最为完善的信托法域之一,美国的信托来自英国法上的信托,但又超越了英国信托业的发展。美国信托商业化适用主要在养老基金(Pension Funds)、共同基金(Mutual Funds)、资产证券化(Asset Securitization)。④ 美国信托业的发展可以追溯至独立战争时期,其最早的证券投资信托公司是1921年设立的美国国际投资信托公司。后来越来越多的证券投资信托公司设立,使信托业竞争十分激烈,但因信托法律不完备,投机现象相当严重,故在1929年经济危机中遭受严重打击。之后,美国制定了一系列法律来规范信托业的发展及加强投资者权益保护。⑤ 目前,美国的信托业立法主要由成文法、判例法组成。

美国信托业受到联邦和各州的双重监管。美国联邦层面没有专门的信托业法,但联邦层面存在不少实质性信托业法内容。比如,在《1940年投资公司法》(Investment Company Act of 1940),《1940年投资顾问法》(Investment Advisers Act of 1040),《多德—弗兰克华尔街改革与消费者保护法》(Dodd-Frank Wall Street Reform and Consumer

---

① See Trustee Act 2000, available at <https://www.legislation.gov.uk/ukpga/2000/29/contents>.

② 在英国信托立法中,主要有如下重要成文法:《1906年公共受托人法》(Public Trustee Act 1906),《1925年财产法》(Law of Property Act 1925),《1958年信托变更法》(Variation of Trusts Act 1958),《1964年永续和累积法》(Perpetuities and Accumulations Act 1964),《1986年公共受托人和基金管理法》(Public Trustee and Adnmustration of Funds Act),《1993年慈善法》(Charities Act 1993),《1996年土地信托和受托人任命法》(Trusts of Land and Appointment of Trustees Act),《1999年受托人委托法》(Trustee Delegation Act 1999),《2006年慈善法》(Charities Act 2006),《2009年永续和累积法》(Perpetuities and Accumulations Act 2009)。详细可参见葛伟军:《英国信托法:成文法汇编》,法律出版社2012年版。

③ See James B. Ames, *Tyrrel's Case and Modern Trusts*, 4 Green Bag 81, 81-83 (1892).

④ See Henry Hansmann & Ugo Mattei, *The Functions of Trust Law: A Comparative Legal and Economic Analysis*, 73 New York University Law Review 434, 466-468 (1998).

⑤ 参见席月民:《中国信托业法研究》,中国社会科学出版社2016年版,第81~82页。

Protection Act)等法律中,都存在关于受托人义务等内容。

在美国法中,比较集中体现信托业规则的是《信托法重述》(Restatement of the American Law of Trusts)和《2000年统一信托法典》(Uniform Trust Code of 2000)。前者由美国法律协会(American Law Institute)制定,后者由美国全国统一州法委员大会(The National Conference of Commissioners on Uniform State Law)制定。这些都是对美国信托法进行的系统性整合与完善,都力图推进美国信托法的统一适用。

美国信托业立法的主要内容集中在信托当事人的权利义务,保障受益人的权益。[①] 比如,信托的最终目的在于经过受托人的经营管理使得受益人获得信托利益,从而要求受托人谨慎投资,实现信托财产的保值和增值,也即受托人的谨慎义务一般被视为受托人的基本义务之一,这也要求受托人有义务评估自己的能力。[②]

对于谨慎义务的标准,1992年《信托法重述(第3版):谨慎投资人规则》[Restatement (Third) of Trusts:Prudent Investor Rule]和1994年美国《统一谨慎投资者法》(Uniform Prudent Investor Act of 1994)规定了"谨慎投资者规则",并被视为一项默示规则,此规则可以根据信托条款加以扩展、限制、消除或以其他方式加以改变。《信托法重述(第3版):谨慎投资人规则》第90条提供谨慎投资的一般标准(General Standard of Prudent Investment),如要求受托人尽到合理的注意、技能和谨慎(reasonable care, skill, and caution),采取投资组合的方式,有义务进行多元化投资(diversify the investments)。

三、日本的信托业立法

日本在1900年制定的《兴业银行法》将"地方债证券、公司债券及股票相关的信托业务"作为日本兴业银行的业务之一列举出来。这是日本在立法中首次出现"信托"表述,但信托制度正式被日本引进是其1905年《附担保公司债信托法》的出台。[③] 为了规范信托的发展,日本在1922年颁布《信托法》和《信托业法》,开始实施信托许可制。1928年,日本实施《银行法》,规定商业银行不得从事附担保公司债信托业务以外的信托业务,同时将附担保公司债信托认定为银行业务,从而确立了信托与银行分业经营的政策。

日本1943年实施的《金融机构兼营信托业务相关的法律》,明确了对信托兼营的许

---

① See John H. Langbein, *The Secret Life of the Trust: The Trust as an Instrument of Commerce*, 107 Yale Law Journal 165,166 - 189(1997).

② See John H. Langbein, *The Contractarian Basis of the Law of Trusts*, 105 Yale Law Journal 625, 640 (1995).

③ [日]新井诚:《信托法》,刘华译,中国政法大学出版社2017年版,第14~15页。

可,银行及其他金融机构取得内阁总理大臣的许可,可以经营信托业务。1951 年《证券投资信托法》和 1952 年《贷款信托法》均系基于利用信托结构,实施保值增值的商品化设计,将受益权作为证券化处理,销售给不特定多数的投资人而制定的。[①] 这三部法律都是日本信托业发展历史中的重要立法。

2004 年,日本对《信托业法》进行了修订。修订后的《信托业法》分为 8 章。第 1 章为总则规定了信托业务、信托公司的定义;第 2 章规定了信托公司的业务许可、经理、监督等事项;第 3 章规定境外信托业务经营者的许可、登记、监管等事项;第 4 章规定了有权发出处置信托财产指示的人的义务规则等事项;第 5 章规定了信托协议代理人的登记、运营、监督等事项;第 5 章之二规定了争议解决业务的运营和监督人员的指定等事项;第 6 – 8 章分别规定了兜底事项、罚则、没收程序的特别事项。

日本 2004 年《信托业法》扩大了受托财产的范围,包括了知识产权;扩大了受托人范围,不仅包括了信托公司(区分了运用型信托公司和管理型信托公司),还包括信托兼营金融机构等受托人类型。信托公司的商号中,应当载明"信托"字样。日本《信托业法》对信托业采取特许方式。非经内阁总理大臣许可,不得经营信托业。拟取得许可者,须提出载有商号、资本金、董事及监察人姓名、业务种类等的书面申请书。此外,日本《信托业法》还明确规定了受托人的行为规则,如受托人对信托契约的说明义务、禁止不当劝诱以及受托人忠实义务、报告义务、分别管理义务等内容。

2006 年 12 月,日本修改后的《信托法》获得通过并于 2007 年 9 月生效。该法与日本 2004 年《信托业法》、2007 年《金融商品交易法》等构成了日本现行信托立法的核心内容。

四、韩国的信托业立法

韩国现行信托业立法主要是其 2008 年的《信托业法》。韩国 2008 年《信托业法》共 8 章,依次为:一般条款、业务、审计、禁止事项、监管、国外金融机构在国内的分支机构、附则、罚则。

韩国《信托业法》和其他法域的信托业法一样,立法目的亦是通过对信托公司的监督管理,实现对受益人的保护及促进国民经济的发展(第 1 条);信托业务经营亦是采取特别许可,未经金融委员会许可,不得从事信托业务(第 3 条);一经许可,信托公司得在本法及其他相关法律规定范围内,经营受托业务及信托财产管理、营运及处分业务(第 9 条)。该法对受托财产范围规定较为宽泛,明确包括金钱、证券、金钱债权、动产、土地

---

① 参见[日]三菱日联信托银行编著:《信托法务与实务》,张军建译,中国财政经济出版社 2010 年版,第 29 页。

及其附着物、土地使用权、无形产权（包括知识产权）（第 10 条）。此外，信托公司还可以经营如下附属业务：收取保证金保管、为债务提供担保、在房地产交易中担任中介、中介贷款或房地产租赁、检查账目、代理保险等等业务（第 13 条）。①

第二节　我国的信托业监管规范

一、《信托法》

我国《信托法》是在 2001 年 4 月通过，同年 10 月实施的。《信托法》共 7 章 74 个条文，分别为：总则、信托的设立、信托财产、信托当事人、信托的变更与终止、公益信托、附则。

《信托法》第 1 章是“总则”。该章明确《信托法》的规范目的、信托定义、信托相关主体、信托合法原则等内容。该章的主要内容有二：其一，明确《信托法》的调整对象仅是信托合同。《信托法》第 4 条规定：“受托人采取信托机构形式从事信托活动，其组织和管理由国务院制定具体办法。”也就是说，我国信托立法采取的是信托合同和信托业分别立法模式，这与《保险法》《证券法》等采取的统一或合并立法模式存在差异。不过，我国至今尚未出台信托业法。其二，信托的定义。《信托法》第 2 条对信托进行了明确界定，即“本法所称信托，是指委托人基于对受托人的信任，将其财产权委托给受托人，由受托人按委托人的意愿以自己的名义，为受益人的利益或者特定目的，进行管理或者处分的行为”。由此定义可知，信托合同涉及三方法律主体（委托人、受托人、受益人），是基于委托人对受托人的信任，须转移财产，要为受益人利益或其他目的进行管理或处分。

值得注意的是，在该定义中，存在较大争议的内容在于“委托给”。在《信托法（一次审议稿）》中，采取的是“将其财产转移给受托人”，而在正式通过的《信托法》中，采取的是“将其财产权委托给受托人”。其缘由只是为了避免与我国民法“一物一权”的所有权制度相冲突，使用“委托给”一词只是为了与我国民法所有权制度相协调，立法者并无改变具有英美法系传统的信托实质。② 申言之，传统理论认为，对于信托财产，英美法系的双重所有权并不符合大陆法系“一物一权”的权利结构。若信托财产转移至受托人，则信托财产存在委托人和受托人两个所有权主体。事实上，随着越来越多的研

① 关于韩国 2008 年《信托业法》可参见韩国官方英文版，https://www. law. go. kr/eng/engLsSc. do?menuId = 2&query = TRUST% 20BUSINESS% 20ACT#liBgcolor2。

② 参见周小明：《信托制度：法理与实务》，中国法制出版社 2012 年版，第 41 页。

究表明,英美法系上的双重所有权概念,并非大陆法系中完整的所有权概念。英美信托法中,受益人的所有权通常只是衡平法上的所有权(equitable title),而非普通法上的所有权(legal title)。[①] 受益人对信托财产衡平法意义上的所有权不过是一种救济权而已,不能像大陆法系所有权那样具有占有、使用、收益与处分的权能。[②] 所以,《信托法》对信托的界定中,“委托给”应是信托财产所有权的转移行为。

第2章规定“信托的设立”。信托的设立需要具有合法的信托目的,有确定的合法财产,采取书面形式,明确载明委托人、受托人等事项。第3章对“信托财产”作出进一步的规定。主要内容是围绕信托财产的独立性,这种“独立性”区别于委托人未设立信托的其他财产,也独立于受托人的固有财产。第4章规定“信托当事人”,包括委托人、受托人、受益人。本章核心内容在于明确受托人的受信义务,受托人必须恪尽职守,为受益人的最大利益处理信托事务。第5~7章规定分别规定了“信托的变更与终止”“公益信托”“附则”。

值得注意的是,《信托法》颁布至今,没有对其进行修正、修订过,最高人民法院针对《信托法》的司法解释也一直未能出台。随着信托业的快速发展,《信托法》中已有不少内容亟待更新完善。

二、部门规章

我国信托规范体系中,除了《信托法》,部门规章承载着调整信托业的主要规范作用。现行主要部门规章如下:

(一)重要“管理办法类”规范

重要“管理办法类”规范包括:

其一,《信托公司管理办法》(中国银行业监督管理委员会令2007年第2号)。该办法发布于2007年,共7章,分别为“总则”“机构的设立、变更与终止”“经营范围”“经营规则”“监督管理”“罚则”“附则”,共计66条。

其二,《信托公司集合资金信托计划管理办法》(中国银行业监督管理委员会令2009年第1号)。该办法的立法目的在于,规范信托公司集合资金信托业务的经营行为,保障集合资金信托计划各方当事人的合法权益;该办法对信托公司管理、运用信托计划财产,信托计划的设立,信托计划财产的保管,信托计划的运营与风险管理,变更、终止与清算,信息披露与监督管理,受益人大会等方面内容进行了明确的规定。

---

① See Thomas P. Gallanis, *The New Direction of American Trust Law*, 97 Iowa Law Review 215, 217 (2011).

② 参见赵磊:《信托受托人的角色定位及其制度实现》,载《中国法学》2013年第4期。

其三,《信托公司净资本管理办法》(中国银行业监督管理委员会令 2010 年第 5 号)。该办法发布于 2010 年,是对信托公司的净资本计算、风险资本计算、风险控制指标等方面细化信托公司的风险监管。

其四,《信托登记管理办法》(银监发〔2017〕47 号)。为建立全国统一的信托登记制度,规范信托登记活动,保护信托当事人的合法权益,原银监会出台了该办法。该办法共 7 章 46 条,包括总则、信托登记申请、信托登记办理、信托受益权账户管理、信托登记信息管理和使用、监督管理、附则等内容。该办法对完善信托业基础建设,提高信托市场规范性和成熟度,进一步推动信托业长期稳健发展和加强监管具有积极意义,能够填补我国信托登记领域的制度空白,有助于进一步规范信托业务,切实加强监管,也能促进未来完善信托发行和交易流转制度,推动信托市场深化发展,提高信托服务实体经济的能力。

(二)重要"操作指引类"规范

重要"操作指引类"规范包括:比如,原银监会为专门规范信托公司私人股权投资信托业务的经营行为,颁布的《信托公司私人股权投资信托业务操作指引》(银监发〔2008〕45 号);为促进银信合作健康、有序发展,颁布的《银行与信托公司业务合作指引》(银监发〔2008〕83 号);为规范信托公司证券投资信托业务的经营行为,颁布的《信托公司证券投资信托业务操作指引》(银监发〔2009〕11 号)等。

(三)重要"通知类"规范

在部门规章里,一些"通知类"规范性文件也是监管规则的重要组成部分。比如,为应对国际金融危机冲击和国内经济下行风险,原银监会颁布的《关于当前调整部分信贷监管政策促进经济稳健发展的通知》(银监发〔2009〕3 号)、《关于支持信托公司创新发展有关问题的通知》(银监发〔2009〕25 号);为厘清各类信托业务边界和服务内涵,引导信托公司规范发挥信托优势,银保监会发布的《关于规范信托公司信托业务分类的通知》(银保监规〔2023〕1 号);为优化信托公司跨区域经营模式,促进信托公司改革转型发展,银保监会发布的《关于规范信托公司异地部门有关事项的通知》(银保监规〔2023〕3 号)等。

三、规范性文件

除了《信托法》和以原银监会或银保监会颁布的部门规章外,原银监会或银保监会下属机构下发的规范性文件也是规范信托业发展的重要规则来源。比如,为进一步规范信托公司开展房地产信托业务,防范房地产信托业务风险,原银监会办公厅发布的《关于加强信托公司房地产信托业务监管有关问题的通知》(银监办发〔2010〕54 号);为有效防范化解信托公司风险,推动信托公司转型发展,原银监会办公厅发布的《关于信托公司风险监管的指导意见》(银监办发〔2014〕99号);为进一步加强信托业务监管,稳妥有序推进过渡期内整改工作,切实防范信托业风险,原银监会信托监管部发布的《关于加强规范资产管理业务过渡期内信托监管工作的通知》(信托函〔2018〕37号)等。

四、行业自律文件

信托行业自律文件主要来自中国信托业协会发布的公约和指引。比如,中国信托业协会为规范信托业运作,树立信托业的良好形象,提高行业技术水平和服务质量,于2009年制定了《经营性信托业行业公约》;为引导信托公司积极承担社会责任,于2017年发布了《信托公司社会责任公约》;为明确信托公司开展信托业务的受托责任尽职要求,促进信托公司认真履行受托人义务,于2018年制定了《信托公司受托责任尽职指引》;为规范从业人员行为,提高从业人员职业水平和职业道德水准,保护信托消费者合法权益,于2019年制定了《信托从业人员管理自律公约》和《信托消费者权益保护自律公约》等。

此外,为规范信托公司股权托管,明晰股权关系,中国信托登记有限责任公司制定的《信托公司股权托管业务细则》等也属于行业自律规范。

第三节　信托业法的规制对象

一、信托机构

(一)信托机构设立、变更与终止等事项的行政许可

信托机构从事信托业务须经行政许可。为规范银保监会及其派出机构实施信托公司行政许可行为,明确行政许可事项、条件、程序和期限,保护申请人合法权益,银保监会专门颁布《信托公司行政许可事项实施办法》(中国银行保险监督管理委员会令2020年第12号),该办法规定,信托机构的设立、变更与终止、调整业务范围和增加业务品种、董事和高级管理人员任职资格等事项,均须经银保监会及其派出机构行政许可。[①]

我国未来信托业法对信托机构的监管,应当参照《信托公司管理办法》,对信托公

① 参见《中国银保监会信托公司行政许可事项实施办法》(中国银行保险监督管理委员会令2020年第12号)第1条、第4条。

司的设立条件等市场准入方面进行规定。在设立条件上,该办法第 8 条明确设立信托公司,应当具备最低限额的注册资本、健全的组织机构等条件。在信托公司的变更上,该办法第 12 条规定,若有名称、注册资本、住所等情形变更,应经监管机构批准。在信托公司终止上,该办法第 13 条规定,信托公司出现分立、合并或者公司章程规定的解散事由,申请解散的,经中国银监会批准后解散,并依法组织清算组进行清算;第 14 条还规定了资不抵债的终止情形,即"信托公司不能清偿到期债务,且资产不足以清偿债务或明显缺乏清偿能力的,经中国银行业监督管理委员会同意,可向人民法院提出破产申请"。

(二)信托公司的经营

信托业法对于信托公司的经营规则可从以下方面规定:

首先,明确界定受托人的义务,并细化其履行判断标准。《信托法》和《信托公司管理办法》都对受托人的诸多义务进行了规定。比如,《信托公司管理办法》规定,信托公司管理运用或者处分信托财产,必须恪尽职守,履行诚实、信用、谨慎、有效管理的义务,维护受益人的最大利益。信托公司在处理信托事务时应当避免利益冲突,在无法避免时,应向委托人、受益人予以充分的信息披露,或拒绝从事该项业务。信托公司应当亲自处理信托事务。信托公司对委托人、受益人以及所处理信托事务的情况和资料负有依法保密的义务。信托公司应当妥善保存处理信托事务的完整记录,定期向委托人、受益人报告信托财产及其管理运用、处分及收支的情况等。但上述诸多义务之间是何种关系并不明确。比如,《信托公司管理办法》规定的受托人的注意义务与保密义务、报告义务之间,是包含关系还是独立关系,实务中存在不同理解。本书认为,在未来《信托业法》制定中,有必要对受托人的义务作体系化规定,明确受托人诸义务之间关系及其判断标准。

其次,明确规定禁止性经营行为的范围。《信托公司管理办法》对信托公司的禁止性经营行为有明确规定,可供参照。如该办法第 33 条规定,信托公司开展固有业务,不得有下列行为:(1)向关联方融出资金或转移财产;(2)为关联方提供担保;(3)以股东持有的本公司股权作为质押进行融资。该办法第 34 条规定,信托公司开展信托业务,不得有下列行为:(1)利用受托人地位谋取不当利益;(2)将信托财产挪用于非信托目的的用途;(3)承诺信托财产不受损失或者保证最低收益;(4)以信托财产提供担保;(5)法律法规和中国银监会禁止的其他行为。

最后,细化信托业务终止的经营规则。《信托公司管理办法》第 41 条规定,信托公司经营信托业务,有下列情形之一的,信托终止:(1)信托文件约定的终止事由发生;(2)信托的存续违反信托目的;(3)信托目的已经实现或者不能实现;(4)信托当事人协商同意;(5)信托期限届满;(6)信托被解除;(7)信托被撤销;(8)全体受益人放弃信托受益权。未来《信托法》制定可以吸收这些信托业务终止的经营规则,并予以细化。

案例10-1:吴某诉甲信托公司财产损害赔偿纠纷案①

【案情简介】

乙公司与被告甲信托公司签订《单一资金信托合同》,约定委托人乙公司指定将信托资金2.8亿元由受托人甲信托公司管理,用于向乙公司发放贷款。嗣后,乙公司以"浙江某杭州保障房投资基金项目"为名向社会公众募集资金,募集文件中载明产品类型为"某信托联众单一资金信托贷款有限合伙基金",原告吴某认购。其后,甲信托公司与乙公司签订《流动资金贷款合同》,甲信托公司根据《信托合同》约定将乙公司交付的信托资金(包含吴某的投资款)向乙公司发放贷款。基金到期后,乙公司未向吴某返还本金。吴某起诉认为甲信托公司没有对信托项目进行有效监管导致损失,应当全额承担赔偿责任。

法院认为,甲信托公司在管理案涉信托业务过程中的过错行为一定程度上造成了吴某损失,吴某同时系相关刑事判决的被害人,其民事权利可先通过刑事追赃、退赔方式得以保障,甲信托公司应对吴某涉案损失承担20%的补充赔偿责任,具体数额经核算确定为20万元。遂判决:甲信托公司应就吴某刑事追赃程序追索不成的损失在20万元的范围内承担补充赔偿责任。

【案件解析】

通道类信托业务一度是信托公司收入的重要来源,是"当事人在信托文件中约定,委托人自主决定信托设立、信托财产运用对象、信托财产管理运用处分方式等事宜,自行承担信托资产的风险管理责任和相应风险损失,受托人仅提供必要的事务协助或者服务,不承担主动管理职责"。② 但是,该业务偏离信托业"受人之托、代人理财"本源,相应权利义务设置上有别于传统法律关系规定的内容,引发的纠纷很多。本案为全国首例判决信托公司在通道类业务中承担民事侵权责任的案件,积极回应了业界极为关注的信托公司在通道类业务中应否免责的问题。

作为2020年度上海法院金融商事审判十大案例之一,本案裁判要旨指出,在被动管理型信托业务中,信托公司虽主要依据信托合同约定履行相应义务,但其在以自身名义独立从事信托管理事务时,仍应尽到合理注意义务。信托公司作为专业的金融机构,在明知委托资金系属私募募集资金的情况下,更应当审慎回应委托人提出的明显不合理要求。如果信托公司过错行为客观上促成了犯罪分子的集资诈骗行为,对投资者被

---

① 参见"吴某与甲信托公司财产损害赔偿纠纷案",上海金融法院民事判决书,(2020)沪74民终29号。

② 参见《九民纪要》第93条。

骗受损负有一定责任,则信托公司应当根据其过错程度,承担相应的侵权损害赔偿责任。总之,本案有助于厘清信托公司合法审慎经营的权责边界,也回应了投资者诉求,为同类纠纷解决提供了重要参考价值。

(三)信托公司的风险管理

信托业法应从以下三个方面对信托公司的风险进行管理。

首先,信托业法应对信托公司内部治理结构及其风险防控机制明确规定。《信托公司管理办法》第43条规定,信托公司应当建立以股东(大)会、董事会、监事会、高级管理层等为主体的组织架构,明确各自的职责划分,保证相互之间独立运行、有效制衡,形成科学高效的决策、激励与约束机制。第44条规定,信托公司应当按照职责分离的原则设立相应的工作岗位,保证公司对风险能够进行事前防范、事中控制、事后监督和纠正,形成健全的内部约束机制和监督机制。第45条规定,信托公司应当按规定制订本公司的信托业务及其他业务规则,建立、健全本公司的各项业务管理制度和内部控制制度,并报监管部门备案。这些规定虽然确立了信托公司内部治理的基本架构和运行机制,但关于信托公司内部组织机构的权限及其内部治理的信息流通机制等仍有待具体化,未来可参照《公司法》予以完善。

其次,应加强对信托公司董监高和从业人员的管理。信托业务是一项专业的金融业务,其对于信托公司相应管理人员和从业人员的资质均有较为严格的要求。比如,依据《信托公司管理办法》第50~52条,监管部门对信托公司的董事、高级管理人员实行任职资格审查制度。未经任职资格审查或者审查不合格的,不得任职。信托公司对拟离任的董事、高级管理人员,应当进行离任审计,并将审计结果报监管部门备案。信托公司的法定代表人变更时,在新的法定代表人经监管部门核准任职资格前,原法定代表人不得离任。同时,监管部门应对信托公司的信托从业人员实行信托业务资格管理制度。符合条件的,颁发信托从业人员资格证书;未取得信托从业人员资格证书的,不得经办信托业务。如果信托公司的董事、高级管理人员和信托从业人员违反法律、行政法规或监管部门有关规定的,那么监管部门有权取消其任职资格或者从业资格。这些规定未来均有必要上升为《信托业法》的内容。

最后,应强化信托公司的财务会计和净资本管理。《信托业法》应授予监管部门定期或者不定期对信托公司的经营活动进行检查的权利;必要时,可以要求信托公司提供相应的审计报告。信托公司应当按照银保监会的要求提供有关业务、财务等报表和资料,并如实介绍有关业务情况。同时,还应强化信托公司的净资本管理,建立并逐步完善信托赔偿准备金等制度。

二、兼营信托业务的其他金融机构

(一)明确其他金融机构的信托兼营权

未来信托业法应当明确其他金融机构兼营信托业务的资格。现行《信托法》对信托受托人资格问题存在冲突与矛盾,易生争议。《信托法》第24条规定,受托人应当是具有完全民事行为能力的自然人、法人。法律、行政法规对受托人的条件另有规定的,从其规定。但是,《信托法》第4条又明确,受托人从事信托活动应采取信托机构,其组织和管理由国务院制定具体办法。同时,《信托公司管理办法》第7条第2款还规定,“未经批准,任何单位和个人不得经营信托业务,任何经营单位不得在其名称中使用‘信托公司’字样。”因此,实践中对于受托人是否限定为信托机构存在疑问。未来《信托业法》制定时,应从规范层面对商业银行、证券公司、基金公司、保险公司等非信托金融机构的信托兼营权予以确认,并完善相应配套机制。

与此同时,为消解规范内容体系冲突,其他金融基本法还需要联动修改。比如,《商业银行法》第43条规定,商业银行在境内不得从事信托投资和证券经营业务,不得向非自用不动产投资或者向非银行金融机构和企业投资,但国家另有规定的除外。尽管该条存在除外规定,但其规范目的仍是限制商业银行信托投资的资格权限。故在明确其他金融机构信托兼营权的基础上,还需要对《商业银行法》《保险法》等兼营信托资格限定条文进行修改或删除。

(二)其他金融机构兼营信托业务的准入资格等要求

无论专营还是兼营信托业务,都属于金融业务,是特许经营行业,必须纳入金融监管。其他金融机构获得兼营信托业务的行政许可,须具有一定的准入资格条件,包括最低注册资本、健全的组织机构和管理制度等方面要求。现行法对商业银行、保险公司等金融机构的设立都是采取行政特许,均有严格准入条件和退出规定,甚至比成立专营信托业务的信托公司要求还更严格。故未来信托业法规定其他金融机构兼营信托业务的准入条件可以低于商业银行、保险公司、证券公司、基金公司的设立要求。

1.商业银行

商业银行是依照《商业银行法》和《公司法》设立的吸收公众存款、发放贷款、办理结算等业务的企业法人。设立商业银行,应当经银保监会审查批准。未经银保监会批准,任何单位和个人不得从事吸收公众存款等商业银行业务,任何单位不得在名称中使用“银行”字样。根据《商业银行法》第12条的规定,设立商业银行,应当具备下列条件:(1)有符合本法和《公司法》规定的章程;(2)有符合本法规定的注册资本最低限额;(3)有具备任职专业知识和业务工作经验的董事、高级管理人员;(4)有健全的组织机构和管理制度;(5)有符合要求的营业场所、安全防范措施和与业务有关的其他设施。

该法第13条进一步规定,设立全国性商业银行的注册资本最低限额为10亿元人民币。设立城市商业银行的注册资本最低限额为1亿元人民币,设立农村商业银行的注册资本最低限额为5000万元人民币。注册资本应当是实缴资本。

2. 保险公司

保险公司是与投保人订立保险合同,并按照合同约定承担赔偿或者给付保险金责任的金融机构。保险公司主营保险业务,其他单位和个人不得经营保险业务。《保险法》第68条规定,设立保险公司应当具备下列条件:(1)主要股东具有持续盈利能力,信誉良好,最近三年内无重大违法违规记录,净资产不低于人民币2亿元;(2)有符合本法和《公司法》规定的章程;(3)有符合本法规定的注册资本;(4)有具备任职专业知识和业务工作经验的董事、监事和高级管理人员;(5)有健全的组织机构和管理制度;(6)有符合要求的营业场所和与经营业务有关的其他设施;(7)法律、行政法规和国务院保险监督管理机构规定的其他条件。《保险法》第69条进一步规定,设立保险公司,其注册资本的最低限额为人民币2亿元。国务院保险监督管理机构根据保险公司的业务范围、经营规模,可以调整其注册资本的最低限额,但不得低于本条第1款规定的限额。保险公司的注册资本必须为实缴货币资本。

3. 证券公司

证券公司是依照《公司法》和《证券法》的规定设立并经证监会批准而成立的主要经营证券业务,具有独立法人地位的有限责任公司或者股份有限公司。《证券法》第118条规定,设立证券公司,应当具备下列条件,并经证监会批准:(1)有符合法律、行政法规规定的公司章程;(2)主要股东及公司的实际控制人具有良好的财务状况和诚信记录,最近三年无重大违法违规记录;(3)有符合本法规定的公司注册资本;(4)董事、监事、高级管理人员、从业人员符合本法规定的条件;(5)有完善的风险管理与内部控制制度;(6)有合格的经营场所、业务设施和信息技术系统;(7)法律、行政法规和经国务院批准的国务院证券监督管理机构规定的其他条件。未经证监会批准,任何单位和个人不得以证券公司名义开展证券业务活动。

4. 基金公司

基金公司是经证监会批准,从事证券投资基金管理业务的公司。《证券投资基金法》第13条规定,设立管理公开募集基金的基金管理公司,应当具备下列条件,并经证监会批准:(1)有符合本法和《公司法》规定的章程;(2)注册资本不低于1亿元人民币,且必须为实缴货币资本;(3)主要股东应当具有经营金融业务或者管理金融机构的良好业绩、良好的财务状况和社会信誉,资产规模达到国务院规定的标准,最近三年没有违法记录;(4)取得基金从业资格的人员达到法定人数;(5)董事、监事、高级管理人员具备相应的任职条件;(6)有符合要求的营业场所、安全防范设施和与基金管理业务有关的其他设施;(7)有良好的内部治理结构、完善的内部稽核监控制度、风险控制制度;(8)法律、行政法规规定的和经国务院批准的国务院证券监督管理机构规定的其他条件。

此外,信托业法应当坚持“扶优限劣”的正向激励机制,明确其他金融机构兼营信托业务的退出制度及其要求,合理配置监管资源,对存在兼营信托业务风险的金融机构,及时处置,防范化解信托业风险,严守风险底线,促进信托业稳健发展。退出的因素主要涉及解散、被撤销、破产等原因。比如,公司章程规定营业期限届满或股东大会决定终止,又或者因重大违法违规行为被监管机构责令停业整顿。《商业银行法》《证券法》《保险法》《证券投资基金法》对此有明确规定,信托业法可参考吸收,明确其他金融机构兼营信托业务终止的一般事由。

(三)其他金融机构兼营信托业务的义务履行

其他金融机构兼营信托,发行信托产品或进行信托服务,应当承担相应义务。信托业法应当明确,无论是主营信托业务还是兼营信托业务的金融机构,因相应产品都是以信托原理为基础,当事人之间的法律关系均属于信托关系,故受托人均应履行适当性义务。

“适当性义务”是一个实质上金融统合法下的概念。[①] 随着金融创新的推进,越来越多的新型金融产品或服务相应出现,这些产品通常结构复杂,不易被大众所理解,存在较大销售欺诈风险。故现代金融法课以金融机构适当性义务,要求将适当的产品推介、销售给合适的投资者,从而保护投资者权益。[②] 为了确保金融机构兼营信托业务时能够遵循统一的适当性义务,信托业法应对之予以统一规定。

(四)兼营信托业务风险的联动治理

对于传统金融机构监管模式的反思与改进,功能监管和行为监管理论无疑是当下全球最有影响力的监管理论,尤其在2008年国际金融危机后,成为金融监管领域中最为人熟知的监管理论。信托兼营权是对其他金融机构从事信托业务资格的肯定,但兼营信托存在金融风险,尤其涉及金融交叉领域,易出现风险交叉传染、监管职责不清现象,缺乏强有力的监管协调机制。

目前商业银行等金融机构的资产管理业务实际上采取的是信托结构,实质上反映了其他金融机构的信托兼营权。为了降低传统分业监管带来的弊端,规范金融机构资产管理业务,统一同类资产管理产品监管标准,有效防控金融风险,中国人民银行、银保

---

① 参见任自力:《金融机构适当性义务的规范逻辑》,载《法律适用》2022年第2期。

② 参见李游:《金融机构适当性义务的履行判断和责任承担——基于834份裁判文书的分析》,载《政治与法律》2022年第11期。

监会、证监会、国家外汇管理局联合颁布了《资管新规》。尽管《资管新规》明确了“机构监管与功能监管相结合,按照产品类型而不是机构类型实施功能监管,同一类型的资产管理产品适用同一监管标准,减少监管真空和套利”①,但其仅为部门规章,规范位阶不高,且不少内容抽象含糊,难以作为明确信托兼营权基础上的监管联动依据。

同时,“穿透式”监管是当下对传统监管的一种积极探索。国务院2016年颁布《互联网金融风险专项整治工作实施方案》,其中第1条规定,部门分工协作中明确“采取‘穿透式’监管方法,根据业务实质明确责任”,即“穿透式”监管。但是,“穿透式”监管并不等于功能监管,其仅作为一种手段,内涵外延仍不明,尚未升华至监管理论或理念层面的定位;同时其“穿透”并不全面、彻底,仅面向主体、资产等内容,并未指向法律适用的“穿透”,故不能有效解决其他金融机构信托兼营带来的“同质不同规”现象。比如,穿透式监管未能为证监会依证券法跨业监管提供应然性基础,或者未能为银保监会依证券法对具有投融资性质的集合资管计划等信托产品进行监管提供合理性依据。②因此,未来《信托业法》应明确采取功能监管和行为监管,强化监管机构之间的基本法层面协调机制。

依托功能监管和行为监管理念,有助于其他金融机构兼营信托风险的联动治理,提高风险应对能力。目前不少规范内容对金融机构规定了明确的风险识别和防控能力等风险管理体系。比如,《证券法》第130条规定,证券公司应当依法审慎经营,勤勉尽责,诚实守信。证券公司的业务活动,应当与其治理结构、内部控制、合规管理、风险管理以及风险控制指标、从业人员构成等情况相适应,符合审慎监管和保护投资者合法权益的要求。信托业法制定应在这些规则基础上,加强其他金融机构兼营信托的风险治理,强化监管机构联动,形成监管合力,提升监管实效。

第四节　信托业法与《信托法》的关系

一、信托业法的性质

(一)以公法为主要性质的信托业法

古罗马法学家将法律划分公法和私法,其中公法是调整有关罗马国家的法,而私法

① 参见《关于规范金融机构资产管理业务的指导意见》(银发〔2018〕106号)第二十七点。

② 参见李游:《金融复合型产品的定性与监管转型:美国变额年金的借鉴与启示》,载《经贸法律评论》2023年第1期。

是调整私人的法。按照学界通说,二者间的主要区别为,公法主体至少一方为国家或国家授予公权,私法主体间的法律地位平等。但随着社会经济关系的复杂化,公法与私法的交融和互动愈加明显,出现了公法私法化和私法公法化的现象。比如,《民法典》作为调整私法关系的法典,调整平等主体之间的人身关系和财产关系,但其中有很多反映公权力意志的强制性规范;在商事法律中,关于公司设立、治理,证券发行等的规范也都体现出明显的强制规范属性。信托业法也是如此,其主要是公法规范,但也有部分私法因素。

在现有的信托业规范体系中,《信托公司管理办法》的主要目的在于加强对信托公司的监督管理,规范信托公司的经营行为,促进信托业的健康发展。该办法着重规范了信托公司的设立、变更与终止、经营范围、经营规则等,体现的是典型的公法关系。比如,该办法第 34 条规定,信托公司开展信托业务,不得有下列行为:(1)利用受托人地位谋取不当利益;(2)将信托财产挪用于非信托目的的用途;(3)承诺信托财产不受损失或者保证最低收益;(4)以信托财产提供担保;(5)法律法规和中国银行业监督管理委员会禁止的其他行为。这些禁止性规定的主要目的是保护委托人和受益人利益,体现了监管机构与信托公司之间监管与被监管的法律关系。同时,该办法中也有不少私法性规定,比如,该办法第 34 条规定,信托公司管理运用或者处分信托财产,必须恪尽职守,履行诚实、信用、谨慎、有效管理的义务,维护受益人的最大利益;第 25 条规定,信托公司在处理信托事务时应当避免利益冲突,在无法避免时,应向委托人、受益人予以充分的信息披露,或拒绝从事该项业务。这些规定以法定义务的方式课予信托公司,既是从公权视角明确受托人义务,也是受托人、委托人、受益人之间私法关系的内容。信托业法重点调整的是监管机构与从事信托业务的机构之间的法律关系,其性质主要是一种公法,与之对应的《信托法》则主要系私法,其着重调整的是委托人、受托人、受益人等平等主体之间的私法权利义务关系。

(二)具有民商法和经济法交叉特点的信托业法

信托业法调整的法律关系主体主要为监管机构和从事信托业务的机构,还涉及委托人、受益人等私法主体,包含了经济法和民商法内容。

经济法是调整在现代国家进行宏观调控和市场规制的过程中发生的社会关系的法律规范总称;在调整对象上,经济法调整的是宏观调控关系和市场规制关系。[①] 在《信托公司管理办法》等部门规章中,监管机构对信托机构设立、变更、经营规则等方面的规制,反映出监管机构行使的市场准入审批权、现场检查权以及行政处罚权等公法职权,涉及国家对信托行业的宏观调控,也包含了对信托行为的规制,是典型的经济法调整内

① 参见《经济法学》编写组:《经济法学》,高等教育出版社 2018 年版,第 13 页。

容。因此,毫无疑问,信托业法是经济法调整的范畴。

但是,信托业法并不局限在经济法,其还涉及委托人等信托合同私法主体。比如,《信托公司管理办法》第 26 条规定:“信托公司应当亲自处理信托事务。信托文件另有约定或有不得已事由时,可委托他人代为处理,但信托公司应尽足够的监督义务,并对他人处理信托事务的行为承担责任。”该条以法定义务的方式明确受托人的亲自处理义务,同时也规定在《信托法》中,故也调整了信托合同当事人之间的法律关系。信托业法和《信托法》对信托合同未予特别规定时,还涉及适用《民法典》中的一般规定,比如“法人”的规定等内容。与此同时,信托业法还与商事法律存在密切联系,典型体现在商事组织关系和商事交易关系。比如,在商事组织关系上,信托公司是指依照《公司法》和《信托公司管理办法》设立的主要经营信托业务的金融机构,设立信托公司,应当采取有限责任公司或者股份有限公司的形式。再如,在商事交易关系上,商事主体和商事行为的营利性在营业信托中也是明显体现。值得注意的是,就信托业法涉及私法内容而言,更多的是体现在商法。民法和商法天然存在密不可分的关系,但越来越多的共识是,商法本质为私法,但仍有别于一般民事法的特别性。鉴于民商关系的交融和民商合一思想泛滥的现实,商事关系的法律调整并非由商法独立完成,其使命应是从传统商事关系的调整转移到对金融商事关系的调整,并以此作为其基本定位。[①] 因此,商法的重点调整范围也是金融法,信托作为典型金融行业,故也是商法的调整范畴,属于商经法交叉的法律。

(三)兼具程序法和实体法内容的信托业法

根据法律规定的内容,可以将法律划分为实体法和程序法。前者是规定法律主体的权利义务责任的规则,后者是规定法律主体权利义务责任得以实现的程序性规则。

比如,《信托公司集合资金信托计划管理办法》(2009 年修订)第 9 条规定,信托公司设立信托计划,事前应进行尽职调查,就可行性分析、合法性、风险评估、有无关联方交易等事项出具尽职调查报告。这是对信托公司义务的规定,是典型的实体法内容。同时,该办法也存在程序性规定,如该办法第 44 条、第 46 条规定,召集受益人大会,召集人应当至少提前 10 个工作日公告受益人大会的召开时间、会议形式、审议事项、议事程序和表决方式等事项;受益人大会应当有代表50% 以上信托单位的受益人参加,方可召开;大会就审议事项作出决定,应当经参加大会的受益人所持表决权的 2/3 以上通过;但更换受托人、改变信托财产运用方式、提前终止信托合同,应当经参加大会的受益人全体通过。需注意的是,虽然信托业法中实体性规则直接面向权利义务责任内容,更容易得到关注,但其中的程序性规则也同样重要,因为这些规则可以确保信托投资者权

---

① 参见施天涛:《商事关系的重新发现与当今商法的使命》,载《清华法学》2017 年第 6 期。

益得到充分保障及信托市场经营主体得到公平对待，也可以促使信托业监管机构依法监管，从而确保信托市场的公平性价值与秩序性价值的真正实现。①

二、信托业法与《信托法》的关系

信托业法是调整信托监管关系的法律。由于我国目前并无单独制定的信托业法，故此处信托业法指实质意义上的信托业法，泛指与信托监管关系有关的规范。

（一）信托业法与《信托法》的联系

信托业法与《信托法》在调整对象上都是面向信托，故二者在规范目的、规范主体、法律原则等方面均存在诸多联系。首先，就规范目的而言，二者具有共同性。《信托法》第 1 条明确规定："为了调整信托关系，规范信托行为，保护信托当事人的合法权益，促进信托事业的健康发展，制定本法。"在该规范目的中，包括了对信托当事人合法权益保护的追求，也明确了促进信托事业发展的规范目的。在信托业法中，如《信托公司集合资金信托计划管理办法》（2009 年修订）也将"为规范信托公司集合资金信托业务的经营行为，保障集合资金信托计划各方当事人的合法权益"明确为其规范目的。其次，在规范主体上，《信托法》侧重调整委托人、受托人、受益人之间的信托合同关系，而信托业法侧重调整监管者与信托公司的法律关系，二者之间均存在以信托公司作为受托人的规范内容。最后，在法律价值上，二者均存在对安全、秩序、公平和效率的价值追求。比如，《信托法》追求信托当事人的交易安全，信托业法则要求信托公司确保信托财产的独立和安全。

（二）信托业法与《信托法》的区别

信托业法与《信托法》存在诸多联系，也存在不少区别，主要如下：其一，在规范目的上，信托业法更加强调的是对信托行业健康发展的追求，如《信托公司管理办法》仅规定了"加强对信托公司的监督管理，规范信托公司的经营行为，促进信托业的健康发展"，并没有明确对信托当事人权益的保护，而《信托法》更加侧重对受益人利益的保护。其二，在调整对象上，信托业法是侧重调整从事信托业务的金融机构的设立、变更、终止，经营规则等方面的监管要求；而《信托法》侧重调整的是受托人的义务。其三，在规范内容上，信托业法调整的监管机构与信托公司之间的纵向法律关系，规范内容多为公法内容，而《信托法》是调整信托合同当事人的私法关系，内容多为私法内容。

---

① 参见席月民：《中国信托业法研究》，中国社会科学出版社 2016 年版，第 354 页。